22인의 명사와 함께 하는

나를 사랑하는 시간들

22인의 명사와 함께 하는

나를
사랑하는
시간들

조
원
경

지
음

나와 세상을 바꾸는 여정을 시작하며: 마법이란 특효약은 필요 없다

우리는 수많은 길을 걷는다. 때론 아무도 밟지 않은 하얀 눈 위를 걷게 되고, 내 발자국들이 길이 되기도 한다. 그런데 이건 정말 내가 만든 길일까? 이곳으로 아무도 가지 않았을까? 밤새 내린 눈이 흔적을 가린 게 아닌지 의심이 드는 것은 당연하다. 아무도 가지 않은 길은 거의 없다. 그저 자신이 처음 가는 길일 뿐이다.

살다 보면 눈보라가 몰아쳐도 반드시 길을 가야 할 때가 있다. 태양이 내리쬐는 사막에서 오아시스를 찾아가는 것 또한 꼭 필요한 여정이리라. 반드시 가야 하지만 험한 길 위에서도, 처음 서는 길 위에서도 우리는 두렵고 확신이 서지 않아 두리번거린다. 이럴 때 길동무가 있다면 얼마나 좋을까.

이 책에 나오는 22명의 인물은 훌륭한 길동무가 되어준다. 이들과 길을 걷는다면 다른 건 아무것도 필요 없다. 길을 함께 걸어가야겠다는 마음 하나면 충분하다. 나를 온전히 사랑해야 세상에 바로 설 수 있다는 메시지에 귀를 기울이며, 다음 네 가지를 생각하기로 한다.

우선, 인생이란 길을 가는 동기와 목적을 생각해 본다. 인생이란 길은 정답이 없다. 없는 길을 만들어 가야 할 수도 있다. 수많은 선택지가 미로처럼 쌓여 있는 인생에서 분명한 동기와 목적이 있어야 길을 나설 수 있다. 내 삶의 동력, '나를 만드는 힘'이 무엇인지 먼저 생각해 보자. 길을 가는 데 목적이 있다면 훨씬 수월하다. 자아라는 에너지의 강력한 발로가 삶을 활기 있게 만들 수도 있다.

길은 끝까지 뛰는 데 의미가 있다. 인생을 제대로 완주하기 위해서 가장 중요한 게 무엇인지 생각해 본다. 길을 가다가도 수많은 어려움에 부딪히는 게 인생이다. 좌절이란 단어는 누구에게나 익숙하다. 내가 가는 방향이 맞는지, 도중에 넘어져도 일어설 자신이 있는지 확신이 서지 않아 종종 자문하게 된다. 그래도 스스로에게 묻고 스스로를 제대로 이해하는 사람은 덜 헤매게 마련이다. 스스로에게 끊임없이 물어보고 여러 갈래 길을 선택해 가는 것이 정도正道이다. 스스로와의 대화를 통해 앞으로 나아가는 길이 옳은지, 방법은 맞는지 점검하는 일은 인생이란 여정에서 필수적이다. 그래서 우리는 '나를 사랑하는 법'을 제대로 배워야 한다. 나를 사랑하는 법은 자신의 내면에 귀를 기울이고 문고 제대로 선택하는 것이다. 누구에게나 길은 펼쳐져 있다. 길을 선택하는 철학과 길을 만들어 가는 방법이 다를 뿐이다.

 돌이켜 보면 우리는 모든 길을 지나 여기까지 왔다. 그 과정에서 기쁨도 있었지만 아픔도 많았다. 이 세상에 비에 젖지 않는 꽃이 어디 있으랴! 바람에 흔들리지 않는 꽃이 어디 있으랴! 세상을 살아가려면 온갖 시련에도 굴하지 않고 갖은 유혹에도 흔들리지 않으려는 꿋꿋함이 있어야 한다. 그게 자아의 진정한 가치를 만드는 '나를 지키려는 용기'이다. 지금껏 신나게 고속도로만 달려온 사람은 작은 시련에도 크게 무너지기 쉽다. 살면서 그 '용기'를 다져오지 않았기 때문이다. 아픔과 시련을 헤쳐 나가며 우리는 미생에서 완생으로 이르는 삶의 과정을 경험하게 된다. 그 과정 속에서 생겨난 나이테라는 경륜은 흔들리는 자아를 지켜온 증표이다.

 까만 밤, 비는 주룩주룩 내리고 누군가의 기도는 멀고, 혼자만의 고독이 몰려온다. 몸 어딘가가 소리 없이 아프다. 오늘따라 누군가가 그리워진다. 별을 헤는 마음으로 베란다로 가 본다. 별을 보며 스스로에게 힘이 되는 말을 되뇌어 본다. "그래, 할 수 있어." 하고 '나를 응원하는 노래'를 불러 본다. 다이어리에 적힌 주옥같은 글을 가슴에 새기며 영감을 얻고자 한다. 나를 만들고, 사랑하고, 지키려는 게 자랑스럽지 않나. 나를 응원한다는 것은 매일을 살아가는 현대인에게 꼭 필요한 과정이다.

　자, 이제 본격적인 이야기를 시작하기 전에 역경을 이겨낸 한 인물을 초대하여 그녀가 들려주는 삶의 메시지를 듣고 우리가 가야 할 길을 얘기해 보자.

　《해리포터》의 저자 조앤 롤링Joan K. Rowling이 하버드 대학 졸업식 연사로 초청되었을 때 들려준 연설문을 딸과 영어 공부도 할 겸 유튜브로 들어본다. 너무 좋아 스크립트를 프린트하여 감동을 주는 글귀에 밑줄을 긋는다. 누가 뭐라 해도 삶의 주인공은 자신이라는 어찌 보면 당연한 메시지가 잔잔한 감동을 준다. 은은한 음악이 흐르는 방에서 아름다운 언어를, 삶의 주옥같은 조언을, 내 마음을 적시는 노래를 음미하며 그녀가 전하는 삶의 가치를 귀담아 들어본다. 마치 해리포터 마법사들의 모임에 참석한 듯 묘한 기분이 든다. 첫눈에 내 눈과 귀를 사로잡은 구절이 있다. 그녀는 '도달 가능한 목표를 세우는 것이 자기 발전의 첫걸음'이라고 학생들에게 강조한다. 그게 '나를 만드는 힘'의 출발점이리라. 볼륨을 높이니 그녀의 삶에 빨려들어 가는 느낌이다. 오늘의 그녀를 있게 한 것은 결국 역경을 이겨내고, 스스로 운명을 개척하고자 한 그녀의 투지였다. 그녀는 언제나 내면의 목소리에 충실하면서 삶의 낭떠러지에서도 용기를 잃지 않고자 했다.

　"대학에 갈 무렵이었습니다. 내가 하고 싶은 일은 오로지 소설을 쓰는 것뿐이라고 굳게 믿고 있었습니다. 부모님께서는 가난한 집에서 태어나 대학 문턱에도 가보지 못한 분이셨죠. 그분들은 내가 갖고 있는 지나친 상상력은 흥미롭고 독특하기는 하나, 주택 융자금을 갚고 노후 연금을 모으는 데 아무런 도움도 되지 않는다고 생각하셨습니다. 부모님께서는 내가 직업학교에 가기를 원하셨지만, 나는 영문학을 공부하고 싶었습니다. 부모님과 나는 결국 현대 언어를 전공한다는 절충안을 찾았습니다. 하지만 그 절충안은 아무에게도 만족을 주지 못하는 해결책이었습니다. 부모님께서 나를 학교로 데려다주시고 자동차가 학교 모퉁이를 돌아 사라지기가 무섭게 나는 독일어를 포기하고 고전 문학부로 달려갔습니다. 내가 부모님께 고전을 공부한다고 말씀드린 기억은 없습니다. 부모님께서는 아마 내 졸업식 날 그 사실을 알게 되셨을 겁니다. 부모님께서는 대기업 중역이 되는 데 이 세상에 존재하는 모든 학문 중에서 그리스 신화보다 더 쓸모없는 것은 없다고 생각하셨습니다. 나는 그렇게 생각하시는 부모님을 조금도 원망하거나 비난하지 않습니다. 혹 인생이 잘못된 방향으로 흐르더라도 부모님 탓을 하는 태도는 옳지 않습니다. 자신이 인생의 운전대를 잡는 순간 어느 방향으로 갈지는 자신이 결정해야 하고, 그 결정에 스스로 책임을 져야 합니다. 부모님께서는 내가 가난으로 고생하지 않기를 바라셨을 뿐인데, 내가 부모님을 비난할 수는 없습니다. 가난은 달갑게 느껴지는 경험은 아닙니다. 가난하면 삶이 두렵고 힘들어, 때로는 심한 우울증을 겪게 됩니다. 스스로의 힘으로 가난에서 헤어 나오는 것,

그것은 진정 자랑스러워해야 할 일이지만 가난 자체를 낭만적으로 여기는 것은 어리석습니다."

그녀는 자신과 환경에 대해 정확하게 이해하고 있었다. 선택의 기로에서 스스로를 알아보는 혜안을 갖고 있었다. 어려서부터 '나를 사랑하는 법'을 알고 있었던 것이다. 스스로에 대한 이해는 제대로 된 선택을 하는 힘이 된다. 그녀는 몸서리쳐지는 가난에서 벗어나고 싶었고, 또한 본인이 원하는 것을 하고 싶었다. 그녀의 메시지를 제대로 이해하기 위해 잠시 모든 소리를 끄고 밑줄 그은 부분을 또박또박 읽어 본다.

"여러분이 젊고 재능 있고 제대로 교육을 받은 사람들이라 해서 어려움이나 가슴 아픈 일을 겪지 않았을 거라고 생각할 만큼 아둔하지는 않습니다. 재능과 지적 능력이 아무리 뛰어난 사람이라도 변덕스러운 운명의 여신으로부터 자유롭지 않으니까요. 나는 오늘 이 자리에 있는 여러분이 아무 어려움 없이 순탄하고 만족스러운 삶을 살아왔다고는 한순간도 생각하지 않았습니다. 그러나 여러분이 하버드를 졸업한다는 사실에서 나는 여러분이 실패하는 데 익숙하지 않았다는 점을 미루어 짐작할 수 있습니다. 성공하고자 하는 욕망 못지않게 여러분에게 동기를 부여하는 요인은 실패에 대한 두려움일 수 있습니다. 최고의 평판을 지닌 대학에서 공부한 여러분이 실패라고 여기는 것을 보통 사람은 성공이라고 여길지도 모릅니다. 무엇이 실패인지는 우리 스스로 결정해야 합니다. 우리 스스로 실패가 무엇인지를 규정하지 않으면 세상이 만들어 놓은 성공과 실패의 기준에 좌지우지 됩니다."

아, 얼마나 멋진 말인가? 사람은 누구나 크고 작은 시련을 겪는다. 수많은 좌절 속에서도 내가 나일 수 있는 것은 나를 사랑하는 마음과 나를 지키려는 용기가 있기 때문이다. 용기는 때로는 두려움에서 나온다. 두려움에 맞서 싸울 각오를 해야 나를 지킬수 있다. 두려움을 이겨내고 나면 두려움이 주는 불안이 조금씩 줄어든다. 두려움이 어느 순간 안정으로 바뀔 때, 우리의 하루는 평화를 찾게 되고 삶의 고난이 자양분이 되어 있음을 느끼게 된다. 그녀는 가난한 시절을 회상한다. 노숙자를 제외하고는 자신이 영국 사회에서 가장 가난한 사람이었다고 말한다. 부모님께서 걱정하고 그녀가 두려워했던 일이 현실이 되었다. 가난했던 그녀의 좌절은 말로 표현할 수 없었을 것이다.

"내가 그토록 두려워했던 실패를 경험했기 때문에 마침내 나는 실패에 대한 두려움으로부터 자유로울 수 있었습니다. 그런 엄청난 실패를 겪고도 나는 여전히 살아 숨 쉬고 있었습니다. 내가 너무나도 사랑하는 딸이 곁에 있었고, 낡은 타자기 한 대와 원대한 꿈도 있었습니다. 내가 추락할 때 부딪혔던 딱딱한 바닥을 주춧돌삼아 그 위에 내 삶을 다시 튼튼하게 지을 수 있었습니다."

자신에 대한 두려움 없는 사랑이 두려움 없는 용기를 낳고, 두려움 없는 삶을 이끈다. 삶은 두려움과 이에 맞서는 용기 간의 치열한 공방전이다. 한쪽이 올라가면 다른 쪽은 기울고, 하나를 얻으면 하나를 잃는 게임은 인생 내내 이어진다. 그녀는 삶의 목적이 무엇을 성취하는 데 있지만은 않다는 사실을 깨달아야 행복할 수 있다고 조언한다. 우리가 갖춘 자격, 요건, 화려한 이력서가 우리의 인생은 아니라고 강조한다. 많은 사람은 원한 바를 성취해야만 성공한 삶이라고 말하는데, 그렇지 않다고 쐐기를 박는다. 그렇다고 그녀가 성취가 주는 삶의 기쁨을 무시한 것은 아니다. 그녀는 목적한 바를 이루고자 하는 우리에게 힘을 실어주고자 했다. 자신의 이력서에 화려한 스펙이 없다고 탓하는 사람에게 용기를 주고자 했다. 자신을 보고 용기를 얻으라고 했다.

그녀는 상상력의 대가이다. 스토리를 전개하는 힘은 독자를 매료시키기에 충분하다. 하지만 우리가 해리포터 이야기에 빠져드는 것은 이 때문만은 아니다. 그녀의 삶이 고스란히 녹아 있는, 해리포터를 통해 전하는 메시지가 공감을 불러일으키기 때문이다.

"상상력은 인간만이 갖고 있는 독특한 능력입니다. 상상력을 통해 현실에 존재하지 않는 걸 생각할 수 있기에, 상상력은 모든 발명과 혁신의 원천이지요. 상상력의 가장 큰 위력은 우리가 직접 경험하지 않은 다른 사람의 경험을 공감할 수 있게 하는 겁니다. 그런데 많은 사람이 이러한 상상력을 전혀 사용하지 않고 그저 그렇게 사는 쪽을 택합니다. 제게는 안타까움으로 다가오는 대목입니다. 이들은 자신이 직접 경험한 세상의 경계선 안에서 편안하게 사는 편을 택하고, 자신이 지금과 다른 환경에서 태어났다면 어떠

했을지 느껴보려고 애쓰지도 않습니다. 그들은 민주주의를 쟁취하기 위해 애쓴 사람들의 비명소리를 듣지 않으려고 귀를 틀어막고, 속박당한 이들이 갇혀 있는 감옥을 들여다보려고도 하지 않습니다. 그들은 자신의 삶에 영향을 미치지 않는 한 남의 고통에는 관심을 기울이지 않고 마음의 문을 닫아버립니다. 그들은 무슨 일이 일어나고 있는지 알려고도 하지 않습니다."

타인과의 공감을 거부하는 행위는 진짜 괴물들이 힘을 휘두르는 것을 방관하는 것과 같다. 우리가 스스로 악을 행하지는 않아도 악이 행해지는 상황을 외면한다면 악의 공모자나 다를 바 없다. 그녀의 연설은 따끔한 경고로 들린다. 그녀는 우리 내면의 힘을 믿자며 내면에서 성취하려는 의지가 현실 세계를 바꾸어놓는다고 강조한다. 그녀의 마지막 이야기를 들으며 조용히 눈을 감는다. 감동의 목소리에 몰입한다.

"여러분께서 여러분의 위치와 영향력을 바탕으로 힘없는 사람들을 돕는 길을 선택하길 바랍니다. 여러분께서 힘 있는 사람들뿐만 아니라 힘없는 사람들과 자신을 동일시하겠다는 선택을 하길 바랍니다. 여러분께서 여러분만큼 혜택 받지 못한 사람들의 삶을 이해할 수 있는 상상력을 지녔다면, 여러분의 가족뿐만 아니라 여러분의 도움으로 더 나은 삶을 살게 될 수많은 사람이 여러분의 존재를 감사하고 자랑스러워할 것입니다. 세상을 바꾸는 데 마법은 필요 없습니다. 우리는 우리 마음속에 이미 세상을 바꿀 힘을 지니고 있습니다. 우리는 더 나은 세상을 상상할 수 있는 힘을 갖고 있습니다."

현대를 살아가는 우리는 스스로를 한없이 작은 존재로 생각하는 경향이 있다. 그래서 자기를 위로해 줄 누군가를 찾아 헤매고 그들과 동질감을 느끼고자 한다. 조앤 롤링의 이야기를 들으면 힘들 때 나보다 더 힘든 사람을 생각하게 된다. 우리 안에 존재하는 상상력으로 더 나은 세상을 만들어 가고자 하는 나를 응원하는 노래가 진정으로 느껴진다. 이것이 바로 그녀가 그렇게 오랜 동안 심혈을 기울여 만든 세기의 걸작 해리포터의 메시지다. 그녀는 삶의 원칙을 제시한 철학자 세네카Lucius Annaeus Seneca의 말로 자신의 이야기를 끝맺는다.

"이야기에서 중요한 것은 이야기의 길이가 아니라 그 내용이 얼마나 훌륭한가 하는 점입니다. 인생도 마찬가지입니다."

우리는 각자가 자기만의 스타일로 인생이란 공간에 색감을 선택하여 그림을 그려 나간다. 자, 이제 22명의 기업과 학계의 거목들을 찾아 그들이 들려주는 메시지를 음미하며 나를 만들고 사랑하고 지키고 응원하는 연습을 해보자. 물론 중요한 것은 나 자신이다. 그들은 우리의 동반자일 뿐이다. 가수 김동률의 노래 '출발'을 들으며 진정한 자아를 찾아가는 여정을 떠날 준비를 해본다.

"아주 멀리까지 가 보고 싶어. 그곳에선 누구를 만날 수가 있을지.
아주 높이까지 오르고 싶어. 얼마나 더 먼 곳을 바라볼 수 있을지.

작은 물병 하나, 먼지 낀 카메라, 때 묻은 지도 가방 안에 넣고서
언덕을 넘어 숲길을 헤치고
가벼운 발걸음 닿는 대로 끝없이 이어진 길을 천천히 걸어가네.

멍하니 앉아서 쉬기도 하고 가끔 길을 잃어도 서두르지 않는 법.
언젠가는 나도 알게 되겠지. 이 길이 곧 나에게 가르쳐 줄 테니까.
촉촉한 땅바닥, 앞서 간 발자국, 처음 보는 하늘, 그래도 낯익은 길.
언덕을 넘어 숲길을 헤치고
가벼운 발걸음 닿는 대로 끝없이 이어진 길을 천천히 걸어가네.

새로운 풍경에 가슴이 뛰고 별것 아닌 일에도 호들갑을 떨면서
나는 걸어가네.
휘파람 불며 때로는 넘어져도 내 길을 걸어가네.
(중략)
내가 자라고 정든 이 거리를 난 가끔 그리워하겠지만
이렇게 나는 떠나네, 더 넓은 세상으로."

PART

나를
만드는 힘

제프 베조스

후회의 최소화

오랜 시간이 지나도 불변하는 것이 무엇인지를 안다면,
그것에 시간을 많이 투자하는 게 좋습니다.

제프 베조스(Jeff Bezos, 1964년 1월 12일~)
아마존 대표
프린스턴 대학교 전기공학 학사
2017년《타임》지 선정 '세계에서 가장 영향력 있는 100인'

흙수저에서
세계 최고 갑부로

　　　　　　　　　　　우리는 늘 선택의 길목에 서 있다. 선택의 결과는 누구도 알 수 없다. 자신에 대한 믿음을 갖고 최선의 결과이길 바라며 선택을 할 뿐이다. 다만 철저히 준비하고, 선택에 따른 위험을 미리 파악한다면 결과에 대한 두려움은 줄어들 것이다.

　최근 유통 산업과 클라우드 사업으로 온라인 왕국을 건설하고 있는 아마존Amazon의 최고경영자CEO 제프 베조스Jeff Bezos가 만년 세계 최고 부자 자리를 지켜온 마이크로소프트MS 창업주인 빌 게이츠Bill Gates를 제치고 세계 최고 갑부에 올랐다. 제프 베조스는 아마존에서는 세 가지 아이디어만으로 일한다고 말한다. 그 세 가지는 '소비자를 항상 먼저 생각해라, 새로운 것을 만들어라, 인내심을 가져라'이다. 이 세 가지 덕목으로 그의 경영 철학을 엿볼 수 있다.

"모든 비즈니스는 항상 젊어야 합니다. 만약 당신의 타깃 소비자층이 늙어간다면, 당신의 회사는 20세기에 유명한 백화점이었으나 망한 울워스Woolworth's처럼 될 것입니다. 세상에는 두 부류의 회사가 있습니다. 하나는 소비자에게 제품 값을 최대한 많이 받으려는 회사이고, 다른 하나는 제품 값을 최소로 받으려는 회사입니다. 우리는 최소로 받으려는 회사가 되려고 노력합니다. 아마존은 가격을 올려야 할 상황에서도 신념 때문에 그렇게 하지 않았습니다. 가격은 소비자와의 약속입니다. 가격을 합리적으로 유지하여야 소비자의 믿음을 살 수 있습니다. 장기적으로 그 믿음이 이윤을 최고로 만들지요. 아마존이 혁신하는 방법은 소비자 중심으로 생각하는 것입니다. 일반적으로 회사는 매일 어떻게 하면 다른 경쟁 회사를 앞지를까 고민하지만, 아마존은 어떻게 소비자에게 도움이 되는 혁신을 만들 것인지를 고민합니다. 회사 경영과 관련해서 이런 이야기를 할 수 있겠습니다. 고집이 없다면 너무 빨리 포기할 것입니다. 융통성이 없다면 삽질을 할 것이고, 해결해야 할 문제에 색다른 해결책을 세시하지 못할 것입니다. 모든 비즈니스는 처음 계획과는 달리 실제 상황에서 바뀌게 됩니다. 실제 상황은 계획과 전혀 다르게 진행되는 게 보통입니다."

멋진 말이다. 그래서 그가 사업을 시작하기 전에 인생에서 어떤 선택을 했는지 궁금해진다. 그의 철학을 알아보기 위해 그가 모교인 프린스턴 대학교 졸업식에서 한 연설을 살펴보자.

흙수저로 태어난 그는 어린 시절 할아버지 할머니와 많은 시간을 텍사스 농장에서 보냈다. 여러 잡동사니를 고치면서 드라마를 즐겨 봤고, 할아버지 할머니와 함께 여행을 하곤 했다. 열 살 무렵, 베조스는 여행 중 할머니가 줄곧 담배를 피우는 걸 보게 됐다. 마침 '담배 한 모금 피울 때마다 생명이 2초씩 단축된다'는 얘기가 생각난 베조스는 할머니가 담배 한 개비를 피우실 때 몇 모금을 빠는지를 관찰하고는 자신의 영민함을 드러내기 위해서 이렇게 말했다.

"한 모금에 생명이 2초 줄어드니, 할머니는 담배로 9년을 잃게 되는 거예요."

복잡한 계산을 척척 해낸 걸 칭찬받을 줄 알았건만, 결과는 정반대였다. 칭찬은커녕 할머니는 울음을 터트렸고, 할아버지는 길모퉁이에 차를 세웠다. 약간의 침묵이 흐른 후 할아버지가 베조스에게 말한다.

"제프, 언젠가는 삶에 있어서 영민함보다는 친절함이 더 어렵다는 것을 깨닫게 될 것이다."

이 얘기를 통해 그는 프린스턴의 천재들에게 무엇을 말하고 싶었던 걸까?

"똑똑함은 재능gift이고 친절함은 선택choice입니다. 재능보다 선택이 어려운 겁니다. 재능은 주어진 것이지만 선택은 그렇지 않아요. 재능만 믿고 밀어붙이면 손실만 초래하지요. 여러분이 프린스턴의 학생임은 재능이 있음을 증명합니다. 여러분은 그 재능을 앞으로 어떻게 사용할 것인가요. 재능을 자랑할 것인가요? 아니면 여러분의 선택을 자랑할 것인가요."

이어 그는 모두의 반대를 무릅쓰고 선택한 아마존 창업 이야기를 들려준다. 그의 마지막 말이 우리를 일깨운다.

"잘나가던 금융 회사를 그만두는 것은 쉽지 않았습니다. 하지만 고민 끝에 나는 최종 선택을 합니다. 내 삶을 찾아 나서기로 한 것입니다. 한번 해보자는 것이지요. 실패하더라도 후회할 것이라고 생각하지 않았어요. 오히려 시도해보지 않는 게 더 큰 후회로 남을 것 같았지요. 그래서 심사숙고 끝에 내 열정을 따르기로 하고, 덜 안전하지만 내가 선택한 길로 묵묵히 걸어갔습니다. 나는 그런 결정을 내린 것을 자랑스럽게 생각합니다. 내일은 여러분이 졸업한 후에 맞이하는, 진정한 의미에서 새로운 시작입니다. 그러니 아무것도 적히지 않은 원고지를 앞에 둔 작가가 되어 여러분의 인생을 마음대로 써 내려가기를 바랍니다."

당시 고액 연봉자였던 베조스는 매년 인터넷 사용자가 2300% 씩 증가하는 것을 보고 인터넷에 미래가 있음을 간파하게 된다. 인터넷 이용률 증가 현상은 분명 멋진 사업을 창출할 기회였다. 그는 거래 흐름 차트를 만들어 상품의 친근함, 시장 규모, 경쟁 상태, 재고 확보, 판매 데이터베이스 구축, 할인 기회, 배송 비용, 온라인의 잠재력 등을 키워드로 20여 가지 고려 대상들을 살펴보았고, 그 결과 종이책이 전자상거래 분야에 뛰어들기에 최적의 상품이라는 것을 알게 된다. 두둑한 보너스에 안정된 고액 연봉 일자리를 갖춘 그는 직장과 창업 사이에서 갈등하는 밤을 보낸다. 당신이 베조스라면 어떤 선택을 할 것인가? 아마도 100명 중 한두 명이 창업을 선택할 것이다. 그리고 수천수만의 전자상거래 창업자들 가운데 능력 있는 사람만이 제프 베조스처럼 오늘날까지 살아남을 것이다. 성공은 아무나 차지하는 것이 아니어서, 성공한 이들에게 박수를 치게 되는 것이다.

잠시 그의 인생을 회고해보자. 세 살 아이는 어른 침대에서 자고 싶었다. 엄마를 조르는 대신 아이는 드라이버로 자신의 침대를 분해해 어른 것처럼 만들었다. 다섯 살에 아폴로 11호 발사 장면을 보고서는 우주를 향한 꿈을 키우기 시작했다. 우주선 엔터프라이즈호와 승무원 모험을 다룬 TV시리즈 〈스타 트랙〉에 빠져 살았다. 언젠가 지구를 떠나 다른 행성을 찾겠다고 입버릇처럼 말했다. 우주에 호텔과 놀이공원을 세우는 걸 꿈꾸었다. 그는 그렇게 어린 시절부터 자신의 일기를 쓰고 실천하면서 끝없이 꿈을 찾아 항해했다. 서른 살에 아마존을 세운 베조스는 창업 몇 년 후인 1999년에 주간지 《타임TIME》이 선정한 '올해의 인물'이 됐다. '전자상거래의 왕'이라는 호칭도 얻었다. 이듬해 우주선 개발 업체 '블루 오리진Blue Origin'을 세우고, 우주선과 로켓을 만들기 시작했다. 2013년에는 막대한 개인 돈을 들여 대서양 깊은 곳에서 로켓 엔진 2기를 건져냈다. 어린 시절 꿈을 안겨준 아폴로 11호를 쏘아 올렸던 엔진이었다. 블루 오리진의 로켓 '뉴셰퍼드New Shepherd’가 미국 텍사스에서 발사된 뒤 100㎞까지 올라갔다가 아무 손상 없이 발사 지점으로 되돌아왔다. 그전까지 로켓은 일회용이었다. 지구 밖으로 날아갔다가 되돌아와 바다나 허허벌판에 떨어져 고철이 됐다. 베조스는 이를 두고 “보잉 747기를 한 번 타고 버리는 것”이라며 안타까워했다. 로켓 하나 만드는 데 꽤 많은 비용이 드니 당연했다. 결국 그는 해결책을 찾아냈다. 로켓이 우주선과 분리될 때 속도는 음속 네 배에 이른다. 발사대로 무사히 돌아오려면 로켓 속도를 줄이는 브레이크용 엔진과 똑바로 내릴 수 있는 착륙 장치를 달아야 한다. 과학자들은 로켓을 위로 날리는 것만 생각했는데, 베조스는 공중에서 다시 지상으로 비행하는 방법을 떠올렸다. 발상의 전환이다. 로켓 재활용이 완벽하게 가능해지면 우주 비행 비용은 엄청나게 줄어든다. 그는 그렇게 인생에서 승부수를 던지며 선택의 길을 가고 있다.

재능은 타고난 것, 선택은 자기애의 발로

재능은 타고나는 것이다. 그렇기에 자랑할 일은 없다. 그저 재능을 최대한 활용하면 된다. 만약 각자의 능력에 따라 한 사람에게는 다섯 가지 재능이, 다른 사람에게 두 가지 재능이, 또 다른 사람에게는 하나의 재능이 있다면 어떻게 하겠는가? 우리가 받은 각자의 재능을 활용하여 세상을 풍요롭게 하면 된다. 작은 일에도 성실하게 임한다면, 기쁨도 얻고 세상을 아름답게 만든다는 자부심도 가질 수 있지 않을까?

기업인 베조스에 대한 평판은 엇갈린다. 빌 게이츠에 비해 사회적 기부에 인색하다는 것이다. 그래서 누군가 이런 글을 올렸다.

"미국의 많은 도시가 아마존을 유치하려고 온갖 러브콜을 보냈습니다. 세금 감면이나 알짜 부지 제공은 기본이고, 샴페인이 흘러넘치는 분수를 세워주겠다는 도시도 있었지요. 그도 그럴 것이 아마존이 입주하면 '괜찮은 일자리' 5만 개가 생기고, 최소 50억 달러 투자를 유치할 수 있기 때문입니다. 도시의 운명을 좌우할 '아마존 유치 전쟁'에서 이긴 시애틀은 너무 기뻐 말 그대로 '잠 못 이루는' 도시가 됐습니다."

영화 〈시애틀의 잠 못 이루는 밤〉이 떠올라 비가 자주 내리는 낭만적인 시애틀을 생각하는데 그의 뒷말이 무섭다.

"아마존이 입주한 뒤, 시애틀은 아마존의 완전한 포로가 되고 말았습니다. 아마존은 비밀스러운 기업입니다. 천문학적 수익을 올리면서도 사회 환원에 인색해 시애틀 시민의 삶을 개선하는 데 소극적이란 인상을 주었습니다. 시애틀 지역 경제에 어마어마한 자금을 투입하고, 몇 만 명을 고용해 일자리를 창출한 점은 인정할 만합니다. 시애틀 최고급 사무 공간의 상당수는 아마존 소유입니다. 그 결과 5년 사이 주택 가격이 두 배로 올라 원주민들이 쫓겨나는 상황이 빚어졌습니다. 교사나 경찰관 같은 봉

급생활자들도 '바다가 보이는 주택'에 살 수 있던 도시였는데 이 건 좋은 소식이 아니지요."

하지만 베조스가 상대적으로 기부에 인색하다고 불만을 가졌다 하더라도 그가 결정한 올바른 선택과 오늘에 이르기까지 쏟아 부은 노력은 인정해주자. 베조스는 용기 있는 인물임에는 틀림없다.

변하는 것과
변하지 않는 것들

베조스 역시 도덕성을 강조한다.

"내가 은행에서 정말 끔찍한 광고 하나를 봤습니다. 여행을 가기 위해서 집을 담보로 세컨드 모기지를 받으라는 내용의 광고였지요. 이미 대출을 받은 상태에서, 추가로 또 대출을 받으라니, 결국 빚을 계속 지라는 이야기였습니다. 은행이 그런 방식으로 돈을 벌려고 한다면 그야말로 사악한 악마의 접근법이라 하겠습니다."

그렇다면 세계적인 기업 아마존의 생존 비법은 무엇일까? 베조스의 이야기를 통해 이를 유추해 보는 것이 가능하다. 그는 앞으로 세상에서 변하는 것과 변하지 않는 것에 대해 예측하고, 변하지 않는 것에 대해 생각해 보기를 권한다.

"'앞으로 10년 동안에 어떤 변화가 있을 거라 예측합니까?' 나는 이런 질문을 많이 받습니다. 재미있지만 식상한 질문이지요. 반면 사람들은 이런 질문은 안 하더군요. '앞으로 10년 동안 바뀌지 않는 것은 무엇입니까?' 이 두 질문 중에서, 두 번째 질문이 더 중요하다고 말하고 싶어요. 세상을 완벽하게 예측하는 것은 불가능합니다. 예측 가능한 정보를 가지고, 앞으로의 비즈니스 전략을 수립하는 게 훨씬 쉽고 실용적입니다. 소비자들은 더 낮은 가격과 더 빠른 배송, 더 많은 선택이 가능한 세상을 원합니다. 향후 10년 동안 이 전제는 바뀌지 않을 것입니다. 세상이 아무리 변해도 '아마존이 참 좋은데 값을 좀 비싸게 했으면 좋겠어.'라고 말하는 이들은 없을 것입니다. 반면 '아마존은 배송이 참 빨라서 좋아.'라고 말하는 이들은 있겠지요. 네, 10년 뒤에도 비즈니스의 본질적인 문제는 변하지 않습니다. 아마존은 이 불변하는 전제에 집중하고 있기 때문에 10년이 지나도 우리가 헛고생을 할 거라 생각하지 않습니다. 오랜 시간이 지나도 불변하는 것이 무엇인지를 안다면, 그것에 시간을 많이 투자하는 게 좋습니다."

고객에게 감동을 주기 위한 서비스의 질적 개선도 아마존의 성공에 한 몫을 하고 있다. 남이 비웃을 때도 자신이 선택한 길을 꿋꿋하게 걸어간 그의 과거를 상기해 보자.

2000년은 그에게 악몽 같은 해였다. 매년 전년 대비 200% 이상 성장하던 매출이 63% 증가에 그친 반면, 손실은 1조원에 이르렀다. 베조스가 여섯 곳에 물류센터를 세운 것이 큰 원인이었다. 증권가는 베조스에 대한 비난을 멈추지 않았다. '물류센터 투자를 중지하라. 우리는 인터넷 기업에 투자한 것이지, 물류 기업에 투자한 것이 아니다'라는 비판이 쇄도했다. 하지만 베조스는 가상의 디지털 기업의 운명과 성패는 현실 세계의 감동과 제대로 된 결합에 달려 있다는 믿음에 흔들림이 없었다. 그 결과 미리 엄청난 자금을 물류센터에 투자함으로써 기하급수적으로 늘어나는 소비자의 주문을 아날로그 세계에서도 병목 없이 소화할 수 있었다. 그의 탁월한 선택에 지금 주주들은 박수를 치지 않을까. 2000년 아마존 주식이 곤두박질쳤을 때도 베조스의 신념을 믿고 주식을 내던지지 않았다면 아마 당신은 큰 부자가 되어 있으리라. 비즈니스에 임하는 그의 언행을 보면 상당히 믿음이 간다. 그의 인상적인 말 한마디를 들어보자.

"구세대 비즈니스는 30%의 시간을 서비스를 만드는 데 쓰고, 70%의 시간을 그 서비스를 알리는 데 씁니다. 하지만 신세대 비즈니스는 70%를 서비스 만드는 데 쓰고, 30%를 알리는 데 써야 합니다."

그는 과거를 회상하며 1994년에 아마존을 만들기로 결정하기는 생각보다 쉬웠다고 말한다. 결정을 내리는 데 큰 역할을 한 건 다름 아닌 '후회 최소화' 원리이다. 그는 여든 살이 되어 과거를 돌이켜봤을 때, 어떻게 하면 후회를 최소로 줄일 수 있을지를 생각했다. 그리고 아마존을 만들려고 시도했던 것을 후회하지 않을 것이라는 신념을 가졌다. 그는 창업 당시 인터넷이 엄청난 것이라 생각했다. 인터넷이 무엇인지 잘 몰랐지만, 실패하더라도 한번 해보는 것이 후회하지 않는 길이라 판단했다. 당시 그가 확신했던 것은 아마존을 시작하지 않았다면 평생 후회할 것이라는 믿음 하나뿐이었다. 그는 살아가면서 새로운 것을 시도하고자 하는 변신의 원리에 대해서도 나름의 정의와 선택 기준을 갖고 있다.

"비판받기 싫으면 새로운 것을 안 하면 됩니다. 하지만 일 년에 하는 실험 횟수를 두 배로 늘리면 창의력이 두 배가 된다는 것을 믿습니다. 무언가를 창조하려면 오랫동안 오해를 감수할 의지가 있어야 합니다. 때로는 도와주려는 사람들조차도 비판을 할 것입니다. 이때 사람들의 비판이 옳다면 그들의 말을 수용해야 하고, 그들이 맞지 않다면 오해를 감수해야 합니다. 이게 창조의 핵심입니다. 더불어 다른 회사들이 무엇을 하는지 시장 조사를 해야 합니다. 세상과 동떨어져 있으면 안 되는 것이죠. '저것 모방하면 되겠다.' 이런 생각을 하지 말고, '저것 괜찮은데. 저것을 보고 영감을 받아서 무엇을 만들어 볼까?' 이렇게 생각해야 합니다. 자, 이제 삶에서 여러분의 유일한 색깔을 만들 준비를 해보세요."

그가 경영의 원칙과 기준을 명확하게 가지고 있음이 여실히 드러나는 대목이다. 이제 우리가 먼 훗날 살아온 인생을 뒤돌아볼 때 어떤 결정을 가장 후회하지 않을지를 생각해 보는 연습을 하면 어떨까?

자아의 무게를 견디고
외부 사회의 무게에 맞서는 사랑

우리는 때로 부모의 강요에 의해 본인과 관계없는 선택을 한다. 자신의 가능성보다는 부모의 평판, 사회적 지위, 위신에 따라 세상을 살기도 한다. 함께 살아갈 사람을 선택할 때도 마찬가지다. 그런 삶을 살아가는 우리에게 과연 스스로 무언가를 선택하는 자아가 있다고 말할 수 있을까?

스스로 선택하는 삶의 근저에는 '자아'가 있다. 선택에는 리스크가 따르기 마련이어서 그것을 용인하고 실패하더라도 책임을 지는 것이 마땅하다. 그래야 후회가 없다. 실패하더라도 다시 일어서면 된다. 그런데 스스로 선택한 결과가 아니라면 어떻게 되나. 부모의 의사에 따라 좋은 대학을 나왔는데 어디에도 나를 반기는 사람이 없다면 그야말로 '내 마음 갈 곳을 잃어'가 된다. 누군가는 안정성만 찾아 나서는 공시족 천국, 한국의 젊은이들에게 자아란 있는 것인지 물을 수 있다. 물론 그런 선택을 하게 만든 사회도 책임에서 자유로울 수는 없다.

세상은 혼자서 사는 것은 아니다. 꽃이 자양분과 햇빛을 받아야 피어나듯 부모님의 조언, 선배들의 이야기가 삶의 자양분이 된다. 하지만 자아가 없다면 무용지물이다. 자신의 삶을 선택할 수도, 누군가와 올바른 관계를 맺을 수도 없다.

연인 간의 사랑이든, 동료 간의 사랑이든, 인류애든 모두 자아에 기반한 자기애에서 출발한다. 나를 사랑한다는 것은 자아를 알고 스스로 선택할 수 있는 힘을 키워나가는 것이다. 연인들의 사랑을 잠시 생각해 보자. 우리는 흔히 연인을 내 영혼의 동반자라고 한다. 그럼 영혼은 혼자 키워지는 것인가? 아니다. 영혼은 서로가 키워주는 것이다. 한쪽에서만 사랑을 주면 한 사람만의 영혼이 커져서 둘의 영혼이 균형을 이룰 수 없다. 내 영혼이 커가듯 상대방의 영혼도 커가야 하는 것이다. 노래 '가시나무'의 멋진 가사가 생각난다.

"내 속엔 내가 너무도 많아 당신의 쉴 곳 없네. 내 속엔 헛된 바램들로 당신의 편할 곳 없네. 내 속엔 내가 어쩔 수 없는 어둠 당신의 쉴 자리를 뺏고, 내 속엔 내가 이길 수 없는 슬픔 무성한 가시나무 숲 같네."

이 노래를 들으면 번민에 가득 찬 인간의 모습과 상대를 배려하는 마음이 교차함이 느껴진다.

일본의 유명 소설가 무라카미 하루키는 그의 작품 《노르웨이 숲》에서 '누군가를 사랑한다는 것은 자아의 무게를 견디고 외부 사회의 무게에 맞서는 것'이라고 했다. 인간은 사랑이 아닌 욕망이라는 굴레에 굴복하기 쉽다. 사랑만으로 살기에는 현실의 벽이 너무 두터운 것도 사실이다. 하지만 세속적 잣대가 다는 아니기에, 불행해지지 않기 위해서라도 자기 내면에 귀를 기울여야 하지 않을까?

그런데 오늘날 우리 모습은 어떤가? 아이들은 엄마라는 조종사에게 모든 것이 맡겨진 채 자아에 대해 생각할 기회조차 갖지 못하고 살아가고 있다. 엄마들은 자신의 아이가 되도록 인생의 쓴맛을 경험하지 않고 꽃길만 걷길 바라며 아이에게 한시도 눈을 떼지 않는다. 하지만 아픔과 좌절, 고뇌는 인생에서 한 번쯤은 반드시 겪어야 하는 것들이어서, 마치 엄마들의 노고를 비웃기라도 하듯 고통의 고지서로 결국 나중에라도 돌아오기 마련이다. 대가의 법칙은 늘 인생에서 바람처럼 다가온다.

대체로 사람들은 스스로에 대해서는 원시 안경을 끼고, 타인은 근시 안경을 끼고 본다. 자기 내면은 관찰하지 않고 남이 이뤄놓은 성공과 부를 보고 부러워하기 바쁘다. 그래서 우리는 자아 상실의 시대를 살아가고 있는지도 모르겠다. 물론 물질만능주의 세상에서 가치관의 전도도 빼놓을 수 없는 사실이다.

일상 속 소소한
가치의 중요성

베조스는 잠을 충분히 자야 한다고 믿는 사람이다. 그는 알람을 맞추지 않고 숙면을 취한 뒤 깨어나(평균 수면 시간은 여덟 시간이다) 소설가인 아내와 건강한 아침 식사를 하며 하루를 시작한다. 아내와 네 명의 아이들과 보내는 시간을 소중히 생각해 이른 아침에는 회의를 일정에 넣지 않는다. 그의 일상의 소박함은 여기에 그치지 않는다. 저녁식사도 되도록 가족과 함께하는데, 식사 후 설거지는 그의 몫이다. 어찌 보면 당연할지도 모르겠지만 그렇게 사는 세계 최고경영자의 모습을 우리는 상상이나 했던가?

아마존은 여러 드라마를 제작하고 있다. 베조스는 자신이 〈스타 트랙〉의 팬임을 자부한다. 2016년 개봉한 〈스타 트랙 비욘드〉에 카메오로 특별 출연했다. 또한 우주 관련 취미도 가지고 있다.

"잠수정을 타고 바닷속을 탐험합니다. 미국항공우주국NASA의 오래된 로켓을 찾아 나섭니다. 아이들에게 모험심을 심어주고 싶습니다. 아이들에게 모험심을 갖게 하는 것은 중요합니다."

누군가는 베조스가 운동도 열심히 하는지 궁금해한다. 그가 할리우드 배우 빈 디젤Vin Diesel에 버금가는 다부진 몸매를 가지고 있기 때문이다. 그가 운동 마니아인지는 밝혀진 바 없지만, 바쁜 와중에도 자신에게 투자하는 시간을 가지려고 한다는 것만은 확실하다.

한때 가끔씩 화를 잘 내는 모습을 보이던 그였지만, 이젠 그런 모습을 찾아보기 어렵다. 누군가는 그가 화를 가라앉히는 것을 도와주는 '경영자 코치'를 고용했다고 말한다. 사실인지는 모르나 그가 자신을 관리하는 모습에서 많은 것을 느낀다.

내 안에서
나를 만들어 가는 것들

'보이지 않는 손'으로 유명한 영국의 경제학자 애덤 스미스Adam Smith는 저서《국부론》이전에《도덕 감정론》을 썼다.《국부론》에서 그는 이기심을 강조했다. 자기의 이익을 우선시하는 모습이 엿보인다. 반면《도덕 감정론》에서는 이타심을 강조하고, 공감 능력, 공평한 관찰자impartial spectator의 이야기를 늘어놓는다. 그래서 누군가는 애덤 스미스의 인간관은 서로 어울리지 않는 것들을 모아놓은 오류투성이라고 비난한다. 많은 학자조차 애덤 스미스의 오류Adam Smith's Fallacy 또는 애덤 스미스의 문제Adam Smith Problem에 대해 논의를 해왔다.

그런데 애덤 스미스의 생각을 잘 살펴보면 둘 사이에 모순이 없다는 것을 알 수 있다. 타인을 이해하는 공감 능력은 내면의 관찰자인 공평한 관찰자로서 양심에 귀 기울일 때 커진다. 이를 바탕으로 하는 이기심에 의해 경제 활동이 이루어진다면 시장경제가 질서 정연하게 형성된다는 것이 그의 주장이기에 모순 따위는 없다. 그는 자아의 힘을 믿고 오늘을 살아가는 우리에게 부, 행복, 관계 간의 해답을 줄 수 있는 경제학자이다. 그에 의하면 공감 능력이 없는 자유방임이 인간의 지나친 탐욕과 결합하여 경제에 거품을 만들었고, 거품이 터지면서 불황이 깊어지고 실업자가 양산되고 빈부격차가 확대되어 심각한 사회 갈등이 생겨난 것이다.

　현대를 살아가는 많은 사람은 누구나 부자가 되고 싶어 한다. 애덤 스미스의 충고대로 이 사실을 인정할 때 도덕적이고 현명하면서 괜찮은 부자가 될 수 있지 않을까 반문해 본다. 내가 가는 이 길이 맞는지는 모른다 하더라도 내면에 귀 기울이는 노력을 하는 게 자아를 알아가는 과정이다. 꿈을 좇는 인물이 되기 위해서는 이런 태도가 무엇보다 중요하다.

　행복을 찾아 세상을 돌아다니는 양치기 산티아고의 이야기를 그린 파울로 코엘료Paulo Coelho의 소설《연금술사》는 행복은 가까운 곳에 있다는 평범한 진리를 말해준다. 하지만 그 행복을 찾아가는 여정은 쉽지 않다. 소설에서 늙은 왕이 주인공 산티아고에게 들려주는 멋진 구절을 읽으며 삶의 여정에 대해 진지하게 생각해보자.

"누구나 꿈을 이루기에 앞서서 만물의 정기는 언제나 그 사람이 그동안의 삶의 여정에서 배운 모든 것을 시험해 보고 싶어 하지. 만물의 정기가 그런 시험을 하는 것은 악의가 있어서가 아니네. 그건 그동안 배운 가르침을 시험하는 것이거나 그 사람이 그 상황을 극복할 수 있는가를 보기 위함일세. 대부분의 사람들이 포기하고 마는 것도 바로 그 순간이지. 사막의 언어로 말하면 '사람들은 오아시스의 야자나무들이 지평선에 보일 때 목말라 죽는다'는 거야. 무언가를 찾아나서는 도전은 언제나 '초심자의 행운'으로 시작되고,

반드시 '가혹한 시험'으로 끝을 맺는 것이네."

삶의 과정은 결코 쉽지 않다. 그 시련을 시험하는 과정을 우리는 제대로 버텨야 한다. 소설《연금술사》의 의미는 결국 산티아고가 자아를 찾아가는 여정이라 할 수 있다. 우리에게 주어진 하루는 누구나에게 똑같다. 그러나 하루를 보내는 방식은 저마다 다르다. 오늘 우리의 하루가 특별하지 않더라도 실망하지 말자. 즐거운 날이라고 생각하면서 노력을 다하자. 우리가 할 수 있는 최선은 이 소중한 하루 여행을 꾸준히 즐기는 것뿐이다. 내 안의 나를 만드는 것들을 멋지게 그리고 소중히 여기면서 올바른 선택을 하는 것이 인생의 정도正道이다.

제프 베조스는 우리의 인생을 정의하는 것은 우리의 선택이라 말한다. 열정을 끌어내어 그 열정을 좇아 제대로 선택해 나갈 때면 훗날 후회하지 않는 삶을 사는 것이리라. 베조스는 우리가 열정을 선택하는 것이 아니라 열정이 우리를 선택하는 것이라 말한다. 달에 대한 강한 열정을 보이는 그는 오늘도 새로운 준비를 하고 있다. 달을 탐험하려는 열정과 선택은 그를 만드는 힘이 된다. 그처럼 우리 안의 열정을 불사르는 것이 인생에서 후회를 최소화하고 무엇을 선택하여 자기를 만드는 힘이 되는 것이리라.

연결,
사랑과 상실 그리고 죽음

약을 삼키는 것은 괴로운 일이지만
환자에겐 필요한 법입니다.

스티브 잡스(Steve Jobs, 1955년 2월 24일 ~ 2011년 10월 05일)
애플 창업자
리드 대학교 중퇴

스티브 잡스의
말에 대한 오해

        '참 자아'를 찾아가는 과정은 저마다 다르다. 어쩌면 인생은 그 여정을 수도승처럼 묵묵히 걸어가는 과정일지도 모르겠다. 혁신의 아이콘이자 애플Apple Inc.의 창업자인 고故 스티브 잡스Steve Jobs는 어떤 삶을 살았을까? 우선 그는 일에 대한 열정이 가득한 사람이었다.

    2005년 그의 경험을 토대로 한 스탠포드 대학 졸업식에서의 명연설은 우리에게 감동을 준다. '참 자아'를 찾아가는 여정에서 우리의 동반자 역할을 하는 사람이라 진정으로 믿게 된다. 누군가는 유명한 그의 말 "Stay hungry, Stay foolish(항상 갈망하고, 우직하게 나아가십시오)."를 떠올리며 "아, 그 연설?"이라고 말할지도 모르겠다. 하지만 그 말은 그가 한 게 아니다. 아니 정확히 말한다면 그가 인용한 것이다. 그의 말을 들어보자.

"내가 어렸을 때《전 세계 목록The Whole Earth Catalogue》이라는 놀라운 책이 있었습니다. 우리 세대의 필독서였죠. 여기에서 그리 멀지 않은 먼로 파크에 사는 스튜어트 브랜드Stewart Brand란 사람이 쓴 책인데 시적 감성이 충만한 생기가 넘치는 책이었어요. PC나 전자출판이 존재하기 전인 1960년대 후반에 나왔기 때문에 타자기, 가위, 폴라로이드카메라로 제작되었습니다. 구글Google이 등장하기 35년 전에, 책으로 제작한 구글과 같은 느낌이었죠. 이상적으로 만들어진 책 내용은 깔끔한 도구와 훌륭한 개념으로 가득했습니다. 스튜어트와 편집팀은 몇 차례《전 세계 목록》의 개정판을 내놓았고, 마지막 작업에 이르러 최종판을 내놓았습니다. 그때가 70년대 중반, 내가 여러분 나이였을 무렵이죠. 최종판 뒤쪽 표지에는 이른 아침 시골길 사진이 실렸는데, 모험적인 사람이라면 히치하이킹을 할 수 있는 풍경이었습니다. 사진 아래에는 이런 말이 있었지요. 'Stay Hungry, Stay Foolish(항상 갈망하라, 우직하게 나아가라)'. 그것이 그들의 작별 인사였습니다."

어린 시절 인상 깊게 읽었던 책의 작별 인사가 그에게 각인된 것 같다. 우리도 명사들의 찬란한 언어에서 삶의 영감을 얻는다. 누군가는 '내일 지구가 멸망할지라도 나는 오늘 한 그루의 사과나무를 심겠다'는 스피노자Baruch de Spinoza의 말을 떠올리며 하루하루를 열심히 살아가고, 또 누구는 '천재는 99%의 노력과 1%의 영감으로 만들어진다'는 에디슨Thomas Alva Edison의 말을 금과

옥조로 삼으며 산다. 그래서 1만 시간의 법칙을 믿고 끊임없이 목표를 향하여 부단히 노력한다. 물론 에디슨의 이야기는 조금 다르게 해석할 수도 있다. 1%의 영감이 없다면 99% 노력을 해도 천재가 될 수 없다는 것이 그의 진정한 의도라면 말이다. 특히 1% 영감이 재능을 말한다면 어쩌면 천재는 타고나는 것일지도 모른다. 그렇다 하더라도 노력의 힘을 절대 무시할 수 없다. 노력은 때로는 결실로 이어지지 않을 수 있지만, 삶을 가치 있게 만드는 중요한 요소임에는 틀림이 없다. 언젠가 결실로 맺어질 꿈을 꾸며 오늘 하루를 열심히 산다면 그것만으로도 흐뭇한 인생이 아닌가? 큰 결실이든 작은 결실이든 땀으로 이루어졌을 때 그 가치는 더 클 것이다.

우리는 지식이나 삶에서 배부른 돼지가 될 수 없다. 늘 배고프고, 채워지지 않은 것들을 갈망한다. 어찌 보면 당연하다. 그 갈망이 삶을 움직이는 힘인지도 모른다. 항상 갈망하고, 우직하게 나아가는 삶. 99%의 노력을 쏟아내는 삶. 이것이 바람직한 삶의 모습이 아닐까.

스티브 잡스의 자아를 만든 세 가지 ①
- 인생이란 점들을 연결하는 깨달음

스티브 잡스는 학생들에게 자아를 만든 중요한 세 가지에 대해 이야기한다. 첫 번째는 인생이란 긴 여정 중에 찍힌 중요한 점들을 연결할 줄 아는 직관이다.

그는 대학을 다니다 6개월 만에 중퇴했다. 양부모가 힘들게 모은 돈이 모두 그의 학비로 쓰였지만 대학 생활이 그만한 가치가 있어 보이지 않았다. 그는 이렇게 말한다.

"인생에서 내가 무엇을 하고 싶은지 또 대학 생활이 그것을 찾아내는 데 얼마나 도움이 될지 알 수 없었습니다. 그래서 모든 일이 잘될 거라고 믿고 자퇴를 결심했습니다. 당시에는 두려웠지만, 돌이켜 보면 제 인생에서 최고의 결정이었습니다."

그는 대학 자퇴 후, 흥미 있는 수업을 청강하기 시작했다. 기숙사에서 머물 수 없어 친구 집 마루에서 자기도 했고, 5센트짜리 콜라병을 모아 끼니를 때우기도 하는 등 생활은 몹시 어려웠다. 매주 일요일 밤이면 모처럼 제대로 된 음식을 먹기 위해 7마일을 걸어 예배에 참석하기도 했다.

"오로지 호기심과 직감을 믿고 저지른 일이었는데, 훗날 아주 소중한 경험이 되었습니다. 자퇴하여 정규 과목을 들을 필요가 없었으므로 나는 서체 수업을 들었습니다. 그때 나는 세리프와 산세리프체를, 다른 글씨체 간의 조합을, 여백의 다양함을, 활자 배치를 훌륭하게 만드는 요소를 배웠습니다. 그 모든 게 과학적으로는 도저히 분석할 수 없는 아름답고, 유서 깊고, 예술적으로 미묘한 거라 바로 매료되었습니다. 당시에는 어느 하나도 내 인생에 실질적으로 도움이 될 것 같지 않았습니다. 그러나 10년 후 첫 번째 매킨토시를 구상할 때 그때 배운 경험이 되살아났고, 우리가 설계한 매킨토시에 그 기능을 모두 집어넣었습니다. 그렇게 아름다운 서체를 가진 최초의 컴퓨터가 탄생한 것입니다. 만약 내가 서체 수업을 듣지 않았다면 매킨토시에 복수 서체 기능이나 자동 자간 맞춤 기능은 없었을 것이고, 맥을 복제한 윈도우도 그런 기능을 갖추지 못했을 것이고, 결국 개인용 컴퓨터에 그런 기능이 실리지 못했을 것입니다."

스티브 잡스는 과거의 경험을 연결하여 멋진 현재를 만들어냈다. 그는 한 걸음 더 나아가 미래에 마주할 점들도 연결할 수 있다고 믿어야 한다고 강조한다. 그것이 운명이든 자기 선택의 결과든, 미래로 이어져 멋지게 연결될 거란 믿음을 가져야 한다는 것이다.

"현재가 미래와 연결된다는 믿음을 갖고 여러분 자신의 마음을 따른다면 확신이 생길 것입니다. 그리고 그 확신이 인생에 있어서의 모든 차이를 만들어 낼 것입니다."

여기서 그의 철학적 면모의 탁월함에 반하지 않을 수가 없다. 그는 경영자 이전에 삶을 통찰하는 철학자였다.

스티브 잡스의 자아를 만든 세 가지 ②
- 사랑과 상실이 잉태하는 전진의 가치

그의 인생관에서 다음으로 중요한 것은 무엇일까? 그것은 사랑과 상실에 관한 아름다운 추억이다. 사람은 사랑으로 살고, 상실의 아픔만큼 성숙해지는 게 아닐까?

그는 스무 살 때 부모님 차고에서 친구와 함께 애플을 창업했고, 10년 만에 4,000명이 넘는 직원을 거느린 20억 달러 기업으로 성장시켰다. 하지만 그는 최고의 작품, 매킨토시를 출시하고, 서른 무렵 해고를 당한다. 어떻게 자기가 만든 회사에서 해고를 당할 수 있을까? 애플이 커갈수록 그와 친구의 비전은 서로 어긋나기 시작했고, 결국 둘은 헤어진 것이다.

회사를 나온 그는 목표를 상실했고, 정말 쓰라린 아픔을 겪었다. 그는 몇 개월 동안 아무것도 할 수가 없었다. 그는 공개적인 실패자였고, 실리콘 밸리에서 도망쳐 버릴까 하는 생각까지 했다. 하지만 그 절망의 순간, 무언가 그의 내면에서 천천히 다시 일어나기 시작했다. 그는 이렇게 말한다.

"내가 여전히 일을 사랑하고 있다는 것을 알았습니다. 애플에서 겪었던 사건들도 그런 애정을 꺾지 못했습니다. 해고되었지만 일에 대한 사랑은 식지 않았습니다. 그래서 새로 출발하기로 결심했습니다. 당시에는 몰랐지만, 애플에서 해고된 것은 오히려 내 인생 최고의 행운이었습니다. 성공한 사람이라는 중압감은 초심자의 가벼움으로 대체되었고, 모든 일에 덜 확신하게 되었습니다. 덕분에 내 인생 최고의 창의력을 발휘할 수 있었습니다."

그 후 그는 5년 동안 넥스트NeXT와 픽사Pixar라는 회사를 세웠다. 픽사는 세계 최초의 3D 애니메이션인 〈토이 스토리〉를 시작으로 지금은 세계에서 가장 성공적인 애니메이션 제작사가 되었다. 주목할 만한 일련의 사건들도 진행되었다. 애플이 넥스트를 인수하였고, 그는 애플로 복귀한다. 넥스트에서 개발했던 기술들은 애플 르네상스의 중추적인 역할을 했다. 그는 아내와 행복한 가정을 꾸리고 안정감을 찾게 되었다. 그는 당시를 이렇게 회고한다.

"애플에서 해고되지 않았다면 이 많은 일 중 아무것도 일어나지 않았을 것입니다. 약을 삼키는 것은 괴로운 일이지만 환자에겐 필요한 법입니다. 때로는 인생에서 뒤통수를 얻어맞은 것 같은 일이 생기더라도 결코 신념을 잃지 마십시오. 나를 계속 움직이게 했던 힘은 내 일에 대한 애정이었습니다. 일은 인생의 큰 부분을 채워줄 것입니다. 스스로 위대하다고 믿는 일을 해야 진정한 만족을 얻을 수 있습니다. 자신이 사랑하는 일을 해야만 위대함을 성취할 수 있습니다. 그 일을 아직 찾지 못했다면 계속 찾으십시오. 안주하지 마십시오. 진심을 다해서 찾으면 그때는 알게 될 것입니다. 그 모든 위대한 관계가 그렇듯 세월이 지날수록 더 좋아질 것입니다. 그러니 계속 찾으십시오. 안주하지 마십시오."

일과 사랑을 중시한 그를 생각하니 일찍 타계한 그에게 연민이 느껴진다. 그가 이룬 업적은 애플의 역사로 남았고, 그의 인생은 지금도 영화로 책으로 사람들에게 회자되고 있다. 그가 상실이 잉태하는 전진의 가치를 깨달은 참 인간이란 사실을 가슴 깊이 새기게 된다.

스티브 잡스의 자아를 만든 세 가지 ③
- 죽음, 삶이 만든 최고의 발명

우리는 누구나 시한부 인생을 살아간다. 그래서 인생을 나그네 길에 비유하지 않던가? 빈손으로 왔다가 빈손으로 가는 게 인생이다. 물론 반박을 할 수도 있다. 태어날 때부터 금수저를 들고 있는 사람도 있지 않냐고 말이다.

사실 사회 이동social mobility은 점점 어려워지고 있다. 세상살이가 처음부터 공정한 게임이 아닐 수 있다. 하지만 스티브 잡스 같은 자수성가한 인물들을 생각하면 마음이 달라지기도 한다. 그는 흙수저 가정에 입양되어 정말 지독하게 열심히 살았다. 그를 그렇게 살게 한 마지막 원동력은 무엇일까? 어쩌면 그는 니체 Friedrich Nietzsche의 '초인 수업'을 통달한 사람일지도 모르겠다. 자기 스스로 삶을 창조하고, 삶을 능동적으로 살았다는 측면에서 그가 존경스럽다. 니체는 살아 있는 것은 모두 권력에의 의지를 가지고 있다고 말했다. 니체에 의하면 대부분의 사건들은 우리가 어찌할 수 없는 운명으로 우리에게 다가온다. 니체는 우리가 이러한 운명을 개척하기 위해서는 자신의 성격과 적성을 긍정적으로 승화시킬 수 있어야 한다고 강조했다. 고귀한 인간은 실로 자신을 위해서, 자신을 탁월한 자로 만들기 위해 적敵을 필요로 할 수도 있다.

그렇다면 잡스에게 그런 역할을 한 적敵은 누구였을까? 아마도 자기 자신이었을지도 모르겠다. 아니면 인간의 숙명인 죽음이었을지도 모르겠다.

"열일곱 살 때 이런 글을 읽었습니다. '매일을 인생의 마지막 날처럼 산다면 언젠가는 꼭 성공할 것이다.' 이 글에 감명을 받은 나는 이후 매일아침 거울을 보면서 내 자신에게 질문을 던졌습니다. '오늘이 내 인생 마지막 날이라면 오늘 하려는 일을 과연 하고 싶을까?' 그리고 며칠째 'No!'라는 답을 얻고 나서 나는 변화가 필요하다는 걸 깨닫게 됩니다. 내가 곧 죽는다는 생각은 인생의 결단을 내릴 때마다 가장 중요한 잣대가 되었습니다. 오직 진실로 중요한 것들만이 남기 때문입니다. 외부의 기대, 자존심 그리고 실수나 실패에 대한 두려움은 '죽음' 앞에선 아무것도 아닙니다."

죽음을 생각하는 것은 무엇을 잃을지도 모른다는 함정에서 벗어나는 최고의 방법일 수 있다. 그의 말은 내면이 명령하는 대로 따라가라는 것이다. 그의 말을 계속 들어보자.

"아무도 죽길 원하지 않습니다. 천국에 가고 싶다는 사람들조차도 거기 가려고 죽고 싶어 하진 않죠. 하지만 여전히 죽음은 우리 모두의 최종 목적지입니다. 아무도 피할 수 없죠. 그리고 그래야만 합니다. 왜냐하면 삶이 만든 최고의 발명이 '죽음'이니까요. 죽음은 삶의 변화를 주도하는 존재입니다. 죽음은 새것에 길을 내주기 위해 헌 것을 청소해 줍니다. 지금 당장은 여러분이 새것이지만 그리 머지않은 훗날 여러분도 헌 것이 되어 사라질 것입니다."

우리에게 시간은 한정되어 있다. 그러니 잡스의 말처럼 우리는 다른 사람의 삶을 사느라 시간을 낭비하지 말고 우리의 삶을 살아야 한다. 다른 사람들의 생각에 빠져 살지 말아야 한다. 우리가 중요하게 생각하는 많은 것은 그의 표현을 빌자면 소음이고 내면의 목소리를 덮어버리는 악마이다. 인생에서 참 자아를 찾아가기 위해 필요한 것은 우리의 마음과 직관을 따르는 용기이다.

그는 많은 이의 가슴을 울린 명연설을 한 후로부터 6년 뒤 췌장암으로 세상을 등졌다. 많은 사람이 그의 죽음을 애도했다. 잡스의 유족들은 성명을 통해 "가족들이 지켜보는 가운데 잡스는 평화롭게 세상을 떠났다."고 밝혔다.

많은 이가 그의 죽음을 겪으며 이렇게 표현했다. '아이 새드iSad·슬퍼'. 그의 히트작 아이패드iPad에서 온 말이다. 스티브 잡스는 소문자 'i'면 충분하다는 걸 증명했다. 애플의 아이맥iMac, 아이폰iPhone, 아이팟iPod, 아이패드iPad엔 모두 소문자 'i'가 붙는다.

그가 말하고자 한 것은 이런 것이 아닐까? '그래, 나i 별거 없는 인간이다. 그런데 나는 나다.'

사람들은 "아이폰과 아이패드는 매끄러운 디자인을 위해서 배터리를 교체할 수 없다. 잡스 제품은 오만하고 낯설다."라며 투덜댔다. 그 낯선 제품들을 소비자가 싫어할 것이라 예상했지만, 결과는 성공이었다. 투덜대던 사람들도 '낯섦'을 '획기적'이라 평하며 칭찬하기 시작했다.

잡스는 "좀 깨지면 어때. 내가 하고 싶은 대로 할 거야. 내 세상이잖아."라고 당당하게 말했다. 그에게 '대세'란 의미 없고 따분한 것이었다. 커다란 회사명 대신 '애플' 마크 하나로도 회사의 가치를 드러낼 수 있다는 것을 그는 우리에게 알려줬다. 전화기로 전화만 거는 게 아니라는 것도 알려주었다. 우리가 그의 죽음을 안타까워하는 것은 그가 '다르게 생각하기Think Different'라는 새로운 복음을 전파했기 때문일 것이다. 우리는 그걸 잡스 스타일이라 부른다.

혼자서 버텨내는
깊은 고독의 시간이 주는 선물

잡스를 생각하며 독일 시인 라이너 마리아 릴케Rainer Maria Rilke의 저서《젊은 시인에게 보내는 편지》를 떠올려 본다.《젊은 시인에게 보내는 편지》는 1903년부터 1908년까지 5년 동안 인생과 문학과 관련하여 자신의 고민을 물어온 프란츠 크사버 카푸스Franz Xaver Kappus라는 문학 지망생에게 릴케가 보낸 총 10통의 편지를 주된 내용으로 한다. 이 책은 릴케가 세상과 이별한 후 1929년에 카푸스에 의해 출간되었는데, 그때부터 지금까지 문학을 공부하는 학생들은 물론 인생 고민으로 힘들어하는 또래들에게 깊은 울림을 주고 있다. 청춘이 겪는 여러 고민에 대해 릴케가 특유의 통찰력으로 답을 제시해주고 있기 때문이다. 편지를 처음 썼을 당시 그의 나이는 스물여덟이었다. 젊은 나이로 그만의 고유한 사고방식과 고독 속에서 찾은 깨달음을 자신만의 언어로 풀어냈다. 그 자신 또한 자기만의 세계를 만들어가는 과정에서 비슷한 고민을 하는 젊은이들과 소통을 하고 싶어 했을 수도 있겠다. 상대에게 위안과 격려를 주는 글을 쓰는 동안, 좀 더 명료하게 자신의 생각을 정리하는 시간을 가졌을지도 모르겠다. 릴케의 통찰력이 담긴 몇 개의 구절을 읽으며 자아의 세계에 대해 생각해보자.

"어느 누구도 당신에게 충고하거나 당신을 도울 수 없습니다. 그 누구도 해줄 수 없습니다. 당신 스스로 모든 성장과 발전을 조용하고도 진지하게 이어나가는 것이 중요합니다. 자꾸 바깥 세계만을 쳐다보는 것을 삼가세요. 당신의 가장 조용한 시간에 당신의 은밀한 감정을 통해서나 답을 얻을 수 있는 성질의 질문들에 대해 외부에서 답을 찾으려 애쓰는 것만큼 당신의 발전에 해가 되는 일도 없습니다. 지금 당장에는 당신에게 주어지지 않을지도 모를 답을 구하려고 애쓰지 마십시오. 그런 식으로는 도저히 살 수가 없으니까요. 무엇이든지 지속하는 게 중요합니다. 그러다 보면 어느 날 자신도 모르는 사이에 그 해답 안에 들어가 있을지도 모릅니다."

우리는 살면서 끊임없이 마주치는 선택의 순간에 누군가에게 조언을 구한다. 그 조언이 물론 약이 될 때도 있다. 하지만 결국 마음속에서 원하는 답을 들을 때까지 물음은 방향 없이 이어지기도 한다. 결정을 하고 나서도 결과가 좋지 않을 때엔 조언을 해준 이에게 슬며시 책임을 미루기도 한다. 부끄럽고 한심하게도 말이다.

혼자서 버텨내는 깊은 고독의 시간은 힘들겠지만, 그만큼 가치가 있다. 내 인생의 결정권은 내가 가졌다. 그 책임 또한 온전히 내가 지고 가야만 다음 발을 내디뎌 성장할 수 있다. 약을 들이켜는 것은 괴로운 일이지만 환자에겐 필요한 법이다. 누구나 대가를 치러야 성과를 기대할 수 있다.

아이폰 프로젝트는 애플 전체의 운명을 좌지우지할 수도 있는 대규모 프로젝트였다. 아이폰이 실패하면 애플의 수석 엔지니어들은 애플을 떠날 수도 있는 상황이었다. 이런 난관을 뚫고 스티브 잡스는 2007년 1월 맥월드에서 아이폰을 발표했다. 그해 여름 블랙베리 폰으로 유명한 리서치 인 모션RIM의 창업자인 마이크 라자리디스Mike Lazaridis는 말했다.

"이것은 마치 애플이 맥 컴퓨터를 휴대폰 안에 구겨 넣은 것 같잖아."

전화와 인터넷을 연결한 세상에서 우리는 이제 새로움을 당연하게 받아들인다. 사람은 쉽게 길들여지는 존재이니까. 그러나 잊지 말자. 아이폰이 스티브 잡스의 자아의 총체였다는 것을 말이다. 잊힐 만하면 생각나는 스티브 잡스는 우리에게 불멸의 혁신 아이콘으로 살아 있다.

마크 저커버그

목적이 이끄는 삶의 의미

우리 세대가 말하는 '모두'는

전 세계 모든 사람입니다.

마크 저커버그(Mark Elliot Zuckerberg, 1984년 5월 14일 ~)
페이스북 설립자 겸 최고경영자
하버드 대학교 중퇴

행복보다 중요한 건
삶에 부여하는 의미

객관적으로 모든 것이 좋아진 세
상에서 스스로를 불행하다고 느끼는 사람들이 늘고 있다. 삶의
의미를 모르겠다고 우울해하는 사람은 왜 이렇게 많은지! 누군
가는 인간의 궁극적인 삶의 목적은 행복이라고 말한다. 물론 여
기에 반론을 제기하는 사람들도 있다. 행복을 추구할수록 행복
은 오히려 저 멀리 도망가는 느낌이 든다는 것이다. 그들은 행복
은 손에 잡히지 않는 신기루인데, 현대 사회가 지나치게 행복을
강요하고 있다는 주장을 편다. 어느 측면에서 일리 있는 이야기
다. 그들은 삶을 지탱하는 것은 행복이 아니라 스스로 삶에 부여
하는 의미라고 말한다.

삶을 지탱하는 기둥은 여럿이 있는데, 그중 하나가 삶의 목적
이다. 목적이 없으면 삶은 표류하고 갈피를 잡기 어렵다. 목적이

전도되면 삶이 피폐해지고 인생의 말미에 가서는 후회와 번민만 가득해진다. 그렇다면 삶의 목적은 무엇인가? 대부분은 행복 추구다. 많은 사람이 좋은 직장을 찾고 좋은 사람을 만나서 행복하게 사는 걸 삶의 목적으로 삼는다. 반면 자신의 잠재력과 강점을 찾아내어 소외되고 어려운 사람을 도와주는 것을 삶의 목적으로 삼는 이들도 있다. 이 땅에 태어나서 해야 할 일인 소명을 다하는 것이 이들에겐 무엇보다 의미 있는 일인 것이다.

행복 추구건 봉사와 박애의 실천이건 간에, 삶의 목적은 우리의 자아를 가치 있게 만드는 것이고, 의미 있는 삶을 살게 하는 힘임에는 틀림없다. 목적이 이끄는 삶은 결국 삶의 나침반을 찾는 것이다. 뿌리 깊은 나무는 세찬 바람에도 쉽게 흔들리지 않는다. 땅속 깊이 뿌리를 내려 갖은 시련에도 흔들리지 않는 나무처럼 산다면 얼마나 멋진 인생일까?

삶의 목적이 의미 있는 삶을 살 수 있게 하는 원동력이 된다는 전제를 생각하며 한 젊은이의 이야기를 들어보자.

미국의 젊은 기업가이자 소프트웨어 개발자인 마크 저커버그 Mark E. Zuckerberg는 페이스북Facebook을 설립하고 운영하며 소셜 네트워크 서비스SNS를 선도하고 있는 개척자이다. 페이스북은 그가 하버드 대학교 재학 시절 대학생만을 대상으로 만든 것이었다. 이후 페이스북은 전 세계로 확산되어 사람들에게 소소한 일상을 전하기도 하고, 세계의 시사를 알리는 역할을 하면서 거의 대부분의 나라에서 사용하는 소통의 도구로 급성장했다. 그는 부모가 그토록 자랑스러워했던 하버드 학생이었지만, 스스로 학업을 중도에 포기하고 자신만의 새로운 꿈을 찾아 교정을 떠난다.

그에게 어떤 삶의 목적이 있었는지는 사실 알기 어렵다. 그만이 알고 있는 삶의 가치를 외양만 보고 논하기엔 오해의 소지도 생긴다. 2018년 그는 많은 사람에게 실망을 안겼다. 개인 정보 유출 사태는 그에 대한 신뢰를 저버리게 했다. 비난을 피할 길이 없던 페이스북 최고경영자 마크 저커버그는 미국 의회 청문회로 소환되었고, 이틀 동안 진행되었던 청문회에서 실수를 인정했다.

"내가 모자란 탓입니다. 죄송합니다. 페이스북 창립자로서 저는 이 사건에 대한 책임이 있습니다."

그는 서드파티 앱 사용자의 데이터 무단 수집, 러시아의 미국 대선 개입 등 페이스북과 연관된 일련의 사건들에 대해서 자신들이 제때 적절한 대응을 취하지 않은 탓에 피해를 확산했다며 사과를 이어갔다. 누구나 실수는 한다. 하지만 그가 반성적 사고를 한 후에도 또 사고를 친다면 세상은 그를 버릴지도 모른다.

페이스북이 사용자 데이터의 보안을 강화하고, 좀 더 열린 투명한 플랫폼이 되길 기대하며, 저커버그가 2017년 하버드 졸업식에서 한 축사를 통해 지금의 그를 있게 한 그의 삶의 목적에 대해 알아보자.

삶의 목적 ①
- 세상을 바꾸는 의미 있는 빅 프로젝트

저커버그는 같은 세대 젊은이들에게 인생의 세 가지 목적을 이야기하며, 먼저 '세상을 가깝게 만든다'는 페이스북 정신을 따라 상호 연결된 세계를 구축하는 힘을 키워나가는 일원이 될 것을 호소했다.

"밀레니얼 세대인 우리는 직관적으로 목적을 찾죠. 나는 감히 단지 목적을 찾는 것에만 그쳐선 안 된다고 말하고 싶어요. 그것을 넘어 모든 사람이 목적을 갖는 세상을 만드는 게 우리 세대의 도전 과제입니다. 내가 좋아하는 이야기를 해볼게요. 케네디John F. Kennedy 대통령이 미항공우주국NASA 우주 센터를 방문했을 때 청소부를 발견하고 다가가 뭘 하고 있는지 물었다고 합니다. 그 청소부는 '대통령님, 나는 인류가 달에 가는 것을 돕고 있습니다.'라고 답했지요. 얼마나 멋진 이야기입니까."

삶의 목적은 한 개인을 위대한 무언가로 이끄는 요인이 된다. 목적이 있을 때 우리는 필요한 존재가 되는 것이고, 더 나은 일을 할 수 있다.

사회와 환경이 변하면서 삶의 목적도 달라졌다. 저커버그의 부모 세대가 대학을 졸업했을 때는 주로 직장, 교회, 공동체 등에 삶의 목적의 의미가 한정되었다. 반면 지금 세대는 기술과 자동화로 많은 직업이 사라지고 있는 세상을 목도하고 있다. 공동체 의식도 예전만 못하다. 많은 사람이 단절된 삶을 살면서 고독을 느끼며 우울해하고, 공허함을 채울 수 있는 그 무엇을 찾아 헤맨다. 그래서일까? 저커버그는 이렇게 말한다.

"우리 사회가 앞으로 나아가기 위한 우리 세대의 과제는 무엇일까요? 그건 새로운 직업을 창조하는 것 외에 새로운 목적의식을 창조하는 것입니다. 우리 세대는 혼자만의 목적을 갖는 것만으로는 부족합니다. 타인을 위한 목적을 만들어 내야 합니다. 나는 아주 어렵게 그것을 찾아냈습니다. 내가 삶에서 원하는 것은 회사를 차리는 게 아니라 뭔가 사회에 의미 있는 영향을 끼치는 것입니다. 그게 내 삶의 일차적 목적입니다."

요즘 젊은이치고 남을 생각하는 마음이 크고 제법 배포가 있는 사업가라 생각된다. 딸을 가진 후, 딸이 행복하게 살 수 있는 세상을 만들고자 하는 부모의 마음이 더해져 마음이 더 커진 것일지도 모르겠다.

사람은 나이가 들수록 세속적 욕구에 물들기 쉽다. 돈이면 뭐든지 다 해결될 것 같지만 억만장자의 자살 소식과 돈으로 초래되는 불행을 보면 물질이 삶의 목적이 되는 것 같지는 않다. 어느 정도의 물질적 성공은 우리를 세상의 유혹에 흔들리지 않게 하는 힘이 되는 것은 사실이다. 그러나 그게 삶의 필요충분조건이 되기에는 한계가 있어 보인다.

"우리는 의미 있는 프로젝트를 만들어야 합니다. 우리는 자율주행 자동차와 같은 자동화 기술로 수많은 일자리가 기계에 의해 대체될 수 있는 세상에 살고 있습니다. 하지만 우리가 함께 더욱 많은 것을 할 수 있는 잠재력을 과소평가하지 마세요. 우리는 당당히 의미 있는 프로젝트에 참여해야 합니다. 자신 없다고요? 그런 말 하지 마세요. 내가 비밀을 하나 알려드리죠. 시작할 때는 아무도 모릅니다. 아이디어란 게 처음부터 완성된 채로 나오지 않지요. 실행하는 과정을 통해 명확해집니다. 그래서 무조건 일단 시작하는 게 중요합니다. 일을 시작하기 전에 사람들을 연결하는 방식에 대해 완벽히 이해해야만 했다면, 나는 페이스북을 시작하지도 못했을 겁니다. 젊은 여러분이 뭘 망설이나요? 지금이야말로 우리 세대를 정의할 수 있는 프로젝트를 만들 때입니다. 지구가 멸망하기 전에 기후 변화를 막고, 수많은 사람이 태양광 패널을 생산하고 설치하는 데 참여하도록 하면 어떨까요? 모든 질병을 치료하고 사람들이 자발적으로 건강 데이터를 추적해 유전자를 공유하게 하는 것은 어떨까요? 애초에 아프지 않도록 하는 예방법을 찾기보다 아프고 나서 치료를 하는 쪽에 50배 많은 인적 자원을 사용하고 있는 현실을 보세요. 이게 말이 되나요? 우리가 바꿀 수 있습니다. 모두가 온라인으로 투표를 할 수 있게 민주주의를 현대화한다든가, 모두가 배울 수 있도록 맞춤형 평생 교육을 제공하는 것은 어떤가요?"

그는 그렇게 젊은 세대가 추진할 수 있는 프로젝트 목록을 가능성의 범위 안에서 나열한다. 그의 말을 듣는데, 사회 구성원 모두에게 각자의 역할을 부여하고 목표를 향하여 함께 나아간다면 그것만으로도 충분히 멋지다는 생각이 든다. 젊은이들에게 소명 의식과 자신감을 불어넣으려는 그의 취지가 돋보인다. 세대 간에 공감을 얻고자 하는 그의 자신감 어린 화두 던지기가 묘한 여운을 준다.

삶의 목적 ②
- 균등한 기회의 보장과 평등의 확장

"다음으로 우리는 모두가 자유롭게 자신의 목적을 추구할 수 있도록 균등한 기회를 갖는 세상을 재정립해 나가야 합니다. 부모님 세대는 대부분 비교적 안정적인 직업을 가졌습니다. 우리 세대는 다르지 않을까요? 한 직장에 평생 다니는 시대는 지난 느낌입니다. 그래서 우리는 뭔가를 시작하든, 아니면 자신의 역할을 찾든, 도전하는 기업가 정신을 살려 나가야 합니다. 문제는 사회의 수용 능력입니다. 다양한 새로운 아이디어를 실행하는 게 쉬워져야 기업가 정신이 꽃피고 그러한 문화가 번창할 수 있습니다. 위대한 성공은 실패할 수 있는 자유에서 기인하는 것입니다. 하지만 현실은 그러하지 못합니다. 나는 어느 정도 성공한 기업가이기에 이런 말을 할 수도 있습니다. 보통 이하의 재력을 가진 사람들이 모든 걸 걸고 사업을 하다 실패하면 문제가 되겠지요. 자신의 아이디어를 가지고 역사적인 기업을 만들어 낼 수 있는 자유가 보장되지 않는다면 그 사회는 바람직하다 할 수 없겠습니다. 지금 우리 사회에 성공에 대한 보상 제도가 제대로 작동하는지 살펴보아야 합니다. 성공에만 지나치게 집착하고 실패를 용인하지 않는다면 기업가 정신이 만개하기 어렵습니다."

그의 말을 듣고 있으니, 우리 사회가 사람들이 많이 시도할 수 있도록 기회를 주는 일에 인색한 것은 아닌지 궁금해진다. 그가 그런 현실을 직시하자는 데 무척 공감이 된다. 그는 스스로가 성공한 자임에도 불구하고 사회를 움직이는 시스템에 잘못된 부분이 있다는 것을 지적한다. 누군가는 엄청난 돈을 벌 때 누군가는 창업은 고사하고 빚을 갚느라 허덕이고 있는 게 '기회의 땅'이었던 미국의 현실이다. 그는 그런 시스템을 개선해 나가자고 젊은 이들에게 호소한다. 실패하면 받아줄 수 있는 사회 안전망이 없기 때문에 꿈을 좇지 않는 사람이 늘어나고 있다고 설파한다.

그저 좋은 아이디어 하나, 성실한 태도만으로는 성공하기 어려운 게 인생이다. 게다가 성공에는 시운時運도 따라야 한다. 그는 변화하는 시대에 걸맞게 시스템을 개선해 나가자는 이야기를 계속한다.

"인류는 세대마다 평등의 정의를 나름대로 확장해 왔습니다. 어떤 세대는 투표권과 시민권을 위해 싸웠고, 또 어떤 세대는 뉴딜New Deal 정책을 수립하고 위대한 사회Great Society를 이뤄냈습니다. 이제는 우리가 나설 차례입니다. 우리 세대의 새로운 사회 계약을 정립할 시기입니다. 국내총생산GDP, Gross Domestic Production 과 같은 수치화된 경제 지표가 아닌 얼마나 많은 사람이 의미 있는 역할을 하는지가 사회를 평가하는 척도가 되어야 합니다. 보편적 기본소득과 같은 아이디어를 연구해 모든 이가 새로운 시도를 할 수 있는 사회 안전망을 구축해야 합니다. 우리 세대는 직업을 여러 번 바꾸게 될 것입니다. 한 회사에 얽매이지 않고도 평화로운 가정을 꾸려나가기 위해서는 보육 시스템과 의료 시스템이 개선되어야 합니다. 실패는 용인되어야 합니다. 실패로 사람에게 굴레를 씌우거나 낙인을 찍는 사회는 옳지 않습니다. 기술이 우리에게 유용한 수단이 되도록 계속 발전시켜 나가야 합니다. 그러한 추세에 맞게 사람들이 평생에 걸쳐 지속적으로 교육을 받을 수 있는 시스템을 만들어 나가야 합니다."

그는 대담하게도 모든 이에게 이러한 목적을 추구할 수 있는 자유는 결코 그냥 주어지지 않는다면서 자신처럼 부자들이 비용을 대야 하며, 기부 문화를 확산해야 한다고 강조한다. 그러나 돈이 전부는 아니며 각자가 소명 의식을 갖는 것이 중요함을 역설한다.

"돈이 없으면 시간을 할애할 수 있습니다. 그저 일주일에 한두 시간만 할애해도 누군가가 잠재력을 발휘할 수 있도록 도움을 주기에 충분합니다. 우리 모두 누군가에게 도움의 손길을 줄 수 있는 시간을 낼 수 있습니다. 모든 이가 삶의 목적을 제대로 추구할 수 있는 자유를 누리도록 도움을 줍시다. 그렇게 함으로써 더 많은 사람이 꿈을 실현할 수 있다는 걸 보여주어야 합니다. 그게 우리 사회를 건강하게 만드는 지름길입니다."

삶의 목적 ③
- 서로에게 사다리가 되는 지구 공동체의 건설

　　　　　　　　　　　그가 꿈꾸는 '목적이 이끄는 삶'은
어떤 것일까? 그는 결론적으로 지구 공동체 건설이라는 위대한
포부를 밝힌다. '서로 연결된 세상을 만들자shaping an inter-
connected world'는 주제는 자국 우선주의가 판치는 세상에서 범세
계적으로 설득력을 얻고 있다. 이 세상은 각 나라가 협력하는 곳
이다. 장벽을 쌓을 것이 아니라 해체해야 한다. 하나로 연결된
세상을 사는 지구인에게 지금 필요한 것은 담이 아니라 서로를
잇는 다리이고 이끌어 주는 사다리이다.

　"모든 이에게 목적의식을 심어 줄 수 있는 방법은 바로 공동체
를 형성하는 것입니다. 우리 세대가 말하는 '모두'는 전 세계 모
든 사람입니다. 전 세계 밀레니얼 세대를 대상으로 한 설문 조사
에서 우리 세대의 정체성을 정의하는 것으로 가장 많은 답을 얻
은 게 무엇인지 아십니까? 국적, 종교, 민족이 아닌 '세계 시
민'이었습니다. 대단한 일이죠. 우리 세대는 전 세계를 아우르며
전진해 나가야 합니다. 인간의 위대한 역사가 부족에서 시작하
여 도시와 국가에 이르기까지 많은 이가 함께 모여 원대한 일을
이루려고 했다는 사실을 우리는 잘 알고 있습니다. 지금 우리에
겐 전 지구적인 문제를 해결할 위대한 기회가 주어졌습니다. 그
말은 우리가 가난과 질병을 끝내는 세대가 될 수도 있다는 것입
니다. 우리가 마주한 위대한 과제는 전 세계적인 호응을 얻어야

합니다. 예를 들어 어떤 국가도 기후 변화나 전염병 예방을 홀로 감당할 수 없습니다. 현대 사회에서 진보는 도시나 국가 차원이 아니라 전 지구적 공동체 차원에서 이루어져야 합니다."

그는 팔이 안으로 굽는 자국 우선주의를 배격해야 함을 강조한다. 자유, 개방성, 세계 공동체의 힘을 제대로 발휘하여 권위주의, 고립주의, 국수주의에 맞서 싸워야 한다고 주장한다.

"모든 국가에는 세계화를 환영하는 사람과 이에 맞서는 사람이 존재합니다. 우리는 목적의식과 안정감 있는 삶을 추구하면서도 열린 마음으로 타인을 배려하는 정신을 잊지 말아야 합니다. 자, 지금 당장 지역 공동체를 형성하세요. 그리고 모두 자신이 속한 공동체에서 의미를 찾아나갑시다. 가정이든, 스포츠 팀이든, 교회든, 음악 단체든, 공동체는 우리가 더 큰 무언가의 한 부분이며 혼자가 아니라는 느낌을 갖게 합니다. 공동체야말로 우리가 볼 수 있는 지평선을 넓혀줍니다. 우리는 시야를 그렇게 확대해 나가야 합니다."

그는 수십 년 동안 개인주의가 팽배하고 공동체의 목표를 등한시한 결과, 공동체 수가 크게 줄어들었다는 사실에 놀라움을 표하면서, 젊은 세대가 다시 사회적으로 의미 있는 공동체를 재건해야 한다고 강조한다.

"나는 여러 졸업생을 만났습니다. 한 친구는 우간다 분쟁 지역에서 어린 시절을 보냈고, 지금은 공동체를 안전하게 보호하기 위해 수천 명의 경찰관을 훈련하고 있습니다. 다른 친구는 질병에 고통 받는 사람들과 이들을 돕고자 하는 사람들을 연결해주는 비영리 기업을 창업했습니다. 이것은 내 이야기이기도 합니다. 작은 기숙사 방에서 한 학생이 작은 공동체부터 연결하기 시작해 어느 날 전 세계를 연결하게 된 것입니다. 변화는 작은 곳에서 시작합니다. 중요한 것은 그 작은 변화를 이끄는 '연결의 힘'입니다. 우리 세대가 맞이한 연결성에 대한 문제, 더 큰 기회를 잡을 수 있을 것인지에 대한 문제의 해답을 찾을 수 있을까요? 그건 우리가 공동체를 제대로 형성할 수 있는지와 여러분 한 사람 한 사람이 지구 공동체의 발전을 위해 목적을 이끄는 삶을 살아가는지에 달려 있습니다."

그는 당부와 함께 기도로 그의 이야기를 마친다.

"우리 선조를 축복한 힘의 근원이여, 우리가 용기를 갖고 축복된 삶을 살게 도와주소서."

세상에서
가장 아름다운 노래

그의 말을 들으니 시인 로버트 프로스트Robert Frost가 생각난다. 노란 숲속에 난 두 갈래 길로 시작하는 '가보지 않은 길'이란 시는 우리에게 익숙하다. 하지만 내가 이 시인을 떠올린 건 목적을 이야기한 시 '목표는 노래였다The Aim was Song' 때문이다.

사람이 바람을 올바로 불기 이전에, 바람은 한때 가르침 없이 스스로 불었다. 걸려 넘어지는 어떤 거친 곳에서 밤낮없이 큰 소리로 불었다. 사람이 와서 무엇이 잘못됐는지 말했다. 우선 부는 장소를 찾지 못했고, 또한 너무 세게 불었다. "노래가 목적이잖아. 잘 들어봐라. 이렇게 불어야 하는 거야!" 사람은 그의 입에 바람을 조금 넣고, 북北이 남南으로 변할 만큼이나 그것을 충분히 오래 머금다가, 바람을 재면서 불어냈다. 재면서 부니, 그것은 말과 가락이었다. 바람이 되고자 했던 바람이었다. 입술과 목구멍을 통해 조금씩 불어야 한다. 노래가 목적이니까. 바람은 알 수 있었다.

이 시를 음미하다 보면 인간만이 무엇이 잘못되었는지를 아는 존재 같다. 바람이 전하려는 말을 제대로 이해하고 노래를 부를 수 있게 하는 인간이야말로 얼마나 위대한가? 우리는 그 위대함의 의미를 되새기며 우리의 사명을 잊지 말아야 한다. 우리는 미래 세대가 더 아름다운 세상을 살아갈 수 있도록 협력해 나가야 한다. 그게 진정한 의미에서 '목적이 이끄는 삶'이다.

로버트 프로스트는 이 시에서 길들여지지 않고 강하게 부는 존재가 부드럽고 속삭이는 존재로 변할 수 있음을 바람을 통해 은유적으로 표현했다. 인간의 말과 행동도 마찬가지다. 말이란 때로는 바람처럼 잠잠하기도 분노로 으르렁거리기도 하고, 사람을 슬프게도 행복하게도 하다. 우리가 이 세상에서 아름다운 노래를 부르는 것이 목적이라면 그런 목적에 맞게 말하고 행동하고 실천해야 한다. 때로는 바람의 방향이 북에서 남으로 바뀔 만큼 오랜 시간 인내심을 가져야 한다. 바람이 되고자 했던 바람처럼 인간이 되고자 하는 인간의 노래가 어디선가 들려온다.

　미국의 구직 사이트 글래스도어Glassdoor는 가장 일하기 좋은 직장으로 페이스북을 선정했다. 보상에 후하고 칭찬과 기회로 가득 차 있는 기업이기 때문이다. 좋은 동료들과 함께 일할 수 있는 기쁨도 빼놓을 수 없다. 직장의 행복을 넘어 세계의 복지를 위한 저커버그의 꿈이 이루어지길 간절히 기원한다. 한 차례 홍역을 치른 마크 저커버그. 그가 실수를 극복하고 인류의 행복을 위한 목적이 있는 삶을 만들어가길 진심으로 바란다.

더 나은 미래를
만들기 위한 소명

교육의 목적이 심신 건강한 인간을 키우는 게 아니라

생산성 좋은 인간을 키우는 거라면

우리가 기계와 다를 게 뭔가요?

일론 머스크(Elon Musk, 1971년 6월 28일 ~)
스페이스엑스 최고경영자, 테슬라모터스 대표이사, 솔라시티 회장
스탠포드 대학교 대학원 중퇴

인생의 진정한 의미는
'나'답게 사는 것

　　　　　　　　어느 나라 경구警句 중에 "다른 사람의 일을 성공적으로 완수하는 것보다 비록 불완전하더라도 자신의 일을 하는 것이 낫다."라는 말이 있다. 안정적일지 모르나 수동적인 삶보다 모험적이더라도 자기 내면의 소리에 귀 기울여 자기 목표를 세우고 이루는 삶이 더 보람될 거란 생각엔 모두들 동의할 것이다. 아침이면 소위 '지옥철'을 타고 힘겹게 출근길에 몸을 실으며 쳇바퀴 도는 생활에 한숨 쉬는 직장인들은 더 크게 공감할지도 모르겠다. 그런데 이런 생각은 생각에 불과하고, 대체로 꿈보다는 현실을, 열정보다는 안정을 선택해야 한다고 믿는 듯하다.

　개중에는 아이들이 어떤 재능과 성장 가능성을 가지고 있는지 유심히 관찰하는 부모도 있지만, 대부분은 아이들에게 안정적이고 성공적인 밥벌이의 중요성만을 강조한다. 이런 모습을 보면 마음 한구석이 어두워지고 한 번뿐인 인생을 이렇게 살아도 되는가 하는 생각이 든다.

"내 주변에는 새로운 피카소, 새로운 일론 머스크, 새로운 톨스토이가 되고 싶은 친구들이 많아요. 그런데 현실은 그러하지 못하죠. 결국 생존을 위해서 의사, 변호사, 공무원이 되거나 대기업에 취업을 하는 것 아닌가요. 교육의 목적이 심신 건강한 인간을 키우는 게 아니라 생산성 좋은 인간을 키우는 거라면 우리가 기계와 다를 게 뭔가요?"

맞는 말이다. 우리의 현실을 적나라하게 말하는 소리를 듣는데 마음이 짠해진다. 우리는 그냥 같은 길을 따라간다. 그렇게 맞추어 가는 게 안전할 테니까 말이다. 생존사회에 살고 있고, 밥벌이를 해야 하니까 어쩔 수 없다고 말할 수 있다. 그러나 이런 식으로 살면 '참 나'를 만나는 과정은 죽어서나 이룰 수 있는 게 아닐까? 자기가 좋아하는 것을 하면서 살아가는 것은 그야말로 이상향인가. 아이들에게 하루에 한 시간만이라도 '자기 자신을 알아가는 것'에 대해 생각하게 하는 수업을 한다면 이 사회가 달라지지 않을까.

"자기 재능을 발견하려면 어릴 때부터 많이 놀고, 경험도 많이 쌓고, 자기반성을 할 시간도 가져야 합니다. 여유로운 삶이 게으른 삶인가요? 생산력이나 생존 말고 정직과 진정에 조금이라도 시간을 할애할 수는 없나요? 진정으로 성공하려면 생산성보다는 자기 자신을 인정해서 정직한 '나'가 되는 게 더 중요합니다. 자아실현은 아무도 대신해 줄 수 없답니다."

오늘날 가장 주목받고 있는 사업가이자 모험가인 일론 머스크 Elon Musk가 한 말이다. 그는 손대는 것마다 혁신을 일으키며 그 분야의 산업 지형을 바꾸고 있다. 그가 세운 전기차 회사 '테슬라모터스'는 장난감 취급받던 전기차를 고급 차로 변신시켰다. '스페이스엑스'는 민간 우주왕복선 시대를 열었고, 공동 창업한 '솔라시티'는 파격적인 대여료로 미국 주택의 지붕을 태양광 패널로 바꿔가고 있다. 천재적 재능으로 미래 과학의 판타지를 실현하는 일론 머스크. 이 멋진 사업가이자 순수할 정도로 목표에 몰입하는 모험가의 삶에 모든 이가 주목하고 있다.

더 나은 나를 만드는
일론 머스크의 다섯 가지 법칙

남아공에서 태어나고 자란 일론 머스크는 꿈을 안고 기회의 나라 미국으로 건너가 가장 존경받는 정보통신IT 기업의 대가가 되었다. 자기만의 세계에서 불가능은 없다고 생각하는 그를 보면, 현재의 그를 이룬 비결이 무엇인지 궁금해진다.

"독서의 힘은 위대해요. 나는 어린 시절 책벌레였어요. 백과사전까지 몇 번씩 읽을 정도로 책에 열중했죠. 그렇게 사색을 하고

공상도 하며 어린 시절을 보냈어요. 좋은 책은 아무리 많이 읽어
도 넘침이 없습니다."

　사실 그는 불우한 유년기를 보냈으며, 학교생활에도 잘 적응
하지 못했다. 다만, 하루에 열 시간씩 독서할 정도로 스스로 배
우는 학생이었다. 아홉 살 때 《브리태니커 백과사전》에 빠져서
지냈다. 그는 사람을 일종의 컴퓨터라고 생각했다. '학습'은 데
이터와 알고리즘을 뇌에 다운로드하는 프로세스라고 여겼는데,
학교 수업은 우스울 정도로 다운로드 속도가 느리다고 생각했
다. 아홉 살 때 컴퓨터를 처음 접하고, 보통 완성하는 데 6개월이
걸리는 프로그램 가이드를 3일 만에 끝냈다. 열두 살에 블래스
터Blaster라는 비디오게임을 만들어서 컴퓨터 잡지사에 비싼 가
격에 팔기도 했다.

　일찍이 놀라운 재능을 선보인 그는 어른이 되어서도 여러 가
지 일을 한꺼번에 해낸다. 다재다능함은 물론 거침없는 추진력
도 놀랍고, 불가능은 없다고 믿는 그의 신념은 대단하게 느껴진
다. 그 신념이 성공을 가능하게 하고 새로운 것에 도전하게 하는
힘을 주는 것 같다.

　본인에 대한 강한 믿음은 어디서 비롯되는 것일까? 어느 인터
뷰에서 그가 밝힌 자아실현을 위한 성공 법칙 다섯 가지를 살펴
보자. 회사의 경영자이기에 그의 이야기는 보다 현실적으로 들
린다.

1. 깨어 있는 시간에 일을 정말 열심히 하세요.

2. 주변의 많은 사람이 당신을 좋아하게 만드세요. 회사란 함께 제품이나 서비스를 만들기 위해서 모인 집단이잖아요.

3. 소음을 줄이고 신호에 집중하세요. 자기 본분을 지키세요.

4. 유행을 따르지 마세요. 정말 의미 있는 것을 하고 있나요? 단지 다른 사람이 하고 있어서 그것을 하는 것은 아닌가요? 유추해서 추론하지 마세요. 근원적인 진실을 발견하고 거기에서 출발하여 일을 해야 합니다.

5. 젊을 때 모험을 하세요. 나중엔 여러분 곁에 의무감을 갖게 하는 사람들이 있게 될 테니까요.

그의 이야기를 듣는데, 이상과 현실의 절묘한 조화가 느껴진다. 그는 맨 처음 형과 회사를 운영할 때 아파트를 얻는 대신 작은 사무실을 임대하여 소파에서 자고 YMCA에 가서 샤워를 했다. 컴퓨터 하나를 가지고 오전에는 형이, 밤에는 동생인 그가 사용해야 하는 어려운 시기였다. 그는 그렇게 줄곧 일주일을 일했다고 한다. 회사를 운영하는 사람들은 그런 자세를 가지는 게 무엇보다 중요하다. 여기서 생존과 이상의 문제가 생긴다고 누군가 말할 수 있겠다. 하지만 좋아하는 일을 하면 시간은 아낌없이 바칠 수 있다. 하기 싫은 일을 억지로 하는 경우에나 시간이 아까운 것이지, 하고 싶은 일은 열정을 샘솟게 하기 마련이다. 그래서 그는 무슨 일을 하든 진정으로 좋아하는 일을 하라고 충고한다. 하기 싫은 일을 하기에는 인생이 너무 짧다는 것이다. 우리가 일을 좋아한다면 일하지 않는 시간에도 그 일을 생각하게 된다는 게 그의 요지다. 좋아하지 않는 일을 계속한다면 그 일을 해내기 어려운 것은 당연하다. 당신이 머스크와 일하고 싶다면 포기해야 할 것이 있다. 바로 시간이다. 그래서 그가 무서워질 수도 있다. 업무에 대한 애정이 넘치는 그는 회사의 직원들에게도 유사한 삶의 패턴을 강요한다. 그가 운영하는 회사들 중 하나인 '스페이스엑스'의 직원들은 주 90시간 일한다고 한다.

팀원 모두가 한 방향으로 응집된 힘을 발휘하는 것은 회사의 성공을 위해 무엇보다 중요하다. 문제를 해결하는 사람은 문제 해결의 경험을 결코 잊지 않는다. 그래서 그는 회사 경영을 위해 문제 해결 능력을 갖춘 훌륭한 사람들을 모으는 데 공을 들인다.

테슬라는 광고에는 한 푼의 돈도 지불하지 않는다. 오로지 고객에게 더 좋은 제품과 서비스를 제공하기 위해 최선을 다한다. 본질의 문제와 관련하여 그는 무엇을 말하는 것일까? 그가 어린 시절부터 좋아하던 물리학의 원리를 그는 사고 추론의 출발점으로 선택한다. 우주를 좋아하는 그가 물리학에 빠진 것은 당연하다. 그는 직관에 의존하는 것이 아니라 객관적으로 증명된 틀을 가지고 사고한다. 그게 위험을 줄이고 확률을 높이는 길이다.

덧붙여 머스크는 가정을 꾸리면 많은 의무감이 생겨 무언가를 하고 싶어도 할 수 없는 현실까지 고려한다. 가족을 위해 위험을 줄일 수밖에 없는 가정에 속박된 처지를 말하는 그가 왜 이렇게 인간적으로 느껴지나! 그래서 나이가 한 살이라도 어릴 때 모험을 즐기라는 그의 말이 가슴에 와 닿는다. 그는 테슬라를 시작할 때도 성공을 생각하지 않았다. 그냥 가치가 있기에 시도한 것이다. 가치가 있다면 실패하더라도 의미 있다는 그의 말은 사실 쉽게 공감이 되지는 않는다. 하루하루 생계를 걱정하는 사람들에게는 그만한 용기가 없을 수도 있다. 하지만 그가 정말 좋은 사람이라고 느껴지지 않나! 그래서 그의 자아실현을 위한 꿈 이야기를 계속 들어보고 싶다.

"나는 미치광이 취급을 받고 싶지 않아요. 내 친구 중에는 내게 로켓이 폭발하는 장면을 계속 보여주며 내가 재산을 잃기를 원하지 않는다고 말하는 이도 있어요. 그러나 나는 개의치 않아요. 미래를 설계하는 사람으로서 후대에 유익한 것이 가장 가치 있는 것이라고 생각하거든요. 내가 어렸을 때는 이다음에 커서 어디로 가야 하는지를 몰랐습니다. 사람들이 내게 뭘 하고 싶은지 묻는데 그냥 뭐 근사한 것을 하고 싶다고 대답했어요. 그 이유를 내가 읽은 글귀를 인용해 말하죠. SF 소설 작가인 아서 클라크Arthur C. Clarke는 이렇게 말했습니다. '충분히 진보된 기술은 마법과 구별할 수 없다.'고요. 맞는 말이죠. 지금은 당연하다고 생각하는 문명의 이기들도 300년 전에는 당연한 게 아니었죠. 날 수 있다는 생각도 미친 것이라 취급 받았을 겁니다. 인터넷도 마찬가지고요. 이 모든 게 과거에는 마법과 같은 것이었죠. 내가 기술을 진보시킬 수 있다면 그건 정말 멋진 일 아닌가요. 설사 내가 죽더라도 누군가 바통을 이어받을 수 있잖아요. 나는 그렇게 살고 싶어요."

　세상에 존재하는 지식 범위를 넓혀가는 것은 인간 의식의 범위와 규모를 확대하는 것이다. 그렇게 함으로써 우리는 올바른 질문을 할 수 있고, 깨달음에 이르게 된다. 그가 물리학과 경영학을 공부한 것은 우주의 원리와 경제의 원리를 알아야 무언가를 창조하고 함께 일할 사람들을 구할 수 있다고 믿었기 때문이다. 훌륭한 기술은 한 사람만의 힘으로 만들어지지 않는다. 훌륭한 지도자는 원리를 알고 그를 따르는 사람들의 잠재력을 충분히 활용해야 한다. 일론 머스크는 인터넷 금융서비스 통합 시스템인 '페이팔paypal'을 만들었다. 그러나 그는 돈만이 삶을 가치 있게 만드는 것으로 보지 않았다. 그는 페이팔을 판 돈으로 억만장자가 되었으나, 미래를 향하여 용기 있게 모험에 나섰다. 그를 움직이는 추동력은 무엇일까? 의미 있는 공을 우주로 쏘아 올리는 것! 바로 그것이다.

미래를 향해
자아를 쏘다

　　　그가 계획하고 있는 화성 식민지 프로젝트는 다소 황당하게 느껴지기도 한다. 일론 머스크와 제프 베조스는 민간 우주산업에서 라이벌이다. 머스크는 100년 내

화성에 문명을 건설하겠다는 구체적인 화성 개발 계획을 공개했다. 인간을 '다행성multiplanetary 거주종'으로 만들겠다는 게 그의 야심찬 계획이다. 그는 화성 이주에는 1인당 약 20만 달러의 비용이 필요할 것으로 본다. 로켓 재활용 등을 통해 최대 10만 달러까지 비용을 내릴 계획이다. 머스크는 첫 유인선 발사 후 40~100년 내에 화성에 문명이 들어설 수 있다고 말했다. 첫 이주민은 '죽을 각오'를 하고 엄청난 위험 속에 임무를 수행해야 할 것이라고도 강조했다. 그가 첫 화성 이주민이 되려는 걸까?

"나는 완벽히 프로젝트를 운영해야 할 책임이 있습니다. 계획이 성공하고 회사가 자리를 잡으면 그때 화성에서 죽겠습니다."

화성에서 생을 마감하는 것은 그의 오랜 꿈이다. 당신은 지금 그에게 의구심을 표하고 있을지 모르겠다. 그의 꿈이 이루어질지 아닐지는 두고 봐야 할 일이다.

그래도 테슬라 전기자동차를 이용한 지속 가능한 에너지 사업은 그나마 실현 가능한 목표라며 씩 웃을지 모르겠다. 테슬라가 2018년 하반기 들어 처음으로 흑자를 냈고 수요에 비해 차를 제때 생산하지 못했던 회사임에도 불구하고, 미래 잠재력을 믿는 투자자 덕분에 미국에서 자동차를 생산하는 업체 중 주식 시가 총액이 한때 가장 많았다. 2018년은 테슬라에게 도전과 위기 극복의 해로 남을 것 같다. 연이은 사고로 자율주행 기술에 대한 우려가 커지면서 관련 산업이 위축될 위기에 놓였고, 특히 테슬라 같은 자율주행 차량 사업자들이 관련 법안 통과에 힘을 쓰는 상황에서 자율주행 기술의 위험성을 조사해야 한다는 목소리도 커졌다. 머스크는 2008년 파산 고비를 넘긴 지 10년 만에 또다시 최대 위기에 직면했던 것이다.

"재산을 모두 잃을 각오로 도전한다."고 했던 그는 실제로 빈털터리가 될 뻔했다. 2003년 테슬라를 창업해 2008년 상반기까지 실적을 제대로 내지 못했다. 첫 번째 전기자동차인 로드스타는 '사상 최대의 실패작'으로 꼽혔다. 2012년에는 모델S 개발에 참여했던 중역들이 떠나면서 주가가 폭락하는 어려움을 겪었고, 2015년에는 자신이 창업한 스페이스엑스의 로켓이 폭발하기도 했다. 머스크는 이후 전기차 모델S를 성공시키면서 부활했다. 자동차 기업들이 자율주행차 생산에 속속 뛰어들면서 머스크는 더욱 주목받기 시작했다. 하지만 솔라시티와의 합병 부담, 첫 보급형 차량 모델3의 양산 실패, 자금난과 주가 하락으로 머스크는 불면의 밤을 보내기도 했다. 많은 임직원이 애플로 이직한 상황에서 애플과 협력해 돌파구를 찾아야 한다는 주장도 제기되었다.

이런 상황에서도 머스크는 자신이 소유한 우주개발업체 '스페이스엑스'의 위성 광대역 인터넷 서비스 계획을 밝히는 등 기죽지 않은 모습을 보였다. 머스크는 테슬라의 완전 자동화가 모델3 생산 지연의 원인이라는 사실을 인정했다. 로봇이 때때로 생산 속도를 둔화시킨다는 것을 인정하고, 문제 해결을 위해 발 벗고 나서면서 테슬라의 주가 하락과 파산 위기를 막으려 애쓴 그의 모습은 우리 뇌리에 깊이 각인되었다. 테슬라 차량은 배터리 결함으로 추정되는 화재 사고에 시달려왔다. 다행히 생산 지연의 문제를 어느 정도 극복한 그가 위기를 완전히 극복하고 "실패를 통해 혁신했다."고 말할 수 있으면 좋겠다.

그가 젊은이들에게 한 의미 있는 충고에서 인류에 대한 그의 진정 어린 열정을 느낄 수 있다.

"나는 대학 때 '인류의 미래에 가장 큰 영향력을 끼치는 게 무엇일까?'라는 질문을 스스로에게 던졌고, 다섯 개의 답을 찾았습니다. 그것은 인터넷, 지속 가능한 에너지, 지구를 넘어선 우주에서의 인류 생명 연장을 위한 우주 탐사, 인공지능, 인간유전코드 재생프로그래밍입니다. 여러분은 21세기의 마법사가 되어야 합니다. 멈추거나 위축되지 마세요. 기술은 그냥 두면 퇴보합니다. 고대 이집트 피라미드를 보세요. 인류는 피라미드를 짓는 법을 잊었습니다. 그들의 마법이 우리에게 전수되지 않은 것이지요. 로마의 수로와 도로, 도시 문명을 보세요. 인류의 기술력은 매우 위대했습니다. 기술로 이루어지는 상상력은 끝이 없습니다. 이제 밖으로 나가서 여러분의 마법을 창조하시길 바랍니다. 큰 생각, 큰 포부, 큰 삶을 생각하세요. 기업이 이윤을 추구하는 것은 당연하지만, 이윤보다 인류의 미래를 위해서 일하는 게 더욱 의미 있어요. 나는 낮은 수준의 이익을 추구하고 의미 있는 곳에 투자하지요."

우리를 옥죄는
세상의 많은 것들

그의 말을 듣고 있으니 인류가 문명을 퇴보시키는 측면도 있다는 생각이 든다. 법적 규제가 한 산업의 발전을 얼마나 저해할 수 있는지를 보여주는 사례가 있다. 19세기 말, 영국에서 시행된 레드 플래그법Red Flag Act 혹은 적기조례赤旗條例라 불린 기관차량 조례Locomotive Act이다. 이 법은 약 35년간 유지되다가 1896년에 폐지됐다. 이 법은 당시의 사정을 감안하더라도 터무니없다. 규제의 내용을 오늘의 관점에서 보면 웃음이 나온다.

- 차량의 속도는 4mph(6.4km/h)(시내에서는 2mph) 이하여야 한다.
- 조수는 60야드(55m) 앞에서 붉은 깃발(밤에는 붉은 등)을 들고 걸어가며 말이나 마차의 통행을 도와주어야 한다. 조수의 신호에 따라 말이나 마차가 지나갈 때 차는 멈춰야 한다.
- 차량 중량은 14톤을, 차량 폭은 9피트를 넘어서는 안 된다.
- 승무원은 최소 3명(운전자, 화부, 조수)이어야 한다.

1878년 이 조례는 조수가 붉은 깃발은 들지 않고 60야드가 아닌 20야드 앞에서 걸어가는 것으로 개정되었지만, 여전히 말과 조우하면 차량이 정지하여야 했고, 말을 놀라게 하는 연기나 증기의 발생은 금지되었다. 왜 이렇게 터무니없이 과도한 규제가 생겼을까? 자동차의 출현으로 위태로워진 마차 산업을 보호하기 위해서였다. 자동차의 출현으로 불안을 느낀 마차 산업의 종사자들이 강력하게 로비를 하였고, 그게 먹힌 것이다. 약 30년간 유지된 이 법은 영국 자동차 산업을 초기 태동기에서부터 철저히 구속하는 역할을 했고, 이로 인해 영국의 자동차 산업은 독일이나 프랑스에 비해 현저히 뒤처지게 되었다. 가혹한 규제가 산업의 싹을 애초에 눌러 성장을 억제한 결과다. 혹시 우리 주변에 우리의 상상력을 제한하는 규제는 없나?

그런데 규제보다 더 무서운 것은 사실 자아를 억제하는 관습이다. 모험을 터부시하는 환경, 안정성을 제일로 여기는 사회 분위기야말로 규제 이상의 보이지 않는 규제이다.

일론 머스크의 이야기를 들으면 행운의 여신이 놀랍도록 그의 손을 들어준 것 같다. 하지만 그의 가정사는 순탄하지 않았다. 남아공 전기 엔지니어 출신 아버지와 캐나다 모델 출신 어머니는 이혼을 했고, 머스크는 아버지와 사는 동안 입 밖으로 내지 못할 정신적 상처를 받았다. 캐나다 시민권자였던 어머니와 함께 열일곱 살에 남아프리카를 떠나서 캐나다로 이주하고 퀸즈 대학교에서 경영학을 공부한 후 미국 펜실베이니아 대학으로 편입, 훗날 스탠포드 대학교 대학원에 입학하였으나 동생 킴벌과 창업의 길로 들어서면서 이틀 만에 학교를 자퇴한다. 그의 첫 번째 아이는 생후 10주 만에 영아돌연사증후군으로 사망했다. 첫째 부인인 소설가 저스틴 머스크는 블로그에 알리고 싶지 않았을 일론 머스크의 사생활을 낱낱이 기록했다. 둘째 부인 라일리와도 이혼, 재혼, 이혼을 거듭했다. 모든 사람은 그렇게 성공과 실패를 맛보는 굴곡진 삶을 사는 것인지도 모르겠다.

성공의 과정에는 수많은 실패가 있다. 그럼에도 불구하고 우리는 실패는 축소하고 성공은 신화처럼 부풀리는 경향이 있다. 일론 머스크의 이야기에서도 실패보다 성공에 초점을 맞추는데, 사실 그에게서 우리가 배워야 할 건 인류를 사랑하는 마음과 자신의 꿈을 실현하는 의지가 아닐까 한다. 일론 머스크는 지구를 지키기 위해 '생명의 미래 연구소The Future Of Life Institute'에 거금을 기부했다. 이 연구소는 현존하는 위험을 완화할 목적으로 과학자들이 설립한 비영리단체이다. 그가 이렇게 한 이유는 무엇일까?

그는 미래에 인공지능과 로봇을 유용하게 활용할 수 있도록 돕기 위해서라고 말했다. 기부금은 대부분 인공지능 연구자에게 제공된다. 인공지능이 가져올 잠재적인 문제를 해결하기 위해, 아이러니하게도 인공지능 연구에 비용을 지원한 것이다. 그는 인공지능이 인간 친화적이 되어 인간이 보다 행복하게 살아가는 세상을 꿈꾸고 있다.

"우리는 인공지능 문제에 신중하여야 합니다. 우리에게 현존하는 가장 큰 위협이 있다면 그건 인공지능 문제일 수 있습니다. 우리는 인공지능이라는 악마를 소환하고 있지요."

그의 인류애와 성공을 향한 열정은 아무리 강조해도 지나침이 없다. 미래 세대의 번영을 위해 애쓰는 그에게 경의를 표하며 테슬라 위기 사태로 죽을 만큼 힘든 경험을 한 그가 한층 더 도약하기를 바란다.

"교통 정체로 인해 도로 위에 차가 그냥 멈춰 서 있는 것은 마치 영혼을 파괴하는 것과 같습니다. 미국 전역에서 발생하는 교통 정체를 해결하기 위해 지하 터널을 건설할 것입니다."

그가 추진하는 자율주행 전기차와 화성 식민지 건설에 터널 굴착 사업이 필요할 수 있다. 터널 확대를 통해 교통 체증을 완화하는 것은 자율주행 전기차의 운행 목적인 연료와 온실가스 줄이기와 일맥상통한다. 극한의 화성 기후와 강력한 우주방사선으로부터 사람을 보호하기 위해 지하에 주거 공간을 마련하는 것이 훨씬 나을 수도 있다. 그의 끝없는 자아 탐험에 성공의 여신의 입맞춤이 계속되기를 기원한다.

2018년엔 테슬라뿐만 아니라 일론 머스크 개인에게도 좋지 않은 일이 많았다. 성공한 자라고 살면서 진통이 없겠는가. 테슬라로 인해 불면의 밤을 보내기도 한 머스크가 그를 만든 불굴의 힘으로 대중에게 환한 웃음을 계속 주기를 기대한다.

빌 게이츠

복잡한 문제를
단순화하는 비전

우리는 어떻게 하면 우리가 가진 자원을
슬픈 사연을 가진 사람들을 위해 쓸 수 있을지
생각해야 합니다.

빌 게이츠(Bill Gates, 1955년 10월 28일 ~)
마이크로소프트 창업자, 마이크로소프트 기술고문
하버드 대학교 수학과 중퇴

문제의 단순화가
사태 해결의 첫걸음

　　　　　　　우리는 살아가면서 많은 복잡한 문제에 직면한다. 그런 면에서 문제 해결자로서 직장 상사의 역할은 중요하다. 복잡한 문제를 쉽게 해주는 상관을 만난다면 그야말로 행운이다. 사사건건 일에 개입하는 상관, 무턱대고 약속만 하고 실행을 하지 않는 상관, 지나치게 의사결정을 느리게 하는 상관, 부하보다 걱정을 더 많이 하는 상관 등을 만나면 울화통이 터진다. 어떤 상관은 문제를 더 복잡하게 만들기도 한다. 반대로 사안을 간단명료하게 정리해 주거나 영감을 주는 사람들은 우리를 흐뭇하게 만든다.

　기술도 마찬가지다. 기술이 삶의 문제들을 단순명료하게 해결해 준다면 기술의 유용성은 증가할 것이다. 당신이 가난한 국가에 애정을 갖고 도와주고 싶은 마음이 있다고 하자. 그런데 기부한 돈이 진짜 가난한 사람들을 위해 사용되지 않고 권력자나 이해관계자의 호주머니로 들어간다면 당신은 원조를 주저하게 될 것이다. 실제로 개발도상국 정부나 원조당국자들의 사기, 부패, 부실경영은 인도주의적 원조를 방해하는 주요 요인이다.

유엔UN 세계식량계획World Food Program은 파키스탄 신드 지방에 블록체인 시스템을 활용해 원조가 필요한 이들에게 식비 등을 제공하는 '블록 쌓기Building Blocks' 프로젝트를 진행하고 있다. 원조를 받은 사람들과 그 내역을 일일이 확인할 수 있는 자금 추적 기술이 확보된다면 많은 사람이 자발적으로 원조를 하려 들 것이다. 해킹을 어렵게 만드는 보안 기술인 블록체인으로 개발 원조 플랫폼을 만들어 신뢰가 쌓인다면 어떻게 되겠나. 이런 블록 쌓기 사업은 ATM 기계가 없거나 은행이 정상적으로 업무를 할 수 없는 오지나 재난 발생 지역에 원조를 늘릴 여력을 만든다.

역사를 돌아보면 숱한 문제가 있어 왔다. 그때마다 시대의 영웅은 탄생했다. 링컨을 보자. 그를 만든 힘은 어디에서 왔을까? 그는 강한 호기심을 가진 인물로 평가받는다. 그의 호기심은 다양한 학문에 걸쳐 있었다. 그래서 그는 법학을 이수하고, 웅변기술도 연마했다. 사람들은 그의 깊은 관찰력과 성찰이 그를 만든 힘이라고 평가하기도 한다. 관찰력과 성찰이 지속적으로 새로운 질문을 던지게 했고, 그 결과 혁신적인 해결책을 얻을 수 있었다고 말한다. 2차 세계 대전 후에 독일과 유럽을 재건한 조지 마셜George Marshall도 복잡한 문제를 해결한 인물로 평가받는다. 이긴 자와 패한 자 모두를 고려해 해결책을 제시하는 건 무척 어려운 일인데, 이를 슬기롭게 해냈으니 마셜이 영웅이라는 점에 고개를 끄덕일 수 있겠다.

"리더는 혁신적인 방법, 수단, 절차를 적재적소에 적절히 사용해야 합니다. 대립되는 양쪽 진영이 제대로 된 해법을 찾아갈 수 있도록 도와야 하지요. 서로가 필요로 하는 큰 변화를 이끌어내도록 유도하는 리더십이 그래서 중요합니다. 2차 대전 당시 육군참모총장으로 활약했던 마셜이 유럽 재건을 위해 고안한 '마셜 플랜'은 당시 상황에 부합한 해결책으로 인정을 받아야 합니다."

마셜에게서 영감을 받은 유명인이 있는데, 그는 다름 아닌 '컴퓨터' 하면 생각나는 빌 게이츠다. 그는 2007년 하버드 대학교의 졸업 연설을 부탁받고 우연한 곳에서 원고를 쓰다 아이디어를 얻게 된다. 콘돌리자 라이스Condoleezza Rice 국무장관의 집무실에서의 일이다. 그는 손가락으로 큰 사각형을 그리면서 그때의 상황을 이렇게 설명했다.

"나는 그곳 로비에 앉아 있었어요. 그곳에 서류 하나가 있었는데 테두리를 두르고 있었고, 빛이 났으며, 너무 아름다웠어요. 조지 마셜의 연설문이었지요."

원고를 쓰던 게이츠는 의자에서 벌떡 일어섰다. 유레카! 그 속에 있던 글귀는 졸업생들에게 세상살이의 복잡함을 어떻게 이해시킬지 고민하던 그에게 해답을 제시해 주었다.

게이츠는 마셜의 연설문을 보면서, 마셜이 전쟁 후 유럽이 직면한 어마어마하게 복잡한 문제를 어떻게 대중들에게 제대로 전달할 수 있었는지, 이해관계가 엇갈리는 문제를 대중에게 어떻게 제대로 이해시키고 설득할 수 있었는지 생각했다.

우리는 살아가면서 고차방정식처럼 얽힌 문제를 해결해 나가야 하고 자신이 찾은 방법을 타인에게 이해시켜야 한다. 게이츠 역시 억만장자 친구인 워런 버핏Warren Buffet과 세금 제도나 연방 예산 문제에 내재한 수많은 복잡함 때문에 사람들이 경제·사회 문제를 잘 이해하지 못하는 안타까움을 논하기도 했다. 그리고 그런 이해의 어려움이 궁극적으로 변화를 가로막는 요인이라고 토로한 바 있다.

그는 이 시대를 살아가는 젊은 친구들에게 전할 말을 생각하며 액자를 한참 동안 뚫어지게 응시했다.

내 삶에 영향을 준
세상에서 가장 아름다운 향기

1975년 1월의 어느 날, 친구가 빌 게이츠에게 한 회사가 세계 최초로 개인용 컴퓨터를 만들기 시작할 거라는 뉴스를 들었다고 전한다. 당시 그는 하버드 대학교에 다니고 있었는데, 게이츠는 이날을 운명이 그에게 사업으로 나아가는 문을 열어준 날로 기억한다. 그는 뉴멕시코 주 앨버커키의 한 회사에 전화를 걸어 소프트웨어를 팔겠다고 제의했다. 하지만 회사는 아직 구매할 준비가 되지 않았다며 한 달 뒤에 연락하라고 시큰둥하게 답변한다. 당시 많은 사람이 소프트웨어 판매에 관심을 가지고 있던 상황이라, 게이츠도 그들 중 하나에 불과한 존재로 여긴 것이다.

다행히 게이츠 역시 회사가 필요로 하는 소프트웨어를 아직 완성하지 못한 터라 잘됐다고 생각하고 일을 마무리하는 데 열중했다. 그리고 회사가 필요로 하는 소프트웨어를 똑 소리 나게 만들어냈다. 그 일이 학업을 중단하고 훗날 MS와의 여행을 시작한 계기가 된다. 아버지의 뜻에 어긋났지만 미래를 향한 그의 열정은 누구도 꺾을 수 없었다. 그가 유감스럽게 생각한 것은 단 하나였다.

"나는 세상에 지독한 불평등, 즉 수백만 명을 절망에 빠뜨리는 '건강, 부富, 기회의 불균형'이 있다는 걸 깨닫지 못하고 하버드를 떠났습니다. 나는 하버드에 다닐 때 경제학과 정치학에서 새로운 아이디어를 많이 얻었습니다. 과학의 진보를 이룬 위대한 발견에 대해 배웠습니다. 그러나 인간애의 위대한 진보에 대해서는 무지했습니다. 내가 배운 것들을 적용하여 어떻게 불평등을 없앨 것인지에 대해서는 생각하지 못했습니다."

그는 유복한 집안에서 태어나서 일찍이 컴퓨터를 접할 기회를 가졌다. 환경이 그를 만드는 데 큰 힘이 된 것이다. 그래서 젊은 시절엔 사람들에게 건방지다는 말도 많이 듣고, 돈의 노예라는 비난을 받기도 했다.

"우주는 오직 나를 위해 존재할 수도 있습니다. 만약 그렇다면 내가 잘되는 건 당연하며, 나는 그것을 받아들여야 합니다."

1995년 불과 마흔 살에 《포브스Forbes》지 선정 세계 억만장자 순위 1위에 올랐던 빌 게이츠가 2년 후 《타임》지와의 인터뷰에서 한 말이다. 당시 그는 상당히 자기중심적이었던 것 같다.

아무튼 그가 성공한 데에는 자식 교육에 관심이 많았던 부모의 역할도 컸다. 그렇다고 현실에 안주하지 않고 부단히 노력한 그를 폄하해서는 안 될 것이다. 이후 그는 무언가를 깨달았는지 상당히 변했다. 그래서일까? 그는 이렇게 말한다.

"여러분처럼 세상에서 가장 큰 특권을 누리는 사람들이 아무 특권이 없는 이들의 삶에 대해 알아야 하지 않겠습니까? 나는 오늘 여러분이 심각한 불평등이라는 이 한 가지 복잡한 문제를 택해 그에 관한 전문가가 되라고 권하고 싶습니다. 그리고 행동가가 되라고 힘주어 말하고 싶습니다. 그러면 여러분은 인생에서 가장 훌륭한 경험을 하게 될 것입니다."

우리는 어느 곳에서 발생한 비행기 추락 사고의 희생자들에게 애도를 표한다. 하지만 저소득 국가의 수많은 어린아이가 일상화된 가난으로 뼈만 앙상한 채 굶어 죽는 상황에는 무디다. 원래 세상은 불공평하다고 말한다면 너무 가슴 아픈 일이 아닐까? 가난은 나라님도 구제하지 못한다고 말한다면 할 말이 없다. 조지 마셜이 하버드를 떠나고 게이츠가 하버드를 떠난 이후, 수많은 기술 진보가 이루어졌고 복잡한 문제를 단순하게 만드는 성과가 이어졌다. 예컨대 인터넷은 공통의 문제에 대해 함께 일할 수 있는 사람들을 모으는 수단을 제공한다. 그래서 그는 하버드의 공부벌레들에게 함께 자선에 동참하자는 이야기를 하려는지도 모르겠다. 그의 가슴 따뜻한 말을 들어보자.

"내 아내 멜린다와 나의 경우를 생각해 봅니다. 우리는 어떻게 하면 우리가 가진 자원을 슬픈 사연을 가진 사람들을 위해 쓸 수 있을지 생각합니다. 이 나라에선 아무 문제가 되지 않는 병으로 가난한 나라의 수백만의 어린이가 매년 사망한다는 사실을 알고 있나요? 어떻게 이렇게 많은 아이가 죽을 수 있을까요. 시장이 아이들의 생명을 구하는 일에 관심이 없고, 정부도 지원을 하지 않기 때문입니다."

그는 기업 활동을 통해 돈을 버는 동시에 자선 활동도 하는 결합된 형태의 자본주의를 '창조적 자본주의'라고 지칭했다. 물론 이를 이론으로 제시한 건 아니다. 그는 창조적 자본주의를 실천함으로써 모범을 보이려고 한다. 기부왕으로서 말이다. 그의 창조적 자본주의론에 많은 사람이 열광하는 것은 이 때문이다. 우리는 차원이 다른 아름다운 행동에 감동 받고 세상에서 가장 슬픈 이야기에 가슴을 쓰다듬는다. 때로는 가슴 뭉클하게 울먹이면서 말이다. 게이츠의 이야기를 듣고 있자니 고故 이태석 신부의 담담한 이야기가 귓전을 울린다.

"한국에도 가난한 사람들이 많은데 왜 아프리카에 갔냐는 질문을 자주 받습니다. 특별한 이유는 없습니다. 다만, 내 삶에 영향을 준 아름다운 향기가 있습니다. 가장 보잘것없는 이에게 해준 것이 곧 나에게 해준 것이라는 예수님 말씀, 모든 것을 포기하고 아프리카에서 평생을 바친 슈바이처 박사, 어릴 때 집 근처 고아원에서 본 신부님과 수녀님들의 헌신적인 삶, 10남매를 위해 평생 희생하신 어머니의 고귀한 삶. 이것이 내 마음을 움직인 아름다운 향기입니다."

이태석 신부의 환한 웃음을 생각한다. 한센병에 걸린 아이의 발에 약을 발라 주고 신발을 만들어 주던 이태석 신부는 분명 천사 그 자체였다.

매일매일 엄청난 양의 음식물을 남기고 버리는 우리들. 누군가는 우리가 남기는 음식물의 1%만이라도 기아에 허덕이는 이들에게 줄 수 있다면 얼마나 좋을까 하는 생각을 한다. 그런데 왜 우리는 행동하는 실천가가 되지 못할까? 게이츠는 말한다.

"어머니는 나와 아내에게 항상 베풀며 살아가라고 말했습니다. 우리는 애정과 연민은 있는데 무엇을 해야 하는지를 제대로 알지 못합니다. 그래서 아무것도 하지 않고 있는지도 모르겠습니다. 우리가 어떻게 도와야 하는지 제대로 안다면 행동으로 옮겼을지도 모르겠습니다. 문제는 애정이나 연민의 부족이 아니라 사안의 복잡함입니다."

언론은 기아로 죽어가는 아이의 이야기에 무디다. 어제오늘의 이야기가 아니기 때문이다. 게이츠는 이러한 문제를 해결하는 것이 가장 위대한 일임을 강조한다. 그리고 문제를 복잡하게 바라보지 말고, 쉬운 해결 방법을 찾아 실천가가 되라고 말한다.

"우선 목표를 세우세요. 그리고 가장 효과적인 접근 방법을 찾아 나서세요. 문제를 해결할 수 있는 가장 이상적인 기술을 찾는 겁니다. 그리고 그 과정에서의 실패와 성공담을 다른 사람과 공유하세요. 에이즈AIDS를 예로 들어보죠. 상위목표는 그 질병을 없애는 것이겠죠. 물론 가장 효율적인 방법은 예방입니다. 가장 이상적인 기술은 한 방울의 약물로 평생 면역체계를 만드는 것이겠죠. 그래서 정부와 업계와 자선재단은 공동으로 백신을 개발해야 합니다. 그러나 그러한 작업은 수십 년이 걸릴 수 있어요. 그러니 그때까지는 우리가 가지고 있는 기술을 활용해야 합니다. 현재 최선의 예방법은 사람들로 하여금 위험한 행동을 하지 못하도록 하는 것입니다. 여러분이 하버드를 떠나 나처럼 30여 년이란 세월이 흐른 후에 이곳을 방문했을 때 지성인으로서 뒤늦은 후회와 번민을 느껴서는 안 되겠지요. 지구 반대편에 살고 있는 사람들과 여러분은 아무런 공통점이 없을 수 있습니다. 하지만 우리에게는 인류애라는 공통점이 있습니다."

그가 말한 것처럼 휴머니즘은 그저 발견에 머물러서는 안 된다. 민주주의를 통해서든, 교육을 통해서든, 양질의 사회보험을 통해서든, 다양한 경제적 기회를 통해서든, 불평등을 해소하려는 실천으로 이어져야 한다.

안타깝게도, 인류의 불평등 문제는 해소되지 않았다. 기술이 문제를 쉽게 만들고 사안을 간단하게 만든다고 하는데 왜 여전히 불평등할까? 디지털 정보 격차 해소와 기술 진보에 가려진 어두운 문제를 간과한 때문인지도 모른다. 기술 진보에 따른 기술적 실업과 승자독식 지형이 복잡하게 얽혀서 양극화가 심화되고 있는 게 현실이다. 그렇다면 그가 말하는 창조적 자본주의가 제대로 작동하지 않는 걸까?

앞서가는 삶과
주변을 돌아보는 삶의 조화

빌 게이츠는 2008년 스위스 다보스에서 열린 세계경제포럼의 본회의 연설에서 '창조적 자본주의' 개념을 다시 들고 나왔다. 그는 자본주의는 부자들만이 아니라 가난한 사람들을 돕는 방향으로 작동해야 한다고 강조했다. 그는 하루 1달러 이하의 생계비로 살아가는 빈곤 인구를 도울 방법을 찾자고 호소했다. 시장의 힘을 빈곤 문제 해결에 활용하자는 것이다. 기업은 순이익을 가난한 이들을 위해 사용할 수 있어야 한다고 역설하며, 이 과업에 많은 기업이 참여할 것을 부탁했다. 빌 게이츠에게 있어 창조적 자본주의란 기업과 비정부조직 NGO이 함께 일하면서 전 세계 불평등을 완화할 수 있는 시장 시스템이다. 기업 봉사를 사회적 책임이 아닌 의무로 끌어올린 개념이다. 사회에서 얻은 수익을 소외계층을 위해 사회로 환원할 의무가 있다는 것은 기업의 사회적 책임에서 한 발 더 나아가자는 이야기다. 그는 지금까지의 경쟁적이고 살벌한 자본주의와 다른 따뜻하고 친절한 자본주의야말로 '창조적 자본주의'가 될 것이라고 말했다. 그의 주장이 너무 이상적으로 들리기도 한다. 하지만 세상을 아우르는 그의 따뜻한 마음씨가 느껴지지 않나.

물론 창조적 자본주의에 대한 비판도 만만치 않다. 현재의 빈부격차 문제는 개인이나 기업이 나서서 해결할 수 없다는 것이 비판의 주된 논점이다. 빈곤, 질병, 환경 파괴 같은 사회적 문제를 사람이나 기업들의 관심과 역할로 해결할 수 있다고 보는 건 너무 낭만적이라는 것이다.

하지만 게이츠는 소외된 영역을 돈벌이가 되는 '시장'으로 만들어주기만 하면 문제가 해결될 것으로 본다. 다국적 제약사들은 말라리아나 폐렴 같은 치명적인 질병의 백신 개발에 관심이 없다. 이건 후진국에서나 팔리기 때문이다. 반면 구매력이 큰 선진국에서 통할 치료약 개발에는 관심이 많다. 이때 게이츠와 그의 부인이 만든 '빌앤멜린다게이츠재단' 같은 곳에서 쌓아둔 돈으로 말라리아 백신을 사줘서 돈을 벌게 해준다면 제약사들이 백신을 개발하지 않을 이유가 없다는 게 게이츠의 생각이다. 누군가는 이는 근본적인 문제를 해결하지 못한 채 마취제로 일시적으로 통증을 멈추게 하는 정도의 해법에 불과하다고 반박한다. 이런 비판 역시 충분히 근거가 있다. 하지만 그렇다고 해서

빈부격차 문제를 각국 정부에만 맡길 수도 없다. 그런 점에서 빌 게이츠 같은 '창조적인 자본주의자'가 감당해야 할 역할이 적지 않다고 할 수 있다. 기업과 정부와 NGO가 함께 나서서 이 세상을 더 따뜻한 사회로 만들면 얼마나 좋을까.

창조적 자본주의가 빌 게이츠 개인의 삶에서 갖는 의미도 적지 않다. 빌 게이츠의 삶에 냉혹한 자본주의와 창조적 자본주의, 두 가지가 모두 자리 잡고 있었기 때문이다. 사실 게이츠가 본격적으로 자선 활동에 관심을 갖기 이전까지 그의 삶을 지탱하는 코드는 속도와 경쟁이었다.

속도나 경쟁보다
더불어 사는 삶이 더 중요

빌 게이츠는 1999년 그가 저술한 책의 제목처럼 '생각의 속도'가 모든 것을 지배한다는 신념을 갖고 있었다. 게이츠가 10년 전 제기한 '생각의 속도'라는 개념은 당시 막 불길이 타올랐던 닷컴 붐과 맞물리면서 많은 사람이 통찰력 있는 사상으로 받아들였다. 결국 신기루였지만 말이다.

새천년이 시작된 2000년, 게이츠는 인생 최대의 좌절을 겪는다. 그야말로 특별한 한 해였다. 그해 4월 MS는 법원으로부터 기업 분할 명령을 받는다. 정부로부터 독점 자본가로 낙인찍히고 기업을 쪼개라는 명령을 받은 것이다. 게이츠는 애초 아버지의 권유에도 불구하고 자선 사업이나 기부에 큰 관심이 없었다. 게이츠가 삶의 지표를 바꾼 것은 부인 멜린다 덕분이다. 멜린다의 조언으로 그는 자산 200억 달러 규모의 '빌앤멜린다게이츠재단'을 설립했다. 재단의 주된 관심 분야는 AIDS나 말라리아, 풍토병과 같은 질병 퇴치 연구와 교육이었다. 하지만 독점 사업가가 소송을 벌이는 와중에 천문학적 기부를 한 것을 두고 일각에선 '고도의 홍보 작전'이란 비판이 제기되었다. 2001년 기업분할 항소심에서 승리한 뒤, 게이츠는 꾸준히 사재를 재단에 기부했다. 그의 진정성이 받아들여지면서 게이츠의 냉혈한 자본가 이미지는 따뜻한 기업인의 이미지로 바뀌어 갔다. 마침내 2005년 《타임》지는 빌 게이츠와 부인 멜린다 게이츠를 인류를 위해 인도적 노력을 아끼지 않은 '올해의 인물'로 선정했다.

게이츠는 자선 활동을 시작하면서 속도나 경쟁보다는 '더불어 사는 삶'에 많은 관심을 보였다. 특히 2008년 6월 말을 끝으로 MS 경영에서 손을 떼면서 '속도'보다는 '주변을 돌아보는 삶'에 우선순위를 두었다. 그동안 주로 MS를 통해 일반인들에게 모습을 드러냈던 게이츠는 2008년 하반기부터는 순수한 자선 사업가로 새롭게 변신했다. 그의 변신은 창조적 자본주의라는 그의 철학과 함께 많은 사람에게 잔잔한 감동을 주고 있다.

그의 모습을 보면서 내 안에 나를 만드는 힘을 생각해 본다. 누군가는 선택을, 누군가는 과거의 경험과의 연결을, 상실을, 죽음을, 그리고 누군가는 목적을, 누군가는 미래를 자신을 만드는

'힘'의 원천으로 꼽는다. 그에게는 주변을 돌보는 삶이 곧 그를 만든 힘이었다.

자아를 들여다보는
거울의 힘

여기서 우리 내면에 존재하는 양면성을 생각해 보자. 성선설과 성악설을 떠나 인간이 가지고 있는 자아를 들여다보는 거울을 생각해 보자. 우리 각자에게는 지킬 박사와 하이드가 존재할지 모르겠다. 선을 추구하고 악을 멀리하자는 설교를 하는 게 아니다. 다만 지킬 박사와 하이드에 나오는 구절을 상기하며 인생을 살아가면 어떨까?

"나의 결점 중에서도 가장 나쁜 점은 쾌락을 추구하고 싶은 욕구를 참지 못한다는 것이었다. 세상에는 그럼에도 불구하고 행복하게 사는 사람도 많다. 그러나 나로서는 내 정신을 고결하게 유지하고 사람들 앞에서 위엄 있게 냉정함을 유지하고 싶은 욕구와 쾌락을 추구하고자 하는 욕구를 조화시키기가 너무 어려웠다. 그래서 나는 다른 사람들 몰래 쾌락에 빠져들게 되었다. 그 결과 내가 과거를 뒤돌아볼 만한 나이가 되어 내 주변을 돌아보고 내가 가진 부와 사회적 지위를 평가하게 되었을 때, 나는 이미 이중생활에 깊숙이 빠져 있었다."

쾌락이 무조건 나쁘다는 도덕군자 같은 말을 하는 게 아니다. 나의 잠재력을 발견하고 끊임없는 동기부여를 통해 삶의 승부수를 띄우며, 남을 헤아리고 더불어 사는 세상을 만들어 가고자 하는 사람들을 생각하자는 것이다. 그들이 있기에 나도 온전하게 살고 있고 세상이 살 만한 가치가 있는 게 아닐까?

* * *

우리의 삶이 '지킬 박사와 하이드'처럼 비극으로 끝나서야 되겠는가. 소설을 각색한 뮤지컬의 한 음악에서 우리는 '나를 만드는 힘'의 힌트를 읽을 수 있다.

'지금 이 순간 지금 여기, 간절히 바라고 원했던 이 순간.
(중략)
지금 이 순간 내 모든 걸, 내 육신마저 내 영혼마저 다 걸고,
던지리라. 바치리라. 애타게 찾던 절실한 소원을 위해.'

그렇게 우리는 나를 만드는 힘을 생각하며 오늘보다 나은 내일을 향해 달려가야 한다.

PART

나를
사랑하는 법

셰릴 샌드버그

회복 탄력성과 옵션 B

희망이라 하면 주로 개인적인 걸 생각하지만,

다수가 같은 것을 함께 바랄 때

더 큰 결과를 이룰 수 있다고 생각합니다.

셰릴 샌드버그(Sheryl Sandberg, 1969년 8월 28일 ~)

페이스북 최고운영책임자

하버드 대학교 경영대학원 경영학 석사

자신을 바로 사랑하는 것이
가장 위대한 사랑

　　　　　　　인생이란 길을 걷다 보면 스스로에게 고맙다고 말해야 할 때가 있다. 그런데 너무 바빠 자신이란 존재를 신경 쓸 겨를도 없다면 너무 슬픈 이야기 아닐까? 통상 우리는 마음이 지치고 힘들 때 스스로를 원망하거나 자책하기 쉽다. '나는 왜 이래, 이 정도밖에 안 되는 인간이었어.' 사람이기에 이런 생각을 하는 것은 어느 정도 이해가 된다. 그런데 혹시 있지도 않을 최악의 상황을 생각하며 미리 좌절하고 절망하는 건 아닌지 스스로에게 물어보라. 또는 자신이 지나친 완벽주의자는 아닌지 곰곰이 생각해 보라.

　나는 어떤 존재였나? '현재의 나'는 '과거의 나'의 연속이다. 늘 크고 작은 실패를 맛보며 자랐다. 누구나 그럴 수 있는 것 아닌가! 갖고 싶은 것을 못 가져봤고, 시험을 망쳐봤으며, 원하는 대학에 가지 못했을 수도 있다. 가고 싶은 직장에 입사했지만 실패했을 수도 있다. 자기가 뜻하는 대로 다 할 수 있다면 그게 일반적인 인생일까? 물론 자주 실패를 맛보는 사람은 '결과보다 과정이 중요하다'는 말이 귀에 들어오지 않을 것이다. 현실이 만족스럽지 않으면 눈물이 나는 게 당연하다. 그러나 성공한 사람도 외롭고 훗날 삶을 돌아보며 회한에 잠기기도 한다. 사랑하는 사람과 관계가 멀어졌을 때 모든 걸 잃어버린 심정은 오죽하겠나. 밥도 안 넘어가고 야윈 얼굴로 혼자 집에 틀어박혀 있는 일은 흔하다. 지갑이 얇은데 미래마저 불투명하다고 불평할 수도 있다. '남들도 다 그렇게 산다'며 위로를 해보지만 그래도 기운이 안 난다. 반복된 시련과 실패 속에서 사람들은 자신도 모르게 스스로를 뜨겁게 사랑해야 한다는 평범한 진리를 잊는다. 스스로를 사랑하고 싶어도 그 방법을 모른 채 하루하루 시간을 보내기도 한다.

자, 이제 스스로를 원망하는 것을 멈추어 보자. 누구에게나 좋은 기질이 있다. 자신의 장점 리스트를 만들어 보는 시간을 가져보면 어떨까? 매일 자기에게 긍정의 최면을 걸고 그걸 확인하는 습관을 가져보는 것도 좋을 듯하다. 내가 진정 나를 사랑할 수 없는데, 다른 누군가가 나를 사랑할 수 있을까? 그러지 못할 것같다. 상대방도 자신 있는 나의 모습을 더 좋아할 것이다.

스스로에 대한 자긍심을 가질 때 매일의 삶이 더 나아진다. 기분도 좋아지고 일의 능률이 오르는 것은 물론이다. 나를 사랑할 때 가장 먼저 다가오는 변화는 무엇일까? 부정적인 생각이 물러나고 긍정의 심리가 자리 잡는다. 그래서 자신을 사랑하는 법을 익히는 것이야말로 스스로를 제대로 알고 자기다운 삶을 찾아가는 출발점인지도 모르겠다.

오늘 스스로를 사랑하지 않는다면 내일도 그러할 것이다. 자기를 사랑하는 데 이유가 필요할까? 오늘 당장 아무런 기대도 갖지 말고 스스로를 사랑해 보는 건 어떨까? 우리가 가진 것을 긍정하고 감사한다면 우리를 사랑하는 법을 알게 되지 않을까. 어두운 밤 아무도 없는 곳에서 내면을 찬찬히 들여다보자. 내가 진정 무엇을 원하는지를 알기 위해서 스스로에게 시간이란 선물을 주자. 자기 자신을 책망하게 하는 기제가 어디에서 오는 것인지를 살펴보자. 때로는 지친 일상에서 벗어나 짬을 내어 어디론가 멀리 가보자. 그게 어렵다면 명상과 휴식으로 스스로를 돌아보는 시간을 갖고 부정적인 생각을 가져오는 상황이나 원인을 알아보자. 그 대상이 사람이라면 그를 멀리하는 것도 나쁘지 않다.

때로는 슬픈 영화를 보며 눈물을 흘려 보기도 하고, 누군가에게 고민을 털어놓는 것도 방법이리라. 좋아하는 취미에 몰두하는 것 역시 무력감을 해소하는 데 도움이 된다. 자신의 존재 이유를 확인하는 길이 될 수도 있다. 이 세상에 완벽한 것이 얼마나 있을까? 자신이 불완전한 존재임을 인정하는 것도 좋다.

자신을 사랑하는 법을 아는 것이 가장 위대한 일이다. 이를 증명하는 아주 특별한 손님을 초대해 본다.

상실의 아픔에서
나를 일으켜 세우는 회복 탄력성

스타벅스와 월트 디즈니에서 이사를 역임하고, 2008년부터 페이스북 최고운영책임자COO, Chief Operating Officer로 일하는 한 여성이 있다. 바로 차세대 미국 대선 후보로 손꼽히는 셰릴 샌드버그Sheryl Sandberg다. 그녀는 2016년 버클리 대학교 졸업식에 연사로 의뢰를 받는다. 한 해 전, 갑작스레 남편을 여의고 깊은 비탄에 빠졌던 그녀는 졸업식 연설을 준비하면서 CNN과 인터뷰를 했다.

"지난 2년간 회복 탄력성을 공부하면서 보냈어요. 그게 내 인생에서 정말 필요했습니다. 내게 실제 일어난 일을 믿을 수 없었어요. 어느 날 어디서부터인지 몰라도 내 인생은 완전히 바뀌었답니다. 그날은 비가 왔는데 슬픔에도 다 의미가 있다는 것을 알았죠. 삶이란 게 그렇게 갑자기 방향을 틀 수 있어요. '함께'가 중요하더군요. 함께 노력하고, 함께 슬퍼하고, 더 중요한 건 함께 극복하는 것이지요."

그녀가 말하는, 역경에 부딪혔을 때 일어설 수 있는 '회복 단력성'은 자기애에서 비롯된다. 누군가 '자기애'를 이기심과 혼돈할 수도 있겠다. 전혀 다른 이야기다. 여기서 말하는 '자기애'는 타인을 배려하고, 이해하고, 공감하면서 자기 자신도 함께 성장해 나가는 성숙한 사랑을 말한다. 이런 측면에서 자기애는 세상을 유연하게, 긍정적으로 바라보게 한다. 이러한 자기애를 가지기 위해 무엇이 필요할까? 자기 조절 능력, 객관성, 목표 지향성이다. 자기애가 자기존중감이라면, 그게 강하면 자책하지 않는 자기관용성이 생기게 되고, 타인과의 협력 관계를 지속하기도 쉽다. 그 결과 역경에 부딪혔을 때 일어설 수 있는 회복 탄력성도 강해진다. 그녀는 사회로 나아가는 학생들에게 그런 삶에 대하여 들려주고 싶었다.

그녀는 와튼 스쿨 심리학 교수이자 《오리지널스》의 저자인 애덤 그랜트Adam Grant와 함께 지식과 통찰을 바탕으로 역경에 맞서는 회복 탄력성을 만드는 방법을 이야기하는 《옵션 B》라는 책을 썼다. 남편의 급작스러운 죽음으로 충격에 빠진 그녀는 인간관계, 직장생활, 사생활에서 삶의 모든 균형이 무너지기 시작했다. 어린 아이들이 평생 상처를 안고 살아가게 될까 봐 극도의 불안에 떨어야 했다. 그녀의 담대한 이야기가 핵심을 찌른다.

"내가 배운 가장 중요한 것은 회복 탄력성이 우리가 가지고 있거나 가지고 있지 않거나 한 것이 아니란 것입니다. 회복 탄력성은 우리 모두가 만들어 가는 근력입니다. 우리는 생각했던 것보다 훨씬 약한 존재이기도 하지만, 또 상상하는 것보다 훨씬 강한 존재이기도 합니다."

친구 애덤 그랜트는 그녀와 아이들이 고통을 줄이고 역경을 극복해낼 수 있는 방법으로 회복 탄력성을 기르는 기본적인 마음자세를 비롯해, 일상에서 구체적으로 실천할 수 있는 방법들을 조언했다. 그랜트의 조언을 바탕으로 셰릴과 아이들은 점차 상실과 고통을 극복할 수 있었다. 책에서 셰릴은 자신이 내면을 치유하며 외상 후 성장해나가는 과정을 우리에게 생생하게 들려준다.

열린 자기애에 기반한
서로 사랑하고 지지하기

우리는 가정이 무너지고 우정이 소홀해지는 세상에 살고 있다. 이런 세상에서 우리가 어떻게 튼튼한 공동체를 만들 수 있을까. 그 답은 그녀의 이야기에서 찾을 수 있다. 답은 의외로 단순하고 명쾌하다. 그녀가 남편을 잃고 상실의 아픔에 빠졌듯, 우리 모두는 저마다 상처와 아픔을 겪으며 살고 있다는 사실이다. 상실과 아픔은 굉장히 개인적인 것처럼 보이지만, 매우 보편적이다. 그녀는 그 보편적 감정을 공감할 수 있기에 서로에게 도움을 줄 수도, 함께 극복하고 일어설 수도 있다고 말한다.

"우리는 우리 자신의 회복 탄력성을 만들 수도 있고, 우리가 사랑하는 사람들을 위해 회복 탄력성을 만들 수도 있어요. 우리는 공동체로서도 그렇게 할 수 있지요. 그걸 집단적 회복 탄력성이라 부르지요. 그게 정말 믿기 어려운 힘을 발휘합니다. 회복 탄력성이야말로 우리나라가, 이 세계가 필요로 하는 것입니다. 우리는 관계 속에서 세상을 살아갑니다. 우리는 관계에서 삶의 의지, 사랑할 수 있는 포용력, 이 세상에 변화를 초래할 능력을 발휘할 수 있습니다. 분열의 시대에서 우리는 집단의 회복력을 키우는 작업에 힘써야 합니다. 그건 여러분이 알든 모르든 특별한 방식으로 형성되고 강화됩니다. 여러분이 살아가는 세상에서 여러분은 공동체의 구성원이자 공동체를 이끌 주인공이 될 것입니다. 여러분은 세상에 나아가 여러분의 공동체를 더 강하게 만들어야 합니다. 여러분의 힘을 믿으세요. 여러분 주변 사람들의 힘을 믿으세요."

그녀는 집단 회복 탄력성을 만드는 시작점으로 경험 공유와 사랑을 이야기한다. 집단 회복 탄력성을 만들기 위해서는 새로운 사랑과 또 다른 새로운 사랑을 끊임없이 찾으려고 노력해야 한다. 새로운 사랑을 찾아가는 과정은 결국 온 세상을 하나로 연결하는 길이다. 그런 유대는 연결을 넘어 지지로 이어질 수 있다고 그녀는 믿는다. 모든 개인은 무리를 이루고 있기 때문에 그런 믿음이 가능하다고 생각한다. 그녀는 혼자 상실의 아픔을 겪고 자기 번민의 세계에 갇혀 생을 소비하지 않았다. 그녀를 침묵 밖으로 나오도록 도와준 사람들에게 감사하며, 유대와 지지의 힘을 절대적으로 믿었다. 그래서일까? 그녀는 학생들에게 특별한 주문을 한다.

"너무 정형화된 방식으로 도움을 주려고 하지 마세요. 도움이 필요한지 묻는 것 자체가 오히려 짐이 될 수도 있어요. 내 친구가 아플 때 이런 메시지를 받았다고 해요. '네가 내려오든 내려

오지 않든 상관없어. 그냥 네가 있는 병원에서 너를 한번 포옹하기 위해 온 거야.' 뭐 그런 거예요. 정말 큰 것을 하라는 게 아닙니다. 도움을 필요로 하는 사람들이 도움을 요청하기를 기다릴 필요도 없습니다. 그냥 먼저 다가가세요. 햄버거 빵에 잘못된 뭘 얹었다고 뭐가 문제가 되겠어요. 기쁠 때 함께 웃고 슬플 때 함께 울어 주세요. 그 행동이 여러분을 진정으로 의미 있는 삶으로 이끌어 줄 것입니다."

그녀는 경험 외에 이야기를 공유하는 것 또한 집단적 회복 탄력성을 키우는 방법이라 말한다. 이야기는 우리의 과거를 설명하고 미래를 어떻게 만들지에 대한 방향을 정하는 것이기에 중요하다. 그리고 공동체가 추구하는 공통된 이해를 형성하는 데도 기여한다. 이야기를 공유하면서 정의롭지 못한 사회에 맞서 변화를 유도하는 것이 중요하다는 그녀의 메시지는 잔잔한 감동을 불러온다. 그녀는 이미 여성의 권리를 신장하기 위한 비영리 기구인 린인Leanln.Org을 세운 것으로 유명하다. 린인에 존재하는 여러 소규모 그룹은 서로의 열망이 이루어지도록 서로에게 힘이 되어 주고 있다. 그녀는 남편이 죽기 전에는 왜 그런 작은 그룹들이 번성하는지를 몰랐다면서 그 이유를 집단적 회복 탄력성의 힘으로 돌린다.

"중국 베이징에서 린인에 속한 여성들과 이야기를 나누었습니다. 스물일곱 살 중국 여성이 결혼하지 않았다고 무시 받아서야 되겠습니까? 서른여섯 살 경제학과 여교수가 너무 교육을 많이 받았다고 열다섯 명의 남자에게 거절을 당해서야 되겠습니까? 그 이후에 그녀의 아버지는 그녀의 여동생이 대학원에 가는 것을 금지했습니다. 우리는 린인에서 많은 이야기를 공유합니다. 우리는 외톨이가 아닙니다. 우리는 강하고 우리의 이야기를 함께 써 나갈 것입니다. 서로 다른 환경에서 산 여성들이 공통의 이해를 갖고 이야기의 힘을 믿고 집단적 회복 탄력성을 키워 나가고 있습니다."

고장 난 세상에서
서로를 밀어주기

그녀는 마지막으로 희망에 대하여 이야기한다. 우리는 누구나 미래에 대하여 불안해한다. 그 두려움과 싸우는 방법은 무엇일까? 희망이라는 작은 단어에는 큰 사유의 힘이 담겨 있다.

"사람들은 저마다 바라는 게 달라요. 소풍날이 되면 비가 오지 않기를 바라죠. 내 희망은 좀 근원적인 것입니다. 세상이 더 나은 방향으로 가도록 여러분이 행동해야 한다는 것을 모두가 이해하는 것입니다. 희망이라 하면 주로 개인적인 걸 생각하지만, 다수가 같은 것을 함께 바랄 때 더 큰 결과를 이룰 수 있다고 생각합니다. 얼마 전 교회에서 총기 사건이 있었죠. 목사님과 많은 예배자가 목숨을 잃었습니다. 나는 그곳을 방문하면서 사람들이 증오심으로 가득 차 있으리라 생각했습니다. 하지만 그렇지 않았습니다. 그들은 그런 감정으로 시간을 허비하기는커녕 인종차별주의와 폭력에 맞서 싸우겠다고 다짐하고 있었습니다. 이런 목사님의 글귀를 생각해 보셨나요. '증오에 대해 안 돼, 오늘은 아니야. 분열에 대해 안 돼, 오늘은 아니야. 희망의 상실에 대해 안 돼, 오늘은 아니야.' 그렇게 매일 다짐을 한 것입니다."

우리는 세계 곳곳에서 테러가 일어나는 세상에 살고 있다. 2015년 파리에서 일어난 테러로 한 여성 기자가 죽었다. 셰릴은 그때 본 감동적인 페이스북 포스팅을 학생들에게 들려주었고, 모두가 눈물을 글썽였다.

"사건이 일어난 지 이틀 후, 나는 킬러들에게 편지를 씁니다. 금요일 밤 당신들은 정말 세상 누구와도 바꿀 수 없는 내 사랑하는 아내, 어머니, 아이의 목숨을 앗아갔습니다. 하지만 당신은 내게 증오심을 유발하지 못할 것입니다. 내 17개월 된 아이는 여느 날처럼 평화롭게 놀고 있습니다. 이 어린아이는 행복하고 자유롭게 사는 것으로 당신들을 무시할 것입니다. 당신들은 내 아이에게도 증오심을 가지게 하지는 못할 것입니다."

우리는 정말 희망을 저버린 상태에서 희망을 노래할 수 있을까? 자기를 들여다보고 문제의 본질을 이해하고 세상을 제대로 직시하지 않는다면 어려운 일이다. 나를 사랑하고 다른 사람들의 존재를 의식하지 않으면 이런 결과를 기대하기 어렵다.

"힘은 그것을 바라보는 우리를 더 강하게 만듭니다. 희망은 그것을 기대하는 우리를 더 희망적으로 만듭니다. 이것이 집단적 회복 탄력성이 작동하는 방식입니다. 우리는 힘과 희망이 되어 서로를 끌어올릴 수 있습니다. 경험을 공유하고 이야기를 공유하고 희망을 공유할 때 여러분의 대학 구석구석이 빛날 것입니다. 여러분은 용기, 신뢰, 사랑의 증인이 되는 것입니다. 여러분이 다니는 이 대학은 미국과 전 세계에 큰 의미를 지닙니다. 많은 사람이 여러분 한 사람 한 사람이 어떻게 더 강해지고, 용감하고 진실한 삶을 살아가는지를 바라보고 있습니다. 가서 회복력이 강한 조직을 만들어 보세요. 정의롭지 못하다면 큰 소리로 외치세요. 여러분의 시간과 열정을 의미 있는 대의를 위해 할애하세요. 세상에 고장 난 게 있다면 고치세요. 그게 여러분이 해야 할 일입니다. 회복력이 강한 공동체를 건설하세요. 여러분의 친구와 가족과 이웃을 위해 계속 분투하세요. 그게 서로를 치유하는 힘이 될 것입니다. 즐거운 순간마다 서로를 축하해 주세요. 감사하는 마음을 키우는 게 회복력을 강하게 만드는 가장 중요한 방법임을 명심하세요."

삶의 옵션 B를
생각하며

　　　　　　　　우리 앞에 있는 미지의 길에는 좋은 날도 힘든 날도 있다. 그 모든 날을 함께 헤쳐 나가는 것이 중요하다는 그녀의 메시지가 교정에 있는 나뭇가지를 조용히 흔든다. 그녀는 개인의 회복 탄력성을 넘어 집단의 회복 탄력성을 말하고 있었다. 그것이 그녀가 살아가는 존재 이유이기 때문이리라. 그녀의 이야기는 계속된다.

"여러 부류의 사람들과 경험을 공유하세요. 여러분이 살고 싶은 세상을 함께 이야기하고 함께 그려 보세요. 여러분이 참여하고 만드는 공동체에 희망의 사다리를 놓아 보세요. 무엇보다도 즐거움과 사랑 그리고 의미를 위해 삶이라는 선물 그 자체와 기회에 감사하세요. 오늘밤 나는 '세 가지 즐거운 순간'이란 것을 적으면서 공동체의 희망과 놀라운 회복 탄력성에 대해 글을 써 내려갈 것입니다. 여러분도 그럴지 모르겠네요. 여러분 앞에 펼쳐진 세상에서 여러분이 무엇을 하며 보낼지 정말 궁금해지는 순간입니다."

그녀는 잠자리에 들기 전에 하루의 일을 생각하며 세 가지 즐거움을 상기한다. 상실의 아픔을 겪은 후 그녀는 가족의 소중함을 더 크게 느꼈고, 평범한 일상과 사람들에 대한 소중함도 더 깊이 느끼게 되었다. 그녀의 일련의 행위는 감사하고 반성하며 더 잘살기 위한 노력의 과정이라 할 수 있다. 범사에 감사하는 마음이 클수록 행복과 즐거움은 커진다. 우리는 우리가 만든 선택대로 살아갈 수만은 없다. 그래서 우리에게는 옵션 B가 필요하다. 남편을 잃고 2주가 지났을 때 셰릴은 아빠와 아이들이 함께 참여하는 학교 활동을 준비해야 했다. 그녀는 울음을 터뜨리며 친구에게 "내가 원하는 사람은 내 남편 데이브야."라고 말한다. 친구의 대답은 다음과 같았다.

"셰릴, 옵션 A가 더 이상 없으니 옵션 B의 삶을 최선으로 살아갈 수 있도록 도와줄게."

남편이 죽었을 때 그녀는 모든 사람이 귀찮았다. 엄마마저 성가신 존재였다. 하지만 이제 그녀는 사람의 소중함을 더 깊이 깨닫게 되었다. 삶은 누구에게나 결코 완벽하지 않다. 누구라도 살면서 옵션 B의 삶을 마주하게 된다. 옵션 B의 삶을 최대한 풍성하게 누리기 위해서는 스스로를 알고 조절하고 바라보면서 사랑하는 힘을 키워야 한다. 그게 나와 우리의 회복 탄력성을 키우는 방법이다. 셰릴의 이야기는 결국 우리 모두의 이야기다. 우리는 누군가 슬퍼할 때 우리 어깨를 빌려줄 수 있어야 한다. 우리가 슬플 때 기댈 누군가의 어깨도 필요하다. 그게 나를 사랑하고 공동체를 사랑하는 기본 정신이고 삶의 과정이다.

워런 버핏

원칙이 있는 삶과 습관의 힘

노인이 돼서 하려고
젊은 날의 섹스를 비축하려는 계획을 세우는 것은
의미 없어 보인다.

워런 버핏(Warren Buffett, 1930년 8월 30일 ~)

버크셔 해서웨이 최고경영자

컬럼비아 대학교 경영대학원 경제학 석사

원칙이 있는 사람이
자신을 사랑하기 쉽다

아흔이 가까운 인생을 산 사람이
있다. 그의 이름은 만인이 아는 투자의 달인 워런 버핏Warren
Buffett이다. 그는 "주식을 사기 전에는 스스로의 인생을 낭비했
다."고 말했다. 그런 소리를 들을 때 주식시장에서 눈물 젖은 빵을
먹어 본 대부분의 사람은 영어로 "bullshit(말도 안 되는 소리)!"이라
고 말할지 모르겠다. 이 투자의 귀재는 투자에 대한 열정으로 인
생을 살아왔다. 당신은 반문할 수 있다. 그가 돈의 노예였지 않느
냐고 말이다. 진짜 그럴까? 세상에 과연 돈을 좋아하지 않는 사람
이 있는가 하는 논쟁은 차치하고, 그의 진정성을 알아보자. 그는
주식을 통해 인생의 가치를 제대로 논하고 싶어 한다.

여섯 살 무렵 껌과 콜라를 팔아 한 푼 두 푼 모은 꼬마가 있다.
그 꼬마는 열 살 무렵 《1000달러를 버는 1000가지 방법One

thousand Ways to make $1000》이란 책을 읽는다. 그리고 서른다섯 살에 백만장자가 될 것이라고 말한다. 지금에 와서 생각하니 그의 잠재력을 과소평가한 것이 아닌가 하는 생각도 든다. 그가 세계 부호의 반열에 일찍이 들어선 것을 생각한다면 말이다. 자, 이제 그가 말하는 투자법을 통해 그의 투자 철학을 살펴보고 그를 판단하자. 그는 인생을 논하려면 자기와의 약속과 철학이 있어야 한다고 주저 없이 말한다.

"나는 투자에 분명한 원칙을 둡니다. 성장주를 사는 데 15%, 가치주를 사는 데 85%를 투자하지요. 15%는 피셔, 85%는 그레이엄입니다."

필립 피셔Philip A Fisher는 성장주투자의 원칙을, 벤저민 그레이엄Benjamin Graham은 가치주투자의 원칙을 정립한 인물이다.

버핏이 살아온 인생을 보면 그만이 가진 삶의 원칙이 느껴진다. 그는 되도록 남에게 피해를 주지 않는, 이기적이지 않고 정상적인 방법으로 돈을 벌려고 했다. 그의 고향은 미국 네브래스카Nebraska 주 동부에 있는 도시 오마하Omaha다. 사람들은 그를 '오마하의 현인'으로 부른다. 그가 기업과 투자가가 상생하는 바람직한 투자를 실천해왔기 때문이다. 그는 공공의 선에 위배되지 않는 투자 철학을 실천했다. 그것이 그에게는 자신과 세상을 사랑하는 법이었다. 원칙이 있는 사람은 그 원칙을 삶의 중요 가치라 생각한다. 삶의 가치를 고수하기에 원칙이 곧 삶의 존재 이유가 되며, 그걸 지켜나가는 과정에서 자아에 대한 존중감은 커지게 된다. 그들은 원칙을 바라보며 꿈과 야망을 이야기한다. 스스로에 대한 자부심을 강하게 느끼게 되기에 삶이 열정적으로 되는 것은 당연하다. 대부분의 현명한 사람은 혼자 생각하여 혼자 결정하는 자신만의 확고한 원칙을 갖고 있다. 삶의 원칙은 버핏처럼 어린 시절부터 빨리 세워 나가는 게 무엇보다 중요하다. 그래야 제대로 된 삶을 살기 쉽다.

그는 가치주에 더 많은 부분을 할당한다는 투자 원칙을 세웠다. 신기루 같은 삶을 살기보다도 삶의 정도正道를 생각했는지도 모르겠다. 오래 존속할 수 있는 것들에 대한 가치를 삶에 투영하고, 질주하다 어디론가 사라져 없어질지 모르는 삶은 멀리한 것으로 보인다. 이 시점에서 우리 스스로에게 반문해 보자. 우리는 어떤 원칙을 추구하고 있나? 그게 진정 우리 내면의 울림으로 인해 세워진 원칙인가? 아니, 원칙을 세우기라도 했나? 만일 그렇지 않다면 지금 당장 스스로를 사랑하는 법을 배우기 위해서라도 원칙을 세우자. 원칙은 거창하지 않아도 좋다. '한 달에 책 한 권 읽기' 같은 것도 좋다. 남과 자신을 비교하지 않는다거나 남이 가진 부를 부러워하지 않는다는 원칙도 의미 있다.

원칙 있는 삶과
버릴 줄 아는 용기

버핏 이야기를 하기 전에 독일의

소설가이자 시인인 노벨 문학상 수상자 헤르만 헤세Hermann Hesse를 잠시 생각해 본다. 그의 세계관은 소설 《싯다르타》를 통해 알 수 있다. 헤세는 누구나 그러하듯이 방황과 우울의 시간을 겪었다. 그런 힘든 시기를 경험했던 그는 인생을 회고하며 '싯다르타'의 모습을 통해 인간의 본성과 자아실현, 세상과 자신에 대한 사랑의 원리를 보여 주려고 했다. 《싯다르타》의 의미 있는 한 구절을 보자.

"이 세상을 사랑하는 법을 배우기 위하여, 이 세상을 있는 그대로 놓아둔 채 그 자체를 사랑하기 위하여, 그리고 기꺼이 그 세상의 일원이 되기 위하여 죄악이 필요했고 쾌락과 욕심이 필요했다는 것을 알았네. 그리고 사랑을 깨닫기 위해 가장 수치스러운 절망도 필요했다는 것을 알게 되었네."

아무 부족함이 없던 싯다르타는 삶의 공허함을 느끼고 깨달음을 찾아 나선다. 하지만 깨달음을 뒤로 하고 세속에 다시 물든 그는 모든 것을 잃는다. 그리고 위의 이야기처럼 득도를 하게 된다. 그가 집을 나온 뒤에 태어나서 어머니의 사랑만 받으며 자란 아들은 거지꼴을 한 뱃사공이 된 싯다르타를 아버지로 받아들이지 않는다. 하지만 그는 아들에게 멸시를 받으며 비로소 깨닫는다. 자신에게 그토록 잔인한 아들이었음에도 불구하고 그 아들을 미친 듯이 사랑하는 마음이 완전한 자아이자 진정한 사랑이었음을 말이다.

돈 벌기에 몰두한 투자의 귀재 버핏은 한때 남을 돕는 데 인색하였으나 지금은 기부에 앞장서고 사회 공헌에 애쓰고 있다. 그는 자신의 이름을 딴 '버핏세'의 도입을 주장하기도 했다. 2011년 《뉴욕타임스The New York Times》에 기고한 칼럼에서 이 개념을 처음 제시했다. 20명의 부하 직원이 낸 소득세의 평균 세율이 자신의 소득세 세율의 두 배가 넘는다고 '양심선언'을 하면서 미국이 자본 소득세에 관대해서 빚어진 불합리한 상황을 꼬집었다.

연간 100만 달러 이상을 버는 부유층의 자본 소득에 적용되는 실효세율이 적어도 중산층 이상의 세율이 되도록 세율의 하한선을 정하자는 것이 버핏세의 골자다. 조세가 능력과 이익에 상응하는 원칙에 부합해야 한다는 그의 주장은 평소 그의 철학에서 비롯된다. 그의 신조를 들어보자.

"나는 돈을 원하는 것이 아닙니다. 내가 원하는 것은 돈의 원리를 터득하는 것과 돈을 버는 재미, 그리고 돈이 불어나는 것을 지켜보는 것입니다."

우리는 헤세와 싯다르타의 방황 그리고 버핏의 삶에서 '깨달음'이라는 공통점을 발견한다. 나를 진정으로 사랑하는 사람들은 깨달음을 실천한다. 이제 버핏의 삶과 투자의 원칙을 좀 더 들여다보며 나를 진정 제대로 사랑하는 법에 대해 생각해보자.

어느 날 버핏은 자신의 전용 헬기 조종사에게 인생에서 하고 싶은 스물다섯 가지를 작성한 후 다섯 가지만 선택해 보라고 말한다. 버핏의 말대로 스물다섯 가지의 목표를 작성한 조종사는 일단 선택한 다섯 가지는 꼭 실천하되, 나머지도 틈틈이 하겠다고 말한다. 그러자 버핏은 조종사에게 다섯 가지를 이루기 전에 나머지는 쳐다보지도 말라고 조언한다.

우리는 여러 가지 일에 가치를 둔다. 크게 성공한 사람과 그렇지 못한 사람의 차이는 무엇일까? 자기에게 중요한 일이 무엇인지를 깨닫느냐 깨닫지 못하느냐의 차이가 아닐까? 우리는 버릴 줄 아는 지혜를 갖출 필요가 있다. 하나라도 자신과 약속한 것을 제대로 지키려는 자세를 가지고 살아갈 때 우리는 진정한 자아실현의 가치를 느낄 수 있을 것이다. 그런 점에서 보면 때로는 성공 전략은 '무엇을 이룰 것인가'가 아니라 '무엇을 선택하지 않을 것인가'일 수도 있다.

많은 이가 중요도가 떨어지는 일도 늘 해야 한다고 생각한다. 목표를 최대한 많이 달성하는 것이 좋다고 여기기 때문이다. 그러나 버핏은 가장 중요한 목표에 집중하라고 조언한다. 나머지 작은 목표들은 최우선 목표에 집중하는 데 방해가 될 수 있다고 말한다.

버핏에게서 느끼는 삶의 진한 페이소스 ①
습관이란 감옥의 굴레

버핏은 책과 여러 기사를 읽고 사

유하는 데 하루의 상당한 시간을 쓴다. 사고하는 자세가 삶의 철학을 형성하는 데 크게 기여했으리라. 그가 금과옥조로 여기는 삶의 조언들을 나열해보면 다음과 같다.

'오늘 누군가가 나무 그늘에 앉아 쉴 수 있는 건 다른 누군가가 오래전에 나무를 심었기 때문이다.'

'좋은 평판을 얻는 데는 20년이 걸리지만, 평판을 망치는 데는 5분밖에 안 걸린다. 이 점을 생각하면 여러분은 다르게 일할 것이다.'

'나는 거의 매일 무엇을 읽으면서 긴 시간을 보낸다. 이건 미국식 비즈니스에서는 드문 일이다.'

'만일 당신이 가장 운 좋은 인류의 1%에 해당한다면 당신은 나머지 99%에게 빚을 진 것이다.'

'방대한 소유물은 종종 그 주인을 소유하게 된다. 내가 가치를 두는 자산은 건강을 빼고 말한다면, 흥미, 다양성, 오래가는 우정이다.'

'나쁜 사람과 좋은 거래를 할 수는 없다. 정직은 아주 비싼 선물이다. 싸구려 같은 사람한테서 받을 수 있을 거란 기대는 버려라.'

버핏의 조언을 듣고 있으면 그가 진정 천문학적인 돈을 번 사람이 맞는지 의문이 들기도 한다. 그가 유튜브 영상을 통해 젊은 이들에게 한 진심 어린 충고를 들어보자.

"나는 누군가를 고용할 때 성실성Integrity, 지적능력intelligence, 열정energy, 이 세 가지를 봅니다. 스마트하고 열정이 있다고 해서 세상을 다 잘사는 건 아닙니다. 진실한 성실성이 담보되지 않는다면 똑똑함과 열정은 아무 소용이 없죠. 그러니 성실성을 담보할 습관을 잘 키워나가야 합니다. 습관의 힘은 생각보다 대단합니다."

그는 젊은 시절에 좋은 습관을 형성하는 것이 얼마나 중요한지 강조한다. 그는 습관을 하나의 긴 체인으로 비유하여 젊은이들에게 그 중요성을 설명했다. 사람들은 습관이라는 체인이 너무 견고해서 부서지기 어려운 것이라 생각하지 않고, 습관을 쉽게 고칠 수 있는 가벼운 것으로 착각한다. 그런데 사실 50, 60세가 되어서 습관을 바꾸기는 쉽지 않다. 사람들이 잘 변하지 않는 이유이다. 나이 들어 자기 파멸적인 삶을 살고 습관이란 감옥에 갇혀 사는 사람들이 많은 것도 그 때문이다. 혹시 우리는 잘못된 습관의 체인에 둘둘 말려 있는 것은 아닐까?

"여러분은 젊으니까 '습관의 감옥'에 갇히지 않기 위해 노력해야 합니다. 여러분이 좋아하는 사람이 가진 성향의 10%를 돈으로 살 수 있다고 가정해 봅시다. 그런데 그 목록에 스스로가 할 수 없는 게 있나요? 그렇지 않을 것입니다."

그는 재무 설계와 관련해서도 습관의 중요성을 이야기한다. 젊은 시절부터 재무 설계를 제대로 하는 습관을 가져야 한다고 말하며, 무엇보다 신용카드를 사용하지 말라고 강조한다. 버핏은 많은 사람이 술과 차입借入 때문에 실패하는 것을 보았다. 잘못된 재무 습관의 감옥에 갇힌 결과다. 그는 똑똑하다면 돈을 빌리지 않고 많은 돈을 벌 수 있어야 한다고 강조한다. 신용카드 이자율이 매우 높아 아마 자신도 어린 시절부터 신용카드로 대출받았다면 파산했을 것이라고 말한다.

버핏에게서 느끼는 삶의 진한 페이소스 ②
좋아하는 것 바로 하기

"여러분은 혹시 누군가에게 여러분이 좋아하지 않는 기질이나 특성을 팔고 싶다는 생각을 해보셨나요. 그러기엔 좀 이기적이란 생각이 든다면 그냥 원치 않는 기질이나 특성을 과감히 버리세요. 정치인 벤자민 프랭클린Benjamin Franklin도 벤저민 그레이엄도 10대에 그렇게 했습니다. 벤저민 그레이엄은 주위를 둘러보며 이런 말을 했습니다. '내가 누구를 존경해야 할까요?' 사실 그는 스스로가 존경받는 사람이 되기를 원해서 그런 말을 했던 것입니다. 그의 말을 계속 들어보죠. '내가 왜 다른 사람을 존경해야 하나요. 내가 어떤 이유로 그들을 존경한다면, 내가 비슷한 방식으로 행동할 때 나 역시 존경받을 이유가 충분히 있지 않을까요?' 맞는 이야기죠. 누구나 존경받는 행동을 할 수 있습니다. 그래서 벤저민 그레이엄은 존경받는 사람이 되기로 결심합니다."

그는 모든 문제는 자신이 결정하는 것이니, 다른 사람이나 상황으로 인해 쓸데없는 감정 낭비를 하지 말라고 강조한다. 그래야 스스로 문제를 해결할 수 있다고 당부한다. 아울러 삶의 가장 중요한 덕목은 좋아하는 일을 주저 없이 하는 것임을 힘주어 말한다.

"좋아하는 일을 하세요. 그래야 에너지가 제대로 발산됩니다. 능력이 된다면 남들이 바라는 사람이 되지 말고, 자신이 좋아하는 일을 하라는 얘기입니다."

그는 이어서 좋은 일과 관련한 일화를 이야기한다.

"많은 젊은이가 싫든 좋든 이 일 저 일을 합니다. 일전에 하버드 비즈니스 스쿨을 방문하게 되었는데, 공항에 한 학생이 나를 데리러 왔습니다. 그 친구가 말하더군요. 하버드 학부를 나와서 X, Y, Z에서 일하고 하버드 비즈니스 스쿨을 다닌다고요. 그는 유명한 컨설팅 회사에 근무하고 싶어 했어요. 그러면서 하는 말이 이 모든 건 이력서를 멋지게 하기 위한 과정이란 거예요. 그래서 내가 물었죠. 그곳에서 근무하는 것이 정말 원하는 것이냐고요. 그러자 아니라고 답하더군요. 그래서 내가 다시 물었습니다. 그럼 언제 진정 좋아하는 일을 할 것이냐고. 그는 그냥 언젠가라고 말하더군요. 내가 뭐라고 했는지 아시나요. 젊은 날의 섹스를 노인이 돼서 하려고 비축하려는 계획을 세우고 있는 것이라 했지요. 정말 의미가 없어 보이더군요."

그는 지금은 힘들어도 10년 후 좋아질 것 같은 회사, 혹은 지금 보수가 적지만 10년 후에는 열 배를 받게 될 것으로 기대되는 회사, 이런 회사는 절대 선택하지 말라고 조언한다. 지금 즐겁지 않으면, 10년 후에도 마찬가지란 것이다. 10년 후 부자가 될 수 있을지는 몰라도 지금 하고 싶은 일, 그런 직업을 선택하라고 강조한다.

버핏에게서 느끼는 삶의 진한 페이소스 ③
돈의 철학

버핏은 투자 인생을 시작할 무렵부터 하루에 600에서 1000페이지에 이르는 글을 읽었다. 지금도 그는 하루의 상당 부분을 무언가를 읽는 데 할애한다. 습관의 힘이다. 그는 그 이유에 대해서 이렇게 말한다.

"내가 하는 일은 더 많은 사실과 정보를 모은 다음에 그걸 바탕으로 의사결정을 하는 것입니다. 우리는 다른 사람의 의견은 듣지 않습니다. 우리는 사실을 얻고 그걸 통해 의사결정을 합니다."

우리는 세상을 살아가면서 가치 있는 신호와 우리의 시야를 흐리는 소음을 구분해야 한다. 팩트(사실)에 기반한 지속적인 투자는 소음이나 운에 의한 투자와는 구별되어야 한다. 습관의 힘을 생각하며 그가 가진 돈의 철학을 들어보자. 돈이란 게 너무 없으면 자존감이 상실된다. 그러므로 나를 사랑하는 마음으로 돈에 대한 그의 생각을 들어보는 것도 의미 있다.

버핏의 돈의 철학에 관련된 조언을 나열하면 다음과 같다.

1. 돈을 잃지 마라: 우리가 손실을 보고 있다면 수익은 고사하고 원금도 회복하기 힘들다. 전망 없는 투자를 하고 있다면 당장 그만두는 것이 좋다.

2. 낮은 가격으로 높은 가치를 얻어라: 버핏은 양말을 사든 주식을 사든, 질 좋은 물건이 가격 인하 되었을 때 사는 것을 좋아한다고 말한다.

3. 건강한 금전 습관을 형성해라: 가장 큰 실수는 저축하는 습관을 제대로 배우지 않는 것이다. 저축은 습관이다.

4. 빚을 피해라. 특히 신용카드를 피해라: 버핏은 다른 미국인들처럼 대출 이자를 갚기 위해 일하지 않았다. 대신 자신을 위한 일에 흥미를 가지면서 부를 축적하였다.

5. 돈을 손 안에 두어라: 안전을 담보하는 주요한 방법은 현금 자산을 손에 들고 있는 것이다. 버핏은 적어도 200억 달러의 현금성 자산을 보유한다. 다른 기업들이 휘청거려도 버크셔 해서웨이Berkshire Hathaway가 도산하지 않는 이유다.

6. 자기 자신에게 투자하라: 우리를 더 가치 있게 만드는 일이나 재능을 발전시키는 데 투자하면 보상을 받게 될 것이다. 게다가 자신에 대한 투자에는 세금도 없다.

7. 돈에 관하여 배워라: 위험은 당신이 하고 있는 일에 대하여 무지할 때 발생한다. 버핏의 공식은 간단하다. 책을 많이 읽으라는 것이다. 이자가 복리로 붙는 것처럼 지식이 쌓일 것이다.

8. 포트폴리오에서 낮은 비용이 드는 인덱스 펀드를 믿어라:
   버핏은 인덱스 펀드를 좋아한다. 버핏은 버크셔 해서웨이
   주주서한에서 "돈의 10%를 단기 국채를 사는 데 쓰고, 90%
   를 저가 S&P 500 인덱스 펀드를 사는 데 쓰라."고 했다.
9. 되돌려 줘라: 당신이 억만장자가 아니어도 다른 사람에게
   베푸는 것은 당신의 삶을 풍족하게 할 것이다.
10. 돈을 장기간의 게임이라고 생각하라: 지금 재무적 성공의
    씨앗을 심고 기른다면 훗날 빚으로부터의 자유, 은퇴 후의
    안정된 삶, 자녀의 학비를 보장할 능력과 같은 삶의 즐거
    움을 얻게 된다.

당연하다고 생각하는 것들에
늘 감사하기

버핏은 감사하고 좋아하는 것을
즐기며 삶을 슬기롭게 살아간다. 그의 인생관을 보며 어떻게 그
가 자신을 사랑하는지 알아보자.

"나는 내가 하는 일을 즐깁니다. 나는 날마다 탭댄스를 추며
출근합니다. 나는 내가 사랑하는 사람들과 일을 하며, 내가 좋아
하는 일을 합니다. 나는 과거가 아니라 미래를 생각하며 시간을
보냅니다. 미래는 언제나 나를 흥분시킵니다. 좋아하지 않는 사
람과 함께 일하는 것은 돈 때문에 결혼하는 것과 같습니다. 나는

내 회사를 경영하는 게 즐겁습니다. 만약 인생을 즐기는 것이 수명을 연장시킨다면 전설의 최고령자 므두셀라의 기록은 깨질 것입니다."

아, 이 얼마나 멋진 말인가. 일을 즐기면서 할 수 있는 삶은 축복받은 삶이다. 므두셀라는 구약성서에 나오는 인물로 969년을 살았다고 한다. 사랑하는 일을 하면 아침에 저절로 눈이 떠진다는 그의 말은 진심이다. 그는 분명히 축복받은 인물이다. 그는 작은 것에도 감사하는 마음을 가지고 있다. 이 역시 삶을 사랑하는 사람들에게서 발견되는 공통점이다.

"현재 지구상에는 수십억 명의 사람들이 살고 있습니다. 그런데 그들이 모두 한 장씩 복권을 뽑아야만 한다고 상상해 보세요. 복권에는 각자 평생 어떤 조건에서 살게 되는지 적혀 있습니다. 내용은 다음과 같습니다.

[성별, 인종, 출생 지역(도시, 국가 등), 살아갈 나라의 정부 형태, 부모님 이름, 수입 수준, 직업, IQ(100이 될 확률이 약 66%이고 표준편차가 20인 정상분포에 따름), 키, 몸무게, 머리카락 색깔, …… 성격 특성, 기질, 유머 감각 정도, 건강, 질병 위험]

우리 모두는 실제 이런 복권을 한 장씩 뽑아 들고 세상에 태어납니다. 그런데 자유로운 나라에서, 먹고 싶은 것을 먹는 게 어렵지 않은 곳에서, 평균적인 지능을 갖고 큰 병에 걸리지 않은 상태로, 자녀를 사랑하는 부모님과 함께 살 수 있는 조건으로 태어날 확률은 매우 낮습니다. 당연하다고 여길 수 있는 것은 없습니다. 우리가 뭘 잘해서 해 놓은 것도 별로 없습니다. 단지 우리는 좋은 복권을 뽑은 행운아에 속한 것뿐입니다."

사실 우리는 살아가면서 감사하는 법을 잊고 산다. 내가 갖지 못한 것, 내가 잘 못하는 것을 더 자주 의식한다. 현재 내게 주어진 것, 내가 누리고 있는 것이 얼마나 큰 행운인지를 한 번쯤 되돌아볼 필요가 있다. 그의 말과 글 속엔 인간적 소박함이 느껴진다. 정곡을 찌르는 언어는 그가 왜 존경받는 인물로 살아가는지를 알 수 있게 한다. 그는 자신을 어떻게 사랑해야 하는지를 인생을 통하여 보여주고 있다. 자기 자신에게 투자하라Invest in yourself는 그의 말이 곧 나를 사랑하는 법의 핵심이다.

대니얼 카너먼

기억의 자아와 경험의 자아

일정 수준의 소득이 전제된다면
행복은 주로 사회적 관계나 정서적인 것에 영향을 받는다.

대니얼 카너먼(Daniel Kahneman, 1934년 3월 5일 ~)

프린스턴 대학교 명예교수

노벨경제학상 수상

캘리포니아 대학교 버클리캠퍼스 대학원 심리학 박사

기억하는 자아와
경험하는 자아 사이에서

타임머신을 타고 과거로 돌아가고 싶냐는 질문에 당신은 어떤 반응을 보일까? 누군가는 힘들었지만 행복했던 기억을 떠올리며 "그래, 기꺼이 갈 거야." 하고 말할 수 있다. 또 누군가는 딱히 그럴 생각이 없다고 말할 수도 있겠다. 우리가 기억하는 것은 경험의 잔상이다. 과거는 우리의 기억에 의하여 재구성된다. 시간이 흘러 우리가 경험한 것을 떠올릴 때 그 이미지는 고정되어 있지 않다. 기억은 가변적이다.

과거의 이미지를 떠올리며 우리는 현재를 반추하기도 한다. 현재의 삶을 과거와 대비해 보면서 우리가 바라는 자아의 미래상을 그린다. 누군가 이렇게 말할 때 당신은 어떤 마음이 들까?

"시간이 흘러도 과거의 상처가 지워지지 않아요. 내게 콤플렉스로 남아 있어요. 정말 훌훌 털어 버리고 싶은데 그러지 못해요. 하지만 그 덕분에 더 힘든 일도 이겨낼 수 있을 것 같아요. 과거의 기억이 등불이 되어 내 내면을 비추고 있음을 부인할 수는 없어요. 과거는 현재와 미래를 매개하는 공간 같은 느낌이라고 할까요?"

기억이 자아 형성의 토양이어서일까? 우리는 과거의 기록과 추억에 집착하기도 한다. 물론 똑같은 과거를 경험하고도 미래를 바라보는 눈은 저마다 다르다. 세월이 흘러 첫사랑을 아련하게 기억하는 사람들도 있고 그러지 못하는 사람들도 있다. 현실이 힘들면 첫사랑의 낭만 같은 과거는 매몰비용이 되어버린다. 과거가 어떻든 간에 저마다 과거를 기억하고 이를 통해 미래를 이야기하는데, 이러한 자아를 '기억의 자아'라고 불러보자.

반면 순간순간을 느끼는 '경험의 자아'도 있다. 영화를 보면서 즐거워하거나 누군가와 얘기를 나누며 행복해하는 존재, 또는 쳇바퀴 도는 삶에 회의를 느끼는 존재 모두 '경험의 자아'이다. 즉, 우리에게는 과거의 이야기를 말해주는 '기억의 자아'와 순간순간의 느낌을 말해주는 '경험의 자아'가 동시에 존재한다. 그렇다면 이들은 서로 어떻게 상호작용하는 걸까?

환상 속에 갇힌 나를
일깨우는 일상의 연습

심리학자인 대니얼 카너먼Daniel Kahneman 교수는 노벨 경제학상을 수상했다. 그는 인간의 행동과 의사결정이 결코 합리성에 의해 이루어지지 않는다는 것을 입증해 행동경제학의 새로운 지평을 열었다. 그는 전통경제학이 말하는 사람에 대한 가정을 비합리적이라 평한다. 그에 의하면 경제인이 자신이 무엇을 원하는지를 분명히 알고 있고, 이성적이고도 합리적인 결정을 내린다는 가정은 무너진다.

카너먼은 우리가 많은 경우, 환상 속에 살고 있다고 말한다. 그의 미시간 대학 졸업식 연설을 통해 그가 말하는 삶과 자아의 의미에 대해 생각해보자. 우선 그가 말하는 '캘리포니아의 행복'을 제대로 느끼기 위하여 우리에게 캘리포니아에서의 삶에 대해 환상을 심어주는 노래, 마마스 앤 파파스의 '캘리포니아 드리밍'의 가사를 먼저 살펴보자.

나뭇잎은 모두 시들고 하늘은 잿빛
이런 겨울날 산책을 다녀왔네.
내가 LA에 있다면 편안하고 따뜻할 텐데.
캘리포니아를 꿈꾸네, 삭막한 겨울날.

지나던 길에 교회에 들렀네.
무릎을 꿇고 기도하는 척했네.
성직자는 겨울이 좋잖아.
그는 내가 떠나지 못하리라는 걸 알아.
캘리포니아를 꿈꾸네, 삭막한 겨울날.

그래서일까. 카너먼은 이렇게 말한다.

"오늘 인간의 후생厚生과 행복에 대해 이야기하고자 합니다. 내가 미시간 대학과 연구하는 게 있어요. 연구 과제에 매우 중요한 질문이 있는데, 왜 사람들은 캘리포니아 사람들이 실제보다 더 행복하다고 생각할까 하는 것입니다. 우리가 비교도 해보고 시험도 해보았는데 미시간 학생을 포함하여 많은 사람이 캘리포니아 사람들이 더 행복하다고 믿더라고요. 그런데 이건 사실과 다르거든요."

그는 사람들이 행복을 논하면서 차별화에 초점을 맞추는 경향이 있다고 말한다. 캘리포니아가 미시간이나 오하이오에 비해 날씨가 좋은 건 사실이다. 그래서 날씨를 비교하며 캘리포니아에서의 삶이 더 행복할 거라는 환상에 빠진다. 하지만 실제 날씨가 행복에 미치는 영향은 크지 않다고 한다.

"사람들이 환상에 사로잡히는 것은 '캘리포니아 드림'만이 아닙니다. 부富에 대해서도 비슷한 생각을 가지고, 부가 행복에 얼마나 중요한 영향을 주는지 과장하고 있습니다. 사실 부가 행복에 미치는 영향은 그다지 크지 않습니다. 사람들이 생각하는 것보다 훨씬 적어요. 중국 식당에서 식후에 먹는 과자에 적힌 글귀를 보세요. 진실이 거기에 담겨 있습니다."

그는 삶에서 어떤 것도 우리가 생각하는 것만큼 중요하지 않다고 말한다. 우리 생각이 중요성을 과장할 뿐이라고 강조한다. 하긴 승진했을 때 기쁘긴 하지만 그렇다고 그 행복이 지속되지는 않으며, 돈을 벌어도 잠시 마음이 안정되고 충만함을 느낄 뿐이지 그 느낌이 계속되는 것은 아니다.

"덧붙여 말하고 싶은 게 있습니다. 행복이나 후생에 대해서 말할 때, 여러분은 여러분 한 사람에 대해서 걱정해야 한다고 생각할 수 있어요. 그러나 사실 여러분 안에 있는 두 자아에 대하여 생각해야 합니다. 우리는 후생이나 삶에 있어서 두 자아를 연구했습니다. 사람들의 삶의 방식이나 마음의 작동 방법에 대해서도 연구하였지요."

경험의 자아는 순간순간을 느끼고 인지한다. 반면 기억의 자아는 삶 전반에 대해 생각할 때 드러난다. 예를 들어보자. 우리가 책을 읽으면서 무언가를 느끼고 생각하는 것은 '경험의 자아'이다. 책을 읽고 나서 책에 대해 기억하고, 다른 사람과 이야기를 나누는 것은 '기억의 자아'이다. 문제는 경험의 자아가 느끼는 것과 기억의 자아가 기억하는 것이 반드시 일치하지는 않는다는 점이다.

기억의 한쪽과
경험의 다른 한쪽

좀 더 내용을 이해하기 위하여 카너먼의 대장내시경 실험 이야기를 예로 들어보자. 카너먼 교수는 대장내시경 검사를 받은 환자의 경험과 기억에 대한 연구 결과를 밝힌 바 있다. 카너먼 교수팀은 대장내시경을 받는 환자를 A, B 두 그룹으로 나누었다. A그룹은 대장내시경 검사가 끝나자마자 평소대로 내시경기구를 바로 제거했고, B그룹은 내시경기구를 한동안 놔두었다가 제거했다. 즉, A그룹은 8분 동안 고통스러운 검사를 받았고, 그 고통의 순간은 급작스럽게 끝났다. 반면 B그룹은 상대적으로 훨씬 더 긴 24분간 검사를 받았고, A그룹만큼 고통스러운 순간도 겪었다. 두 그룹 중 '경험의 자아'는 B그룹의 경우 훨씬 더 큰 고통을 받았다.

검사가 끝나고 한 시간이 지난 후에 각자 느낀 고통의 정도와 또다시 검사를 받을 의향이 있는지를 물었다. 놀랍게도 B그룹이 검사를 훨씬 덜 고통스럽게 기억했다. 재검사 의향도 B그룹이 훨씬 더 많았다. A그룹의 경우 검사가 고통스러운 순간에 끝났기 때문에 계속 고통스럽게 기억하는 반면, B그룹의 경우에는 고통이 점차 줄어들면서 끝났기 때문에 훨씬 덜 고통스럽게 기억하는 것이다. 이처럼 경험하는 자아와 기억하는 자아는 어떠한 사건이나 경험에 대해 전혀 다른 평가를 내린다. '지금 아픕니까?' 하는 경험의 자아와 '대체로 어떤 느낌이었나요?' 하는 기억의 자아가 다른 대답을 줄 수 있다는 것이다.

"후생에 대하여 생각할 때 기억의 자아에 의해서만 생각하기 쉽습니다. 이때 경험의 자아의 목소리는 작게 들리지요. 경험의 자아는 순간순간 드러나는 것이니까요. 일과 여가가 균형을 맞춘 '워라밸'의 삶을 생각할 때, 경험의 자아가 멋진 삶을 살아야 한다고 이야기해주고 싶을 것입니다. 문제는 경험의 자아와 기억의 자아가 행복을 느끼는 데 있어서 어느 정도 차이가 있다는 것입니다. 경험의 자아는 점수를 기록하고, 이야기를 적고, 평가하는 자아입니다. 기억의 자아는 여러분이 목표를 달성하는 것과 관계합니다. 무엇보다 여러분이 얼마나 돈을 벌었나, 돈 이외의 다른 성공의 훈장으로 어떤 걸 만들었나, 이런 것과 관계하지요."

우리는 좋아하거나 사랑하는 사람과 함께 시간을 보내면 행복하다. 정서적 행복감에 젖는다. 반대로 몸이 안 좋거나 심리적으로 위축되면 비참해질 수 있다. 경험의 자아의 역할이다. 결국 경험의 자아는 현재 내가 경험하는 것을 느끼는 자아다. 이 자아는 지금 벌어지는 기쁜 일이나 쾌락을 즐기고 고통이나 괴로움을 피하려 한다.

누군가는 경험의 자아를 현재에 충실한 연애에, 기억의 자아를 긴 세월을 함께해야 하는 결혼에 비유한다. 순간 연애 따로 결혼 따로 하는 생각도 든다. 물론 연애 상대가 결혼 상대와 일치하면 문제가 없겠지만.

사회에서 불운한 사람들은 기억의 자아가 만족스럽지 않고 경험의 자아 역시 고통스럽다. 카너먼은 '경험의 자아'는 전보다 돈을 훨씬 많이 번다고 해서 행복해질 수 있는 게 아니라고 말한다.

"우리가 연구한 바에 의하면 일정 수준의 소득이 전제한다면 행복은 주로 여러분의 사회적 관계나 정서적인 것에 영향을 받습니다. 후생의 측면에서 행복을 논할 때 두 개의 자아를 함께 고려하여야 한다는 것을 명심해야 합니다."

경험의 자아와 기억의 자아는 상충할 수도 있다. 현실적 행복과 성공의 욕망이 충돌하는 것처럼 말이다. 하지만 우리가 생각하는 물질적 조건이 우리에게 행복을 줄 것이라는 환상에서 벗어나는 게 무엇보다 중요하지 않을까?

기억의 자아와 경험의 자아를 대하는
우리의 자세

그동안 인간은 '자아란 무엇인가'에 대한 근본적인 의문을 제기할 때, 이러한 자아의 구분을 생각하지 않았다. 만약 자아를 분리하여 논한다면 철학적으로 어떤 논쟁을 해야 할지 궁금하다.

역경을 이겨내는 사람들의 이야기인 회복 탄력성은 '기억하는 자아'의 문제다. 기억의 자아는 자신의 경험에 대해 끊임없이 의미를 부여하는 자아이기 때문에 회복 탄력성과 관계되는 게 당연하다. 기억의 자아가 자신의 고난과 역경에 대해 긍정적인 의미를 부여하여, 긍정적으로 스토리텔링 하는 능력을 지닌 사람이 회복 탄력성이 높은 사람이라 할 수 있다.

미래에 대한 예측과 그에 따른 의사결정은 전적으로 기억의 자아에 의존해서 이루어진다. 이런 점에서 우리가 세상을 살아가는 데 있어서 더 중요한 것은 기억의 자아라고 통상 주장한다.

기억의 자아에 의해 앞으로 무슨 일을 어떻게 할 것인지를 생각하게 되기 때문이다.

그런데 우리는 순간순간을 살아간다. 순간순간의 행복도 무척 중요하다. 그런 점에서 기억의 자아만 중요시하고 현재의 쾌락을 중시하는 경험의 자아를 등한시하는 것은 옳지 않을 수 있다.

여행에서 사진을 많이 찍는 이유가 '경험의 자아'보다는 '기억의 자아'를 만족시키기 위해서라고 말한다. 물론 이 경우는 '사진 찍기'에 열중한 경우를 말하고 있다. 사람들이 감상하고 느끼기보다는 사진으로 남기는 데 더 치중하여 여행의 진정한 목적을 무시한다고 꼬집는 이도 있다. 이러한 현상이 발생하는 것은 사람들이 기억의 자아를 지나치게 중시하기 때문이다. 여행에서 가슴에 담아오는 추억도 있겠지만, 사진만큼 생생하지는 않으니 사진에 목숨 거는 이유는 이해가 간다. 그러나 순간순간 느끼는 예쁜 감정들을 굳이 소홀히 할 필요가 있을까? 물론 기억은 중요하다. 기억이 우리에게 의미를 부여하는 것은 사실이다. 물론 잘못된 기억으로 인해 잘못된 선택을 하는 경우도 있다. 친구 집에 놀러 갔다가 집의 화려함에 기분이 좋았던 기억을 떠올리며 무리하게 대출을 받아 집을 샀는데, 경기가 나빠져 집값이 내려가고 집이 팔리지도 않는다면 어떨까? 한숨이 나올 것이다. 그래서 우리는 의미를 부여하는 '기억하는 자아'와 매일매일의 현실을 알차게 사는 '경험하는 자아'를 동시에 중요시해야 한다. 그게 나를 사랑하는 법이다.

당신의 사랑에 대한 기억은 어떤가? 음악이나 문학 작품에서 부터 영화나 TV드라마에 이르기까지 가장 많이 다루는 얘기가 사랑이다. 대개 사랑에 대한 설렘, 이루지 못한 사랑에 대한 안타까움, 실연에 의한 아픔을 표현한다. 누구나 한 번쯤은 이성 때문에 가슴을 졸이며 아파하고, 행복감을 느끼거나 고통을 느껴보았을 것이다. 20대에게는 앞으로의 삶에 대한 계획 못지않게 이성 문제도 중요하다. 사랑에 대해서 우리는 얼마나 알고 있을까? 막연히 사랑은 아름답고 행복한 것이라거나, 아픔만이 있을 뿐이라고 생각하는 것은 아닐까? 사랑은 선택이면서도 예측할 수 없는, 어느 날 자신도 모르게 다가오는 것일까? 궁금한 사람은 영화 〈러브 액추얼리Love Actually〉를 보며 사랑을 탐독하길 바란다.

"우울할 때면, 공항에서 재회하는 사람들을 생각하자."라는 내레이션으로 영화는 시작한다. 런던의 히드로 국제공항에서 재회하는 사람들이 기뻐하며 포옹하는 장면. 그동안 보고 싶었지만 볼 수 없었던 사람들과 다시 만나게 되는 순간. 이보다 더 사랑의 감정이 넘쳐나는 순간은 없다. 크리스마스를 배경으로 가족과 연인 사이의 이야기를 다양하게 보여주면서 사랑은 실제로 Love Actually 누구에게나, 어디에나 존재한다고 말하는 영화이다. 영화에서 그려진 수많은 사랑은 무엇이며, 어떻게 해석해야 하는지는 각자의 사랑에 대한 기억에 따라 다를 수 있을 것 같다.

"이 세상에서 사랑보다 더 큰 고통이 어디에 있어요?"라고 조숙한 질문을 던지는 양아들에게 아내를 잃은 의붓아버지는 더 없이 따뜻한 미소를 지으며 "그래, 사실이야."라는 담담한 답변을 할 수밖에 없다. 그건 그의 기억 때문이다. 아무튼 사랑을 떠올리며 그것이 아픔으로든 기쁨으로든 우리의 잔상에 남아 있다면 기억할 수 있는 능력에 감사하고 경험할 수 있는 능력에도 고맙다고 말하자. 그런 능력은 소중한 것들을 잘 챙겨보게 할 것이다. 타인을 배려하고 사랑하는 마음이 우리에게 조금만 더 있다면, 반목과 질시와 음모가 넘쳐나는 이 세상은, 최소한 현재보다는 더 따뜻하고 아름다운 곳이 될 수 있을 것이다.

모른다고 말할 수 있는 용기

우리는 어린 시절부터 어떤 질문에 답변을 하도록 훈련을 받았습니다. 그러나 현실에서는 답이 중요한 것이 아닙니다. 어떻게 질문에 대한 해답을 찾아갈 것인지가 더 중요합니다.

크리스틴 라가르드(Christine Lagarde, 1956년 1월 1일 ~)

국제통화기금(IMF) 총재

2012년 미국 《타임》지 선정 '세계에서 가장 영향력 있는 100인'

파리정치대학 대학원 정치학 석사

졸업 선물
- 그다음엔 뭐 할 거야?

　　　　　　　　　요즘 젊은이들에게 졸업은 특히나 두려움으로 다가온다. 대학 졸업생에게 졸업 후 무엇을 할 거냐고 물으면 대부분 선뜻 답하지 못하고 망설인다. 빌 게이츠처럼 자신 있게 '인공지능, 에너지, 생명과학' 분야에서 일을 할 거라고 말할 수 있다면 얼마나 좋을까?

　하지만 아직 젊고 이제 시작인데 열정적으로 일한다면 두려울 게 뭐가 있겠나! 자기 자신을 긍정하고, 열심히 일하고 배워 나가려는 자세를 갖추는 것이 바로 나를 사랑하는 법이 아닐까?

　여성으로서 유리천장을 깬 대표적인 인물이 있다. 그녀는 바로 프랑스 재무장관 출신으로 국제통화기금IMF 총재를 맡고 있는 크리스틴 라가르드Christine Lagarde다. 라가르드는 2011년에 국제통화기금 총재직을 맡았고, 2016년에 연임이 결정되어 수

장의 자리를 이어가고 있다. IMF를 무난하게 이끌어왔다는 평가를 받는다.

1974년 장학생으로 미국에 있는 사립학교인 홀턴암스 여학교에서 공부를 한 그녀는 엘리트의 관문인 파리 국립행정학교를 두 번이나 들어가려 했지만 실패했다. 결국 파리10대학으로 방향을 틀어 법학을 공부해 변호사가 되었다. 세계에서 옷을 가장 잘 입는 여성으로 선정될 정도로 패션에 관심이 많은 그녀를 보면 참 멋지다는 생각이 든다. 그녀는 뭇 여성의 '워너비'이기도 하다. 그녀의 인생관을 들여다볼 수 있는 대목을 보자.

"진정으로 강해지기 위해선 때로 인생을 즐길 필요가 있습니다. 너무 바빠서 일정표에 인생 즐기기를 억지로 끼워 넣어야 할지라도 말이죠."

라가르드처럼, 오드리 헵번Audrey Hepburn처럼 '카르페 디엠 Carpe diem'이라 말하며 오늘을 즐기고 싶다. 오드리 헵번의 말이 라가르드의 말과 오버랩된다.

"날을 잡아라. 그날을 철저히 즐겨라. 철저히 오는 대로. 사람과 만나게 되는 대로. 나는 과거가 있기에 현재에 감사할 수 있다고 생각한다. 공연히 미래를 걱정해서 현재를 조금이라도 망치고 싶지 않다."

낙천적인 라가르드가 학생들에게 졸업 선물로 '나를 사랑하는 법'에 대해 들려준다니 기쁘지 않나. 그녀의 졸업 연설 '다음엔 뭐 할 거야What comes next?'를 듣기 위해 많은 학생이 모였다.

"혹시 브로드웨이 뮤지컬 '해밀턴'을 보거나 들은 적이 있나요? 프랑스의 전前 재무장관으로서 나에게 재무장관의 삶을 소재로 한 뮤지컬은 너무 매력적으로 다가옵니다. 음, 이런 소재로 다양한 콘텐츠가 제작이 되는 것이 글로벌 트렌드의 시작이기를 바랍니다. 이 뮤지컬 얘기를 꺼낸 건 여러분에게 던지고 싶은 질문이 여기에 있기 때문입니다.

그 장면은 이렇습니다. 조지 왕이 워싱턴 장군에게 퀴즈를 냅니다. 그러고는 이런 가사의 노래를 부르지요. '걱정 마, 나는 그렇게 노래하지 않을 거야. 그러나 약간의 도움을 요청할 수는 있어.' 그리고 난 다음에는 이렇게 노래를 합니다. '다음엔 뭐가 오지? 다들 자유의 몸이 되었어. 자유를 얻고 난 다음에 무언가를 스스로 이끌어 간다는 게 얼마나 힘든지 알지?'"

졸업은 학생들을 진정한 자유로 이끄는 관문일까? 졸업 후 삶의 무게가 더 크게 느껴지지는 않을까? 졸업 후 무엇을 할 것인지 막막한 학생들은 당황할 수밖에 없다.

라가르드의 일련의 연설문에는 공통점이 있다. 도입부나 맺는 말에 주제와 관련된 역사나 대중적인 글을 인용한다는 것이다. 그녀는 이번에도 같은 방식을 적용했다.

"조지 왕은 참 흥미로운 질문을 던졌습니다. '다음에 뭘 할 건데?' 하고 묻는 것은 시선을 끕니다. 그렇지 않나요?"

새로 시작하는 이들의
진로에 대하여

"내게 두 아들이 있습니다. 내가 여러분에게 '다음에 뭐 할 건가요?'라는 질문을 계속한다고 상상해보세요. 중학생이라면 고등학교에 진학하는 것에 흥분이 될 겁니다. 고등학생일 경우에는 부모님의 친구들이 어느 대학에서 무엇을 전공할지 묻기도 하겠죠. 대학생이라면 남자 친구나 여자 친구의 부모님이 졸업 후에 어떤 직업을 선택할 것인지 아니면 대학원을 갈 것인지를 물을 수도 있겠네요. 그렇게 질문은 끊임없이 이어질 것입니다."

그녀는 졸업생들의 멘토가 되어 그런 상황에서 대답할 수 있는 묘책을 알려주려는 것일까. 대학 졸업 후의 진로에 대해서 강연을 하려는 것인지 학생들은 무척 궁금해진다. 진로에 대해 진지하게 고민하고 꿈을 향해 나아갈 수 있는 계기가 마련된다면 그녀와의 만남은 확실히 멋진 졸업 선물이 되리라.

"우리는 살아가며 다양한 상황에서 '다음에 뭘 할 거야?' 하는 질문과 맞닥뜨리게 됩니다. 오늘 여러분에게 말씀드리고 싶은 것은 이겁니다. 누군가 '다음에 뭘 할 거니?'라고 묻는데 '잘 모르겠습니다.' 하고 답한다면 괜찮은 걸까요? 제 답은 '사실 그렇게 말하는 게 때로는 현명하다.'입니다."

그녀는 '모르겠다'고 말하는 게 인생에서 가장 어려운 일 중 하나이나, 모른다고 말할 수 있는 용기를 강조하고 있다.

"IMF에서 일하는 직원들에 대해서 말해보죠. 그들은 경우에 따라서 정확하지 않지만 추측하여 말하기도 합니다. 그들은 잘 알지 못한다는 말을 절대로 하지 않습니다. 우리는 어린 시절부터 어떤 질문에 답변을 하도록 훈련을 받았습니다. 그러나 현실에서는 답이 중요한 것이 아닙니다. 어떻게 질문에 대한 해답을 찾아갈 것인지가 더 중요합니다."

그렇다. '이다음에 뭐 할 거니?' 하는 질문에 아이 때는 '과학자, 간호사, 의사, 공무원, 교사' 하고 시원하게 답을 하는데, 시간이 갈수록 오히려 답을 하기가 어려워진다. 본인이 진정 무엇을 원하는지를 알지 못하는 경우가 더욱 많다.

"여러분이 받은 교육은 '이다음에 뭐 할 거니?' 하는 문제를 풀수 있는 기초를 제공했나요? 제공했다면 어떤 식으로요?"

그녀의 말은 상당히 단도직입적이다. 사람들마다 말하는 스타일이 다른데, 그녀는 시원시원하게 질문을 던지는 쪽이다.

"첫째, 여러분의 기술이 기초가 될 것입니다. 여러분은 학문적 경험을 통해 여러분이 어떻게 중요한 것을 생각해야 하는지를 배웠습니다. 여러분은 배움을 통해서 여러분의 세계관을 형성할 수 있었고, 다양한 목소리를 통해 생각할 수 있는 힘에 대해 눈뜨게 되었습니다.

둘째, 여러분의 가치가 도움을 줄 것입니다. 학교에서 보낸 시간은 여러분에게 공공 복지의 중요성을 일깨워주었을 것입니다. 여러분의 가치에 따라 길을 찾아가는 것이 여러분 앞에 놓여 있는 질문에 답하는 것입니다. 여러분이 제대로 답할 수 있다면 앞으로 '다음에 뭐 할 거니?'라는 질문에 쉽게 답할 수 있을 것입니다."

배우고 경험한 것을 사회적 가치에 맞게 제대로 사용하는 방법을 끊임없이 생각해 보라는 그녀의 말이 학생들에게 졸업 후의 삶을 살아가는 데 좋은 실마리를 제공해 주었으면 좋겠다는 생각이 든다. 그녀는 올바로 생각하는 방법에 대한 이야기를 이어간다.

어떻게 생각할 것인가?
- 진정 문송합니까?

라가르드는 우리로 말하면 문과대학 졸업생을 대상으로 졸업식 연설을 하고 있다. 사실 요즘 취업시장에서 '문송합니다' 등의 이야기가 난무하고, 문과대학 학생들의 인기가 시들해지고 있는 것이 사실이다.

"공학이나 코딩을 배운 학생들은 현실 세상에 훨씬 가까운 역량을 쌓았다고들 말합니다. 반면 문과대학 학생들은 현실 세계를 준비하는 데 적절한 훈련을 받지 못했다고 비판하지요. 그런 소리를 들으면 나는 고전을 가르치는 선생님의 자녀로서 분한 마음이 듭니다. IMF를 이끄는 변호사로서 이러한 비판은 경제적 상황의 진전을 잘못 읽었기 때문이라고 자신 있게 말할 수 있습니다. 미래에는 기술, 자동화, 인공지능이 많은 분야에서 인간을 대체할 것입니다. 아마도 언젠가는 로봇 변호사까지 생겨나겠죠. 어떤 사람은 변호사의 업무는 이미 로봇이 장악한 분야라고 말합니다. 그러나 이건 잘못된 이야기입니다. 요즘 아이들이 미래에 갖게 될 직업의 75%는 아직 개발도 되지 않았습니다. 사포Sappho, 브론테Brontë, 딜런Dylan은 말할 것도 없습니다. 디자인에 관심이 있던 스티브 잡스가 아이스킬로스Aeschylus를 배운 것이 아이팟에 대한 꿈을 이루게 한 동인이 되었다는 것은 익히 알고 있죠. 이러한 르네상스 교육은 다가올 세상에서 여러분을 확실히 비교우위에 서게 할 겁니다."

미국 건국의 기반을 닦은 사람들은 멋진 시 구절을 암송하는 것을 좋아하던 변호사, 사업가, 농부였다. 그들은 혁명의 역사적 문맥을 제공했을 뿐만 아니라 사회에 그들이 바라는 희망의 메시지를 알리는 역할을 했다. 융합의 시대에 '문송합니다'라고 자조할 이유가 없다. 그렇다면 이 시대 문과대학의 역할은 무엇일까? 그녀의 말을 들어보자.

"학교는 비전을 구체화하고 지식에 대한 사랑을 일깨워줍니다. 여러분 세대의 성공은 평생 교육에 대한 약속으로 이루어지는 겁니다. 오늘로서 교육이 끝난 게 아닙니다. '졸업'이란 사건을 기념비적 역사로 생각하면 됩니다. 대학은 여러분이 어떻게 배울 것인지를 제시하는 곳이지 무엇을 배울 것인지를 알려주는 곳이 아닙니다. 많은 교훈은 교정 밖에서 얻을 것입니다. 여러분은 4년 동안 음악, 역사, 연극, 문학, 과학 그 이상을 공부한 것입니다."

인생을 긴 안목으로 볼 때 라가르드의 메시지는 가슴 깊이 새길 만하다. 그녀는 공감과 식견을 연마하는 것이 힘이 됨을 강조한다. 이들은 미래에도 수요가 존재할 것이 분명하기 때문이다.

"자기 목소리의 울림에만 귀를 기울이는 것은 바보입니다. 그게 진정한 내면의 울림이 아니라면 말이죠. 진로와 같은 중요한 선택을 할 때 듣기 좋은 말만 귀담지 마세요. 여러분과 의견이 다른 사람을 만나 보세요. 그들로부터 배울 게 있을 것입니다. 다른 생각을 가진 사람들의 세계관을 이해하려고 애써 보세요. 식견을 넓히려면 한 발짝 물러나서 세상을 바라봐야 합니다. 문제를 풀기 위해서는 문제를 바로 볼 줄 알아야 합니다. 나는 그런 교훈을 프랑스 정부에서 변호사로 일하면서 얻었습니다."

그녀는 나지막한 목소리로 자신의 경험을 들려준다. 열일곱 살 되던 해, 낯선 미국에 와서 홀로 외로이 공부하며 문화적 충격을 이겨낸 그녀는 미국에서 오히려 프랑스의 역사와 문학을 제대로 이해하게 되었다고 한다. 그녀는 그때의 자신이 미국 민주주의를 흥미롭게 관찰한 프랑스 정치학자 토크빌Tocqueville 같았다고 회상한다. 현재 189개국 회원이 모인 IMF의 수장으로서 세계 경제의 안정과 전망을 위한 국제협력의 아이디어를 논하는 자리에 있는 그녀의 눈동자가 빛난다.

"말할 필요도 없이 나의 커리어는 모든 면에서 IMF 총재 자리에 준비되어 있었다고 할 수는 없어요. 거의 매일 새로운 게 다가옵니다. 새로운 위기, 새로운 용어……. 마치 내가 로스쿨로 돌아간 기분이라고 할까요. 나는 줄곧 무언가를 읽고 질문을 하고 기존 가정에 도전하고 그리고 배웁니다. 배움이란 것은 우연히 얻는 게 아닙니다. 그것은 열정과 근면으로 무장해야만 얻을 수 있는 것입니다. 배움에는 졸업이 없습니다. 새로운 시작이 있을 뿐이죠. 세계에 대한 끊임없는 호기심은 배움에 끝이 없다는 것을 말해줍니다."

그녀는 대학 교육을 선물에 비유하며 평생에 걸쳐 배움의 결과를 배당 받을 것이라고 힘주어 말한다.

유리천장을 부수는
여전사의 굳은 다짐

"배움 그 자체만으로는 충분하지 않아요. 배움을 사용할 때 가치를 더해야 합니다. 공공 복지 같은 가치 있는 일에 배움을 써야 해요. 방법은 다양합니다. 정부에서 일할 수도 있고, 자원봉사나 공동체 지원도 있죠. 학교·교사 연계 모임에 참여할 수도 있어요. 내가 유리천장을 부수려는 전사란 것 다 아시죠? 내 생애의 목표입니다. 나는 법률회사에서 아주 불편한 경험을 했어요. 인터뷰를 하는데, 세상에, 여자인 내가 제대로 된 파트너가 될 수 있겠냐고 질문하는 거예요. 나는 회사를 박차고 나왔고 그 회사를 쳐다보지도 않았어요. 그리고 스스로에게 물었어요. '다음에 뭐 하지?' 긴 호흡을 들이마시며 변호사로서 내가 받은 교육과 나의 진가에 대해서 생각해 보았습니다. 결국 새로운 다양성과 창의성을 추구하는 로펌을 찾아 일하게 되었죠. 열심히 일하였고, 수요일은 내 아이들과 놀아주기 위해 쉬었어요. 편견에 저항해 마침내 1999년 한 회사의 첫 여성 대표가 되었죠. 여기 오면서 여러 연설문을 보았는데, 인용되는 말은 대부분 남자들의 것이었어요. 이래선 균형이 안 맞지요. 자, 이제 세상의 균형을 이루기 위해 오늘부터 전진합시다."

그래서 그녀는 IMF 수장이 된 이후에도 전 지구적으로 여성의 권리를 신장하기 위해 동분서주하고 있다. 여성 권익의 신장이 경제적 건전성의 지표라는 믿음에서다. 그녀는 이러한 노력이 진전은 느리지만 분명한 차이를 만든다는 생각을 가슴에 담고 있다.

"민간 회사에 있건 정부에 있건 공공 복지를 위해 일할 수 있어요. 기후변화 문제이든, 홈리스 지원이건, 교육 개선이건 상관없어요. 그게 무엇이든지 가서 싸우세요. 투자은행에서도 얼마든지 인도적인 사업을 추진할 수 있어요. 간호사라면 건강 보험이 없는 사람들을 위해 일할 수도 있잖아요. 기자이기를 열망한다면 대중교통 시스템의 문제를 조사해서 글의 힘을 믿고 밀고 나가 보세요. 세상의 벽에 부딪히더라도 놀라지 말고 열정을 가지고 임하세요."

나는 당당히
내 길을 갈 거야

그녀는 학생들이 한계를 극복하고 생애에 걸쳐 크든 작든 가치를 만들어가는 챔피언이 될 것을 강조한다. 각자 가진 기회를 최대한 이용하여 전진할 것을 당부하는 그녀는 애정 어린 여전사다.

"여러분은 여러분의 진가가 언제 발휘될지를 모를 뿐입니다. 다음엔 뭘 할 거냐고 누가 물어도 답을 당장 줄 이유는 없어요. 여러분 가족이나 친구가 후원자가 될 것입니다. 숨을 깊이 들이마시고 자신감을 가지세요. 여러분이 배운 학업과 가치가 삶이라는 항해를 하는 동안 등대 역할을 해줄 것입니다. 삶이 내게 그랬던 것처럼 여러분에게도 그럴 것입니다."

우리 모두는 자유인이다. 저마다의 가치를 추구하고 저마다의 목표에 맞게 살아갈 권리가 있다. 누군가의 시선이 부담스러울 때 피하지 말고 당당히 말하자.

"아직은 내 삶의 진정한 가치를 찾아가기 위해서 노력 중입니다. 나는 나를 사랑하기에 나를 믿어요. 나의 가치를 드러내고, 세상에 작은 선물을 하는 데 동참할 거예요. 나를 방해하는 것들을 무시하고 나의 잠재력을 키워나가는 것들을 바라보며 내 길을 묵묵히 갈 것입니다. 그리고 평생 공부하며 나와 세상의 가치를 찾는 작업을 할 것입니다."

뮤지컬 '해밀턴'의 배경이 된 그 시절에는 자유에 익숙하지 않아 사람들은 자유의 진정한 가치를 몰랐다. 이후 우리가 들이마시는 자유라는 공기가 일상화되어, 우리는 스스로 무언가를 할 수 있다는 것을 잊었을지도 모른다. 자유의 힘을 어떻게 발휘하여야 하는 줄도 모르고 자랐을 수 있다는 말이다. 하지만 이제 스스로 "나는 내 길을 갈 거야." 하고 당당히 말하는 그런 세상이 되어야 한다.

라가르드는 한국 여학생들과의 대화에서 한국은 '집단적 자살Collective suicide 사회 같다'는 말을 했다. 누군가 한국 여성의 사회적 지위가 향상되었는데 뭐 그따위 선동적 반응을 하느냐고 비난했다. 그러나 그녀의 말의 의미는 이렇게 여운으로 남는다.

"결혼 안 하고 출산율이 떨어지면 성장률과 생산성이 떨어지고 재정도 악화됩니다. 이런 악순환의 고리가 바로 집단적 자살 협상이고 한국이 풀어갈 문제입니다."

결혼을 경제와 결부시키는 데 거부 반응이 일 수도 있으나 그녀의 직업을 고려하면 고개가 끄덕여진다. "내 멋대로 살 거야. 난 할 수 있어." 학생들의 목소리가 교정에 울려 퍼진다.

리처드 탈러

누구나 잘하는 게 있다
– 나의 첼로를 찾아서

인생에서 자신의 첼로를 발견하는 데 시간이 늦어 못 한다는 것은 말도 안 됩니다. 인생에서는 늦는 것은 없어요. 언제든 자신의 첼로를 찾아나서는 것이야말로 스스로를 인정하고 즐기는 인물이 되고, 나아가 참사랑으로 가는 지름길입니다.

리처드 탈러(Richard H. Thaler, 1945년 9월 12일 ~)
시카고 대학교 석좌교수
2017년 노벨경제학상 수상
로체스터 대학교 대학원 경제학 박사

나의 첼로를 찾는
여행을 준비하며

특정 사람들을 위해 특별히 맞춤형 연설을 할 때는 프레젠테이션 스킬이 요구된다. 흥미를 끄는 이야기로 연설을 시작한다면 청중들이 좋아하는 것은 당연하다. 멋진 글쟁이가 있듯이 멋진 화술가도 있다. 2017년 노벨경제학상을 수상한 행동경제학자 리처드 탈러Richard H.Thaler는 한국인에게 인기가 높은 말 잘하는 사람이다.《넛지》,《승자의 저주》,《똑똑한 사람들의 멍청한 선택》과 같은 베스트셀러를 여러 권 내놓은 그가 특별한 프레젠테이션을 준비하고 있다.

그는 시카고 대학교 졸업식에서 자신의 이야기를 풀어놓기 전에 동영상을 보여준다. 동영상에 세계적인 첼리스트 요요마가 등장한다. 세계를 돌아다니며 음악을 통하여 희망을 전하고 있는 요요마는 예술이 많은 사람에게 희망의 문을 열어준다고 믿는 사람이다. 음악을 떠나 한 분야에서 업을 이룬 그를 부러워할 수도 있겠다. "요요마는 좋겠어요. 그는 자기 자신이 자랑스럽고 떳떳하겠죠. 뭔가 자기만의 능력이 있는 사람이 각광받는 시대잖아요. 나 같은 경우는, 잘하는 것이 단 하나도 없는 것처럼 느껴질 때가 많아요. 아직 못 찾은 거 같아요. 있기는 하겠죠?"라고 말하는 이도 있다. 너무 겸손한 말이다. 자신이 갖지 못한 것에 집중하기 때문에 부러운 마음이 드는 것일 뿐, 못 찾아서 그렇지, 잘하는 것이 하나도 없는 사람은 단 한 명도 없지 않을까?

탈러 교수가 학생들에게 보여준 동영상은 요요마와의 인터뷰 내용을 담은 것이다. 요요마는 세 살 때 바이올린으로 음악 공부를 시작했는데, 그다지 잘하지도 않았고, 실력이 빠르게 향상되지도 않았다. 또래 아이들보다 오히려 못했다고 한다. 그의 인생이 바뀐 건 3년간의 고군분투 이후, 여섯 살 무렵 첼로를 만나면서부터다. 그는 첼로에 특별한 소질을 가지고 있다는 것을 발견하고 그것을 자신의 소명으로 인식하게 된다. 그는 여기저기에서 멋진 연주를 하며 상당한 인기를 얻게 되고 성공 가도를 달린다. 연주에 몰두하면서 공연을 하던 어느 날, 첼로를 택시에 두고 내린 일화는 유명하다. 첼로의 어마어마한 가격은 둘째 치고 신동의 보물이 사라지자 많은 사람이 당황해했다. 다행히 방송을 통해 첼로를 겨우 찾을 수 있었다. 왜 택시를 탔느냐는 사람들의 질문에 그는 조용히 말한다. 자신은 유명인사가 아니고 그냥 첼로를 하는 사람이라고. 우리나라에도 요요마를 광적으로 좋아하는 사람이 많다. 그는 세계적인 천재 첼리스트로 불린다. 탈러 교수는 동영상을 보여준 후 이렇게 말을 시작한다.

"같은 음악가인데 그는 바이올린에서는 평범했죠. 근데 여섯 살에 첼로를 기가 막히게 연주하게 된 걸 보세요. 나는 여러분에게 이 말을 하고 싶습니다. '여러분의 첼로를 찾으세요.'"

귀가 솔깃해진다. 그는 사람의 흥미를 부추기는 데 일가견이 있는 교수다.

"내가 교수가 된 것은 학문을 좋아해서가 아니었습니다. 나는 나의 기질을 잘 알죠. 나는 직업을 선택할 때 우선 내가 하기 싫은 직업군을 먼저 제거했습니다. 나는 복종을 좋아하지 않는 사람입니다. 누군가 이걸 해라 하고 시키는 게 싫어요. 그래서 자가 진단을 한 후에 나는 비즈니스계에 몸담을 사람이 아니란 결론을 내립니다. 민간 분야에서는 시키면 다 해야 하잖아요. 정부 기관은 사기업보다 덜하지만 그래도 시키면 해야 하는 건 비슷하죠. 그래서 학계를 선택한 것입니다. 이곳에선 내 의지와 자유가 보장될 거라 믿은 거죠."

잘하는 일,
하기 싫은 일의 목록

그는 상당히 솔직했다. 그는 경제

학에서 박사학위를 받고 가르치는 일과 연구를 하게 된 계기에 대해서도 비교적 자세한 설명을 곁들였다. 교수가 된 몇 년 후에 그는 그저 그런 평범한 자신을 평가하게 된다.

"내 논문 지도교수조차도《뉴욕타임스》와의 인터뷰에서 내게 기대할 만한 게 별로 없다고 말했어요. 사실 나는 경제학이 따분하다고 느꼈습니다. 그런데 그중에도 재미가 있는 게 있더라고요. 사람들을 관찰하는 거였죠. 내게 사람들의 행동 방식이 전통 경제학 이론과 전혀 다르게 다가왔습니다. 사람들은 경제학 이론대로 행동하지 않는다는 것을 알았지요."

그는 자신의 지도교수였던 사람을 예로 들며 똑똑한 사람들이 실제 얼마나 바보 같은 행동을 하는지를 보여준다. 지도교수가 산 포도주 가격이 엄청나게 올랐는데 그가 그것을 팔지 않고 그냥 마시더라는 거다. 자기 같으면 그 포도주는 팔고 저렴한 포도주를 사서 마셨을 거라면서 말이다. 탈러는 사람들의 재미있는 행동을 관찰한 결과를 목록으로 만들어 보았고, 똑똑한 전통 경제학자들이 바보 같은 행동을 한다는 결론에 이르렀다고 한다. 싸게 하나 얹어준다는 말에 '하나(1) 더하기(+) 하나(1)' 상품을 사고는 막상 쓸 데가 없어 친구에게 공짜로 주는 행동도 좋은 예이다. 좋은 정보라는 친구의 말에 솔깃해서 주식을 왕창 샀다가 돈을 날리기도 한다. 모두 합리성과 거리가 먼 행동이다.

탈러 교수의 이야기를 들으니 어떤 일들의 목록을 만들고 싶은 생각이 든다. 자신이 할 줄 아는 모든 일을 나열한 목록을 작성해 보면 어떨까? 크리스틴 라가르드가 말했던 우리가 가진 기술을 생각해 보라. 대학, 지방대학 등의 고등 교육기관에서 습득한 기술, 부모 또는 다른 역할 모델에게서 습득한 기술, 일이나 여러 경험을 통해 습득한 기술, 책을 읽거나 인터넷 강의를 듣거나 시행착오를 거치며 스스로 습득한 기술 등을 모두 작성해보자. 이것들은 모두 귀중하며 자기에게 어떤 희망의 기쁨을 선사하는 대상이 될 수 있다. 설사 기술이 그만큼 전문화되지 않았다고 할지라도, 써내려간 기술들의 목록은 새로운 세상을 여는 열쇠가 될 수도 있지 않을까.

그다음으로 자신의 약점을 알아보자. 만일 자신이 공과대학생에게 요구되는 분야에 문외한이라면 그런 쪽은 피하는 것이 좋겠다. 할 줄 아는 일과 약점 리스트를 작성하고 개선이 필요한 항목을 찾아보자. 잘 못하는 일을 굳이 잘하려고 애쓸 필요는 없다. 잘 못하는 일도 먹고살기 위해 해야 한다고 누군가 주장할 수 있다. 그런데 과연 그 선택이 최선이라고 말할 수 있을지는 의문이다. 할 수 없는 일은 아무리 붙잡고 있어도 잘할 수 있을 가능성은 거의 없다. 그래서 나름 이런 결론을 내려본다. 현재 가지고 있는 결점이나 약점을 부정하거나 숨기지 말고 온전히 인정하자. 그 결점과 약점을 장점으로 개선할 수 있다면 기죽지 말고 자신감 있게 해보자. 인생은 마라톤이다. 단거리 경주가 아닌 장거리 경주다. 인생을 보다 길게 내다보고 우리가 가진 문제를 인정하면서도 개선하려고 노력한다면 분명 성과를 낼 수 있다. 그게 진정으로 온전히 자신을 사랑하는 법이다.

재미있는 것을 하는 것이
최고의 혜징(위험 회피)

"내가 뭘 가장 즐겼는지 아나요. 내 동료 교수들이 내가 만든 똑똑한 사람들의 멍청한 행동 목록을 보고 내게 몹시 화를 내는 것을 즐겼습니다. 경제학에 따르면 우리는 한정된 자원을 효율적으로 사용하는 합리적 주체여야 하죠. 비용과 효용을 정확히 파악하여 최선을 선택해야 합니다. 그런 합리적 주체를 호모 에코노미쿠스Homo economicus라고 부르기도 합니다. 인간미가 느껴지지 않는 비현실적 가정이죠. 아무리 생각해도 사람들은 합리적 주체라기엔 비이성적인 행동을 너무 많이 합니다. 젊은 시절 그들을 화나게 만드는 일을 하는 것이 재미있다고 생각하면서도, 사실 그런 일로 내가 제대로 생계를 이어갈 수 있을지 걱정이 되더군요. 바로 그 순간 나는 내 일생에서 가장 큰 발견을 하게 됩니다. 두 명의 이스라엘 심리학자와의 만남은 신세계의 발견 그 자체였습니다. 그런데 그 심리학자들에 대하여 다른 경제학자들은 털끝만큼도 관심이 없었지요. 각자의 운명은 그렇게 다른가 봅니다."

그가 말한 두 심리학자인 대니얼 카너먼과 고故 아모스 트베르스키Amos Tversky는 그에게 필요한 열쇠를 주었다. 다른 경제학자들이 전혀 관심을 두지 않은 분야로 그들에게 제대로 한 방 먹인 것이다. 2017년 탈러가 카너먼에 이어 노벨경제학상을 받으면서 비주류로 불리던 행동경제학이 주류 경제학에 편입되었다고 평가를 받는다. 사실 행동경제학은 이미 대중에게 인기를 얻은 분야이다. 그들은 스탠포드 대학교에서 만나 심리학과 경제학을 연계하는 실험을 하며 행동경제학의 싹을 틔웠다. 그때 탈러의 나이는 서른둘이었다.

"여러분은 오늘 졸업식에서 내가 여러분에게 듣기 좋은 말을 할 거라 생각하세요? 열심히 하면 뭐든지 이룰 수 있다는 말은 너무 상투적이죠. 오히려 반대의 이야기를 하고 싶어요. 나는 차갑고 잔인한 가능성을 고려할 것을 상기시키고 싶습니다. 심리학에서 '바탕이 되는 통계base rate'를 들먹여서 미안한데요, 세상이 만만하지 않다는 것을 알아야 해요. 여러분이 결혼해서 이혼할 확률은 반반입니다. 사업을 해서 성공할 확률은 훨씬 적지요. 여러분, 이런 승산을 기억해야 합니다. 여러분은 내가 나만의 연구를 시작할 때 그게 성공한다거나 50%의 가능성이 있거나 해서 시작했다고 생각하세요? 그렇지 않습니다. 천만에요."

그럼 그는 어떤 생각으로 행동경제학 연구에 뛰어든 것일까? 그는 자신의 판단이 상당히 이성적이었다며 그 이유를 두 가지로 설명한다.

"내 경우 기회비용이 거의 없었어요. 나는 유명한 경제학자도 아니었어요. 그저 평범했죠. 잃을 명성이 없잖아요. 가진 게 없는데 뭘 잃겠어요. 그저 내가 할 과제가 너무 재미있다고 생각되더군요. 누군가 재미에 근거하여 직업을 선택하는 게 이성적이냐고 반문할 수 있겠습니다. 그런데 재미있는 것을 선택하는 것보다 이성적일 수 있나요. 재미라는 것은 위험을 피하는 세상에서 가장 멋진 헤징 수단입니다. 재미있는 것을 한다면 결과가 어떻게 되든 좋은 기초공사를 할 수 있어요. 뛰어놀 마루는 깔아놓는 것이죠. 반대로 매 단계가 힘들다고 한다면 부자가 된들, 세속적으로 성공을 한들, 그게 할 만한 가치가 있나요? 물론 그건 가치관의 차이겠지만요."

그는 분명 유교적으로 부와 성공을 좇는 기성세대와는 다른 생각을 가진 인물이다. 서양 사람들은 의외로 소소한 일상의 가치에서 행복을 느끼고, 의미를 부여한다. 삶이 아름다운 이유는 저마다 다르리라. 그는 우리가 아무리 열심히 하더라도 요요마, 빌 게이츠, 마이클 조단이 될 수 없다면서 즐기고 싶은 것을 발견할 수 있다면 그것으로 일을 시작하라고 권유한다.

하지만 사람들이 첫 직장을 선택할 때 좋아하는 일 혹은 잘하는 일을 선택하지 못하는 경우가 흔하다. 누군가는 매력적이지 못한 일을 '안 한다'고 버틸 수도 있겠지만, 현실적인 문제를 해결하기 위해 일단은 자기를 채용해주는 곳에 취업하기로 결정한다. 그래서일까? 사람들은 첫 직장에서 1년 이내에 퇴직을 고민하게 된다. '과연 여기서 일하는 게 최선일까?, 지금 이 직장을 나가면 루저가 되는 게 아닐까?' 그렇게 속을 끓이면서 두 번째 명함을 가지기 위해서 도전할 것인지, 이대로 남아 싫어하는 일이라도 내일을 위해 참고 할 것인지 고민한다.

"이제 행동경제학이 상당히 말이 되는 학문이 되었고 경제학 전공 교수들을 약 올리기도 어려워졌으니 다른 선율을 내는 나의 첼로를 찾는 여정을 다시 시작하려고 합니다. 어쩌면 그게 내 소명일 수도 있지요."

관성을 적이 아닌
친구로 만드는 법

말은 그렇게 했지만 그는 인간 본연의 심성에 대한 진지한 통찰을 하고 싶어 하는 학자이다. 탈러 교수는 경제 위기나 저성장의 원인을 '정책 운영자나 기업인 개인'의 문제로 가볍게 치부해서는 안 되다고 말한다. 인간과 집단의 비합리성이 구조적으로 누적돼 만들어진 '경로 의존성'의 결과로 봐야 한다고 주장한다. 탈러 교수가 말하는 '잘못된 행동'의 원인은 경로 의존성과 밀접한 관련이 있다. 경제 주체는 비합리적이기 때문에 언제나 오류를 저지르며, 가장 합리적인 선택보다는 과거에 해왔던 익숙한 선택을 내리는 경향이 있다는 뜻이다. 즉 사람들은 잘못된 경로라도 그대로 따르는 경향이 매우 높다는 얘기다. 탈러는 '선택 설계자'로서 경제 주체들이 경로 의존성을 따르지 않고 올바른 방향으로 갈 수 있도록 조언하는 역할을 하고 싶어 한다. 그게 그의 소명이다.

 탈러 교수의 주장에 따르면, 정책이나 의사를 결정하는 개인이나 특정 기업인이 잘못을 저질러 경제적 어려움이 초래됐다는 설명은 맞지 않다. 오히려 여러 집단의 실패와 비합리적 선택이 누적되어 형성된 '경로 의존성'으로 인한 오류가 저성장이나 경제 위기 등의 근본 원인이라 할 수 있다. 따라서 경제 정책 운영자들은 인간과 집단의 불완전성을 고려한 다양한 시나리오를 의사결정에 반영해야 한다는 것이 탈러 교수의 관점이다.

 탈러 교수는 경제 분석에서 가장 주요한 것은 인간 본연에 대한 치열한 통찰이라고 주장한다. 그는 대부분의 국가가 내놓는 규제와 기업의 정책이 불완전하다고 본다. 유명한 저작《넛지》도 이 관점에 기초해 썼다. 그는 규제는 완전한 공정성이 아니라 특정 집단과 주체의 이익에 봉사하기 위해 행해질 수 있다고 주장했다. 기업 정책도 고객들로부터 불공정성의 원흉으로 비판받을 수 있다. 예를 들어 매출 압박에 시달리는 제조업체가 급하게 할인 정책을 편다고 가정하자. 이전에 정가로 구매한 고객들은 업체를 비난할 수 있다. 그러면 기업 평판은 하락하게 된다. 그래서 탈러 교수는 기업이나 정부가 갑작스럽게 시장에 개입하기보다는 대중들의 심리를 이용해 선택을 유도하는 부드러운 개입인 '넛지'를 하는 것이 효과적이라고 말한다. 팔꿈치로 넌지시쳐서 사람들이 알아채도록 하는 '넛지의 기술' 말이다.

 "여러분, '자유주의적 온정주의자Libertarian Paternalist'가 되면 공공정책을 합리적으로 펼칠 수 있습니다. 자유주의자로 무조건 시장을 가만 내버려두거나 시장 개입주의자로서 강제하지 않고, 경제 주체들이 옳은 선택을 하도록 틀을 만들어 조정할 수 있거든요."

만약 교통사고로 사람이 죽는다고 가정하자. 자동차 번호판에 특별한 서명을 한 경우에만 장기 기증을 서약한 것으로 보는 제도하에서는 장기 이식은 많지 않을 수 있다. 반대로 서명을 한 경우에 장기 기증을 반대하는 것으로 인식한다고 가정하면 장기 이식으로 새 생명을 살릴 수 있는 경우가 많아질 것이다. 우리가 어떤 정책의 틀을 짜느냐에 따라 결과는 판이하게 달라질 수 있는 것이다.

"자유주의적 온정주의자로서 많은 사람이 은퇴 이후 안정된 생활을 하기를 바랍니다. 그래서 퇴직연금에 쥐꼬리만큼만 가입하거나 가입하지 않은 경우를 보면 안타깝게 느껴집니다. 월급이 오르면 자동으로 퇴직연금에 더 많이 가입하게 하여 저축률을 높이도록 해야 사람들이 노후에 편안한 삶을 살지 않을까요. 사람들을 유인해 제대로 행동하게 하려면 그들이 가진 관성을 어떻게 극복할지 그 방법을 찾는 것이 중요합니다. 사람들은 누구도 월급이 깎이는 것을 원하지 않아요. 월급이 증가할 때 퇴직연금이 느는 식으로 연금제도를 설계해야 반발을 줄일 수 있습니다. 그런 시기에 저축률을 늘려야 저항이 줄어들겠죠."

실제로 퇴직연금 가입자들 대부분은 기존 옵션을 변경하려는 시도를 거의 하지 않는다. 저축률을 높이기 위한 계획을 세우고 실천하도록 어떻게든 자극할 수 있다면, 게다가 자동적으로 이루어지게 할 수 있다면, 관성은 우리의 적이 아니라 친구로 작동할 것이다.

탈러 교수는 맺음말로 학생들이 사회에 나가서 지켜야 할 세 가지 규칙에 대하여 언급한다. 그리고 학생들이 그것을 기억하여 주기를 바란다. 똑똑한 사람의 현명한 향기가 물씬 풍긴다.

"먼저 여러분은 사람들과 사회가 쉽게 분별력 있는 선택을 하도록 정책을 설계하는 것을 도울 수 있어야 합니다. 인생이란 게 굴곡이 있잖아요. 내려가는 상황에서 최선의 헤징은 삶의 재미를 추구하는 것입니다. 다른 헤징과 다르게 투자은행에 수수료를 낼 필요도 없으니 얼마나 좋은가요. 인생에서 자신의 첼로를 발견하는 데 시간이 늦어 못 한다는 것은 말도 안 됩니다. 인생에서는 늦은 게 없어요. 언제든 자신의 첼로를 찾아나서는 것이야말로 스스로를 인정하고 즐기는 인물이 되고, 나아가 참사랑으로 가는 지름길입니다."

그의 연설을 눈을 감고 듣는데 첼로 소리가 어디선가 들려온다. 마치 청정 숲을 거니는 듯한 개운함과 감동을 준다. 우리는 투자에서부터 자녀 교육, 식생활, 우리가 옹호하는 신념에 이르기까지 수많은 사항을 선택한다. 문제는 부적절한 선택을 하는 경우가 많다는 점이다. 우리는 우리를 실수로 이끄는 갖가지 편견에 취약하다. 하지만 이러한 실수들 때문에 교육과 투자, 의료

보험, 신용카드, 가족, 심지어는 지구 환경에 대해 부적절한 결정을 내린다면 큰일이 아닌가. 그렇게 되면 선택의 잘못으로 세상은 더욱 어두워질 것이다.

탈러 교수는 최선이 되는 결정을 보다 쉽게 선택할 수 있는 환경을 설계할 수 있음을 생생한 사례들을 통해 보여주고자 했다. 행동경제학자들이 등장한 것은 30여 년 정도 되었다. 행동경제학의 원리를 사회문제에 적용하기 시작한 것은 아주 최근의 일이다. 운 좋게도 유연한 사고를 가진 경제학자들이 상관없어 보이는 요인들을 적용하여 우리가 살고 있는 세상을 어떻게 더 좋은 곳으로 만들 수 있는지를 창의적인 방식으로 보여주고자 한다. 탈러 교수처럼 말이다.

* * *

역경을 이겨내는 사람들의 이야기부터 선택하는 사람들의 이야기까지 나를 사랑하는 법을 이야기했다. 자기가 좋아하는 일을 할 수 있다면 좋지만 현실은 그렇지 못한 경우가 대부분이다. 하지만 우리에게 차선은 있다. 경험의 자아와 기억의 자아가 되도록 즐거워하는 선택을 하자. 좋은 습관을 몸에 익히고, 목표를 너무 많이 가지지 말고, 선택의 우선순위를 정하자. 우리의 훈련과 가치가 그런 선택에 도움을 주리라. 일단 선택을 하면 매사에 열정을 가지자. 그래야 비참해지지 않고 나를 온전히 사랑하게 된다.

PART

03

나를
지키는 용기

캐롤 바츠

실패를 대하는 우리의 자세

나는 여러분이 과거에서 희망을 도출하기를 원합니다.
예전 신문의 헤드라인을 보세요.
오늘의 사건들이 여러분의 미래를 형성하는 것이라고
믿지 않기를 바랍니다.

캐롤 바츠(Carol Bartz, 1948년 8월 29일 ~)
前 야후 최고경영자
위스콘신 대학교 컴퓨터과학과 학사

성공과 실패가 교차하는
인생이란 여정

한 여성이 회한이 가득한 눈으로 창밖을 본다. 그녀는 2009년 1월 창업자 제리 양Jerry Yang의 뒤를 이어 야후의 선장이 되었고, 4년의 임기로 계약을 했지만 중도에 물러났다. 변화하는 환경에 잘 대처하지 못했다는 세간의 평가가 있었다. 《뉴욕타임스》는 야후가 종이 매체 이용자를 웹으로 끌어오는 데는 성공했지만, 모바일과 소셜 네트워크 서비스SNS로 옮겨가는 이용자는 잡지 못했다고 논평했다. 경쟁자인 구글이나 신생 기업 페이스북이 새 플랫폼에서 뉴스를 소비하는 시스템을 개발했지만, 야후는 이를 전혀 인식하지 못했다는 분석도 나왔다. 주주총회는 괴로운 일이었다. 2008년 마이크로소프트MS의 인수 제의를 뿌리치고 독자 노선을 걸으면서 야후의 주가는 계속 하락했다. 그녀가 취임한 후에도 주가는 회복되지 않았다. 주주들은 그녀를 믿지 않았다. 세계적으로 성공한 여성 최고경영자CEO 중 한 명이라는 찬사를 들어온 그녀는 결국 전화 한 통으로 해고되는 악몽을 겪었다. CEO로 재직한 지 2년 7개월 만이었다. 캐롤 바츠Carol Bartz의 이야기다.

그녀는 야후 재임 중 후회되는 일이 있었다고 회고한다. 이사들이 그녀가 너무 자주 욕을 한다고 불평했는데 그녀 역시 이에 동의했다. 그 전 직장에서는 14년 동안 그녀의 리더십이 잘 통했다. 욕도 자주 했지만 성과도 좋았다. 그러나 야후에서는 달랐다. 세상을 살다보면 잘될 때도 있고 그렇지 않을 때도 있다. 환갑이 넘은 그녀는 아쉽긴 했으나 결과를 담담하게 받아들이기로 했다. 성공한 CEO로 칭송받았던 그녀로서는 중도에 포기한다는 것이 달갑지 않았지만 모든 게 자신의 뜻대로는 되지 않는 법이니까.

"경영이란 일에 대해 자원을 효율적으로 배분하는 일이며, 리더십은 사람에 초점을 맞추어 그들이 성공할 수 있도록 도와주는 것입니다."

그녀가 내린 리더십에 대한 정의다. 강한 그녀의 리더십 덕분에 그녀는《포춘》지가 뽑은 '가장 강력한 CEO' 리스트에 오르는 영광을 차지해 왔다. 위스콘신 대학교 컴퓨터과학과를 졸업한 그녀는 일에 대한 열정 하나로 살아온 인물이었고, 그간 많은 업적과 성과를 이루었기에 후회는 없었다.

누군가 그녀를 과도한 성과주의의 피해자로 인식할 수도 있겠다. 사회가 말하는 성과를 기준으로 잘나가는 CEO에서 임기도 채우지 못하고 쫓겨난 CEO로 전락했으니 말이다. 인생이란 여정에서 우리도 성과주의에 기반한 성공과 실패가 교차하는 길을 수없이 걷게 된다. 그래서일까? 프랑스 소설가 알랭 드 보통Alain de Botton은 사회가 정의하는 성공이 아닌 자신이 정의하는 성공을 꿈꾸라고 말한다. 성과주의를 지향하는 사회의 관점으로 보는 성공과 개인의 기준에서 보는 성공에는 분명 차이가 있다. 타인의 시선에서는 성공한 삶일지 몰라도 개인의 관점에서는 후회로 가득한 삶일 수도 있다.

물론 타인의 시선이나 사회적 평가에서 자유로울 수 없다. 사회적 성공을 이루지 못해 낙오자가 되면 상처를 받고 자존감을 상실한다. 열등감의 발로이다. 반면 성공한 사람은 부러움의 대상이자 시기와 질투의 표적이 된다. 그래서 알랭 드 보통은 우리가 절대 가서는 안 될 곳으로 동창회를 든다. 알랭 드 보통은 우리가 실패를 두려워하는 진짜 이유는 가난이나 불명예 같은 실패의 결과가 아닌 타인의 평가와 비웃음이라고 냉정하게 말한다.

이처럼 우리는 타인의 시선에서 자유롭지 못하다. 직업이나 사회적 지위가 우리를 규정하는 세상에서 남의 눈을 의식하지 않고 제대로 설 수 있기 위해서는 '나를 지키는 용기'가 필요하다. 성공과 실패를 맛본 캐롤 바츠가 들려주는 이야기를 통해 이 문제에 대해 진지하게 고민해보자. '나를 지키는 용기'를 어떻게 키울지 진지하게 성찰해보자.

시작하는 젊은이들을
위한 쓴 소리

요즘 한국의 젊은이들은 직업의 안정성을 추구한다. 모험을 하지 않는다는 말이 일상화되었다. 청년 실업률이 하늘 높은 줄 모르고 오르는 상황에서 오래 다닐 수 있는 직장을 최고의 직장으로 꼽는 걸 이상하게 바라볼 수만은 없다. 청년들의 이런 선택이 옳지 않다고 말할 수는 없지만, 사업하는 사람으로서 도전하는 기업가 정신이 사라지고 있는 현실이 안타깝다. 쓴소리 잘하기로 유명한 캐롤 바츠를 초청해 훈계를 해 달라고 하면 어떨까?

그녀는 2012년 위스콘신 대학교에서 졸업 연설을 하면서 학생들에게 깨어나라고 다그쳤다. "꿈 깨!" 하는 그녀의 말에 졸음이 싹 가신다.

"나는 오늘 경고장을 가지고 왔어요. 집중하세요. 예순이 훌쩍 넘은 실업자이자 전직 최고경영자의 말에서 짠맛이 느껴질 것입니다. 여러분은 경고를 받았으나, 다행히 운이 좋아요. 내가 여기에 있어서가 아니라 졸업을 하니까요. 수업은 이제 다 끝났어요. 이제 여러분은 삶의 다른 멋진 국면에 진입하게 됩니다."

연설은 시니컬했지만 신선하게 느껴졌다. 도전적인 말로 시작하는 그녀의 이야기를 들으며 한국 학생들은 어떤 생각을 할지 궁금해진다.

"여러분은 실제로 운이 좋아요. 왜냐고요? 다른 어떤 세대보다 더 재미있고 도전적이고 눈을 크게 떠야 할 세상에 들어서니까요. 물론 오늘 신문의 헤드라인은 일자리를 잡는 게 어렵다는 내용이에요. 캠퍼스에서 몇 명과 이야기를 나누었는데, 일을 아직 못 구했다고 하더군요. 우리 모두는 경제가 불확실하다는 것을 알아요. 여러분 중 상당수는 다시 부모님과 살게 될 테죠. 좋은 점도 있고 나쁜 점도 있어요. 나는 판단은 하지 않을래요. 5년이나 나가 있던 딸이 집에 와서 사는데 책임을 다한 일이 다시 부메랑처럼 돌아온 것만 같아요. 내 집인데, 세상에, TV쇼 프로그램 선택권을 내 딸이 가지려 해요. 절대 안 되죠."

그녀는 자녀의 독립심을 강조한다. 요즘 서른이 넘어도 부모와 같이 살면서 부모에게 기대는 소위 '빨대족'이 넘친다고 한다. 그래서일까? 그녀는 부모들에게 당부의 말을 전한다.

"부모님들, 이제 여러분의 자녀는 눈에 넣어도 아프지 않은 존재가 아닙니다. 마음으로만 그렇게 생각하세요. 자녀들이 여러분에게 상처를 줄지도 몰라요. 자녀가 독립심을 키우도록 하세요. 졸업생 여러분, 내가 좋지 않은 말을 하더라도 귀담아 들으세요. 여러분은 앞으로의 인생에서 목요일 밤마다 누렸던 그 즐거움은 '결코' 없다는 것을 깨닫게 될 것입니다."

그녀는 '결코'란 말을 다섯 번이나 사용하였다. 학생들의 마음이 아려온다. 목요일 밤엔 무도회가 열렸다. 하지만 그런 학창시절의 낭만을 뒤로 하고 이제 생존 경쟁이 난무하는 전쟁터로 나가야 한다니 서글픈 생각이 들 것이다.

"하지만 목요일 밤의 열기를 소중히 간직하세요. 친구들과의 추억도요. 내가 졸업을 한 해로 돌아가보죠. 그때 미국의 상황은 좋지 않았어요. 물가는 미친 듯이 상승했고, 실업률은 당시 20년 간 최고였지요. 동남아시아에서 전쟁이 확대되고 있었어요. 네, 맞아요. 그 당시 내가 여기 있을 때 참 많은 이야기가 등장했는데 대부분은 내게 감옥같이 느껴지는 일이었어요."

1970년대 당시 경제학자들은 '시대의 종말'이라는 말을 빈번히 사용했다. 미국 경제의 패권이 끝나고 있다는 말도 서슴지 않았다. 일본과 유럽이 떠오르고 있을 때였기 때문이다. 예측은 그렇게 붓 가는 대로 진행되었다. 신문은 미국의 미래가 결코 밝지 않다는 내용으로 도배가 되었다.

"당시 나는 여성으로서는 드문 컴퓨터과학이라 불리는 첨단 분야에서 학사 학위를 받았어요. 그 분야의 일은 희소했죠. 물론 지금은 전혀 놀랄 일이 아니지만요. 1971년은 나스닥 거래가 시작된 해입니다. 사우스웨스트 항공사가 사업을 개시했고, 인텔이 마이크로프로세서를 발명한 해이기도 해요. 아, 플로리다에서 디즈니 월드가 개장했네요. 미국이 중국에 대한 수출 금지 조치를 푼 해이기도 하고요. 낮은 요금의 새로운 장거리 전화 사업도 개시되었어요."

그녀는 그 어려운 시기에 발생한 일련의 사건들을 졸업생들에게 들려주었다. 그녀는 당시 그런 사건들이 발생할 것이라고 전혀 기대하지 않았다고 말한다. 그녀의 의도는 졸업생들에게 희망을 주는 것이었다.

50년간 일하는 시대에서
살아남기

"나는 여러분이 과거에서 어떤 희망을 도출하기를 원합니다. 예전 신문의 헤드라인을 보세요. 오늘의 사건들이 여러분의 미래를 형성하는 것이라고 믿지 마세요. 여러분이 일하는 기간은 매우 깁니다. 아마도 여러분은 50년은 일해야 할 첫 세대일 수 있어요. 일흔 혹은 여든이 되어서도 일할지도 몰라요. 나쁘지만은 않을 겁니다. 물론 건강 문제, 경제 문제, 다른 걱정거리가 있긴 하지요. 62~65세에 은퇴하는 그런 삶은 여러분에게는 일어나지 않을 테고, 그건 이제 과거의 일이 될 것입니다."

대부분 기술이 발전하여 할 일이 없어지는 권태로운 삶을 예상하는데, 오히려 50년이란 긴 세월 동안 일을 해야 하는 첫 세대라고 하니 졸업생들은 어리둥절해진다. 노년에 여가를 즐기면서 보내겠다는 생각을 한 많은 젊은이는 마음이 무겁다. 삶의 무게가 아직은 여린 마음을 가진 젊은이들에게 갑옷같이 느껴진다.

"이런 삶을 짐이라 생각하지 말고, 기회로 생각하세요. 사실 사람들은 줄곧 한 직장에서 일하기는 합니다. 하지만 이제 그런 일은 없습니다. 그게 얼마나 지겨울까요? 이제 여러분 앞에 펼쳐질 변화를, 새로운 것을 알고 발견하는 기회로 여기세요. 여러분은 이번 여름에 일을 시작할 수도 있고 일자리를 얻는 데 실패할 수도 있습니다. 내년에 일을 할 수도 있겠지요. 50년 동안 일한다면 세상을 어떻게 생각해야 할까요. 과거에는 일을 통해 삶을 바꿀 수 있다고 생각했어요. 일을 사회적 이동성을 증가시키는 생애 사다리로 여겼다는 얘기입니다. 그런데 이제 일이란 것에 부여하는 의미가 달라진 것 같아요. 과거엔 운이 좋고 근면하다면 그 사다리를 올라갈 수 있었어요. 여러분은 그렇게 하고 싶은 생각이 들지도 모르겠습니다. 그런데 요즈음은 사다리가 불안정해 보여요. 대신 직업 피라미드를 그려보면 밑이 넓어 기초를 다지는 일이 확 늘어난 느낌이 들 겁니다. 여러분은 나 때보다 훨씬 다양한 일을 할 수 있습니다."

그녀는 상당히 현실적인 삶을 이야기하고 있었다. 평생 일을 하면서 하위층에서 중위층으로, 중위층에서 상위층으로 이동할 수 있을까? "그렇다."라고 자신 있게 말하는 사람은 점점 줄어들고 있다. 부모 세대에게 물어본다. 자식 세대에서 계층 이동의 가능성이 증가할 수 있을지에 대해서 말이다. 아니란 대답이 늘고 있다. 소득 수준이 낮을수록 계층 이동 가능성을 더 비관적으로 본다. 개천에서 용 나는 게 점점 어려워지는데, 노력해서 무언가를 성취하는 사회마저 이상향이 되어 버린다면 너무 슬프지 않은가?

그녀는 현실을 직시하고 달라진 환경에서 어떻게 살아야 할지 이야기한다.

"나는 3M에 들어갔고, 디지털 장비 업무도 했고, 80년대에는 마이크로소프트에서도 일했어요. 80년대는 컴퓨터로 서로 대화하는 시기가 아니었습니다. 이메일도 앱도 없었지요. 그 흔한 탁구대도 없었어요. 라운지에 기댈 의자도 없고. 참 지루했습니다. 소비자에게 편지를 보내면 답을 얻기 위해서 2주를 기다려야 했어요. 사실 냉랭한 분위기였죠. 그런데 여러분의 삶은 그렇지 않잖아요. 그땐 기업 정보를 얻는 건 너무 어려웠고, 일의 세계는 무척 관료적이었어요. 그런데 지금은 세상이 이런 식으로 움직이지는 않잖아요. 사업가들은 매우 열정적이어서 여러분의 두뇌를, 여러분의 아이디어를, 여러분의 생각을 필요로 합니다."

누군가는 반문할 수도 있다. 부모 세대에는 대학만 졸업하면 기회의 사다리가 넘쳐났으니 편하게 그런 말을 할 수 있다고 말이다. 졸업생들이 "도대체 희망이 있는 건가요?" 하고 외치는 것 같아 마음이 불편하다. 가난한 시절의 성공 스토리를 전하면 요즘은 꼰대 소리를 듣는다. "노력해도 안 되는 게 수천 가지입니다. 세상이 좋아진 것처럼 말하는 당신은 과대망상증 환자 아닌가요? 세상은 좋아졌을지 모르지만 기회의 폭은 오히려 줄어들었습니다." 학생들이 이렇게 말할 수도 있다.

"내가 여러분에게 던질 질문은 '어떻게 여러분이 그런 기회를 이용할 것인가'입니다. 어떤 졸업식도 조언 없이 끝날 수 없습니다. 여기 나의 조언이 있어요. 내 나름대로 삶을 살면서 얻은 솔직한 조언입니다."

그녀가 막 이야기보따리를 풀려 하자 귀가 솔깃해진다. 젊은 이들에게 가혹한 세상을 헤쳐 나갈 '나를 지키는 용기'가 필요한데, 그 용기를 그녀가 불어넣을지도 모른다는 생각에 졸업생들은 그녀의 말에 집중한다. 사실 달리 생각하면 세상은 좋아졌고, 하기에 따라 잘할 수 있는 가능성도 많다는 그녀의 낙관적인 주장이 틀린 것만은 아니다.

잘 듣고 다양하게 생각하며
제대로 행동합시다

"우선 여러분은 좋은 사람들과 어울려야 해요. 열린 사회적 네트워크 세계에서 '교제'는 더욱 중요해졌어요. 좋은 네트워크를 통해 여러분을 도와줄 사람을 많이 만나게 되고 영감과 아이디어도 얻게 될 것입니다. 그런 사람들과 어울리세요. 나쁜 네트워크는 여러분을 나락으로 몰고 갑니다. 그리고 소통하고 듣는 방법을 배우세요. 훌륭한 문장을 쓰는 연습을 하세요. 트위터 같은 단문 말고 제대로 된 문장을 작성해 보세요. 그렇게 하다 보면 여러분은 관심 있는 것을, 여러분이 하는 일을, 회사가 하는 것을, 여러분의 상품이 가진 메시지를 잘 전달할 수 있습니다. 어디에서건 가장 좋은 길은 소통입니다. 그래서 잘 듣는 연습을 하는 것이 무엇보다 중요하지요. 페이스북과 트위터의 문제는 포스팅을 하고 그에 대해 대응하거나 반응하는 것이지 가만히 앉아 잘 듣는 연습을 하는 게 아니라는 데 있습니다. '잘 들읍시다'라는 슬로건이 여러분 인생 모든 곳에 따라다녀야 해요. 여러분 세대는 수용 능력이 부족하다고 생각될 때가 많아요. 전달에만 주안점을 두는 세대라고 말하면 과장일까요? 나는 오토데스크나 야후에 근무할 때 여러 박사들이랑 엔지니어들과 함께 미래를 논했어요. 생각하고 듣고 이해하는 시간을 가져 보세요."

생각이 강물처럼 넘치는 시대다. 사실 그 생각은 소비되고 마는 게 대부분이다. 그런 점에서 스스로에게 반문해 본다. 우리는 사유의 시대를 살고 있는가? 진정 제대로 된 가치에 귀를 기울이고, 내 것으로 소화하고, 사유하는 시대를 살고 있나. 그렇지 않은 것 같다. 진지한 사유와 소통과 귀 기울임이 부족한 시대에서 우리는 그저 수많은 소음과 마주하고 있는 것은 아닐까? 붓다는 제자들에게 "나의 말도 의심하라."고 말했다. 사유하며 살라는 것이다. 유대인을 학살한 아이히만Eichmann은 매우 성실한 인간이었다. 그가 죄를 저지른 이유는 간단하다. '사유'하지 않았기 때문이다. 스스로 '악'을 인식하지 못해 조직의 명령을 성실하게 따른 것이다.

"여러분의 일상을 바라보세요. 다양하게 생각하세요. 낯설게 생각하세요. 자기 의지와 관계없이 세뇌당한 관습적 사고와 태도를 버리고 열린 눈으로 세상을 크게 바라보세요."

울림이 있는 그녀의 말이 메아리가 되어 돌아오는데, 그녀의 마지막 이야기가 가슴을 뭉클하게 한다. 열린 마음으로 세상을 보는 습관을 들이면 세상은 달라 보인다. 스스로 행복한 사람이 되는 지름길로 갈 수 있고, 기쁨과 평화를 얻을 수도 있다. 열린 마음은 부정보다는 긍정을, 어둠보다는 밝음을, 불행보다는 행복을, 슬픔보다는 기쁨을, 절망보다는 희망을, 없는 것보다는 있는 것을 택하는 길이다. 열린 마음은 너그러움을 만들고 욕심의 집착으로부터 자유롭게 한다. 그녀는 CEO가 될 계획을 갖지 않았다고 말한다. 야후의 CEO가 되었든, 해고되었든, 사회가 그녀를 성공자로 보든 패배자로 보든 개의치 않았다. 늘 열린 마음으로 세상을 바라보고 있기에 평정심을 유지할 수 있었다.

세상을 아름답게 보는 눈은 열린 마음의 열매라고 한다. 열린 마음으로 세상을 제대로 바라본다는 것은 기쁨을 택하고 행복을 맞는 스스로를 지키는 용기이다.

"실패, 그 위대한 단어를 받아들이세요. 실패는 여러분 삶의 한 부분입니다. 실패를 어떻게 수용하는지에 따라 삶이 달라질 것입니다. 실패는 경험의 신호일 뿐입니다. 실패는 일의 부분이기도 합니다. 혁신으로 가는 길에 위험을 감수해야 합니다. 긴 인생에서 실패는 만나게 되어 있지요. 그래서 그것을 성공으로 잇는 지혜가 필요한 것입니다. 실패를 포용하고 여러분의 일부로 생각하세요. 실패는 여러분을 전진하게 하는 힘입니다. 세상에서 여러분을 기다리고 있는 것들에 흥분하세요. 50년이나 일할 사람들에게 시간은 충분합니다. 계획을 많이 세우세요. 50년이란 시간 동안 우회전도 좌회전도 해보세요. 우정을 쌓고, 아이를 낳아 키우는 계획도 세우시고요. 아이는 삶의 가장 큰 선물입니다. 일 이외의 흥미로운 것을 발견하세요. 삶이 풍부해집니다. 여행도 하고 텃밭도 가꿔보세요."

그녀는 모험이 주는 장점을 말하며 연설을 마무리했다. 모험에 따르는 위험에 눈이 가려져 분별력이 떨어지고, 경제에 대한 걱정으로 제대로 삶을 직시하지 못하는 젊은이들을 안타까워하는 그녀의 마음이 느껴진다. 이제는 그녀의 쓴소리가 진정한 울림이 있는 영혼의 이야기로 다가온다.

역사는 뒤돌아보고 멈추는 것이 아니라 앞으로의 삶을 개척해 나가는 것이다. 역사에서 교훈을 얻더라도 과거에 머물러서야 되겠는가? 젊은이여, 전진하면서 훌륭하고 멋진 삶을 일궈 나가자. 누군가가 반대의 목소리를 내도 할 수 없다. 삶은 각자의 몫이다. 시대가 암울해도 빛을 보는 사람은 있다. 그런 사람에게는 모험을 하는 용기가 필요하다. 용기 있는 사람은 좋은 사람을 만나고 우정을 나누고 실패를 용인하고 기회로 삼는 사람이다. 자기 목소리를 제대로 내는 사람은 흔들리는 세상에서, 긴 삶의 여정에서, 스스로를 지킬 수 있는 힘을 가진 사람임을 부정할 수 없다.

아리아나 허핑턴

소확행
– 성공의 패러다임 전환

오늘 내가 말하는 주제는 '성공의 패러다임을 바꾸자'입니다. 후생, 지혜, 경이, 자선이라는 네 가지 축이 바로 성공을 판단하는 제3의 기준이 되어야 합니다.

아리아나 허핑턴(Arianna Huffington, 1950년 7월 15일 ~)

허핑턴포스트 미디어그룹 회장 겸 편집장

케임브리지 대학교 학사

나는 소망한다.
전통적 가치의 성공에서 벗어날 것을

온라인 매체《허핑턴포스트》를 창립한 아리아나 허핑턴Arianna Huffington은 2012년 한 컨퍼런스에서 우버를 설립한 트래비스 칼라닉Travis Kalanick 최고경영자CEO를 만난 후, 2016년 4월 우버 이사진에 합류하기로 결정했다.

우버가 사내 성폭력 문제로 곤경에 빠지자 그녀는 즉시 조사를 시작할 것이라고 밝힌다. 우버 직원이라면 누구든 자신에게 면담을 요청할 수 있다고 말했고, 실제로 많은 면담이 이루어졌다. 전문가들은 우버의 기업 문화가 유독 남성 중심적이라고 지적한다. 우버의 비전인 '성과, 능력주의'가 배타적인 조직 문화로 연결된다고 말한다. 구성원들이 서로를 배척하는 경쟁적인 기업 문화는 기업의 수익성을 오히려 떨어뜨릴 수 있다는 비판도 있다. 아리아나 허핑턴은 이런 남성 중심적이며 성과 우선주의적인 기업 문화를 어떻게든 바꾸려고 했다.

그녀의 진가는 저서 《제3의 성공》을 통해 여실히 드러난다. 이 책은 그녀가 허핑턴포스트를 창간하고 최고의 인터넷 미디어로 성장시킨 성공 사례가 아닌 삶과 일 그리고 행복과 가족의 의미를 담고 있다. 경쟁에 지친 현대인들에게 건강을 해치지 않고 살아가는 방법을 여성의 시각으로 풀어냈다. 그녀는 우리를 힘들게 하는 사회적 문화가 무엇이며, 그것을 없애기 위해 어떤 용기를 갖추어야 하는지 날카로운 시선으로 분석하고 제시한다. 가난한 그리스 이민자, 출판사에서 서른여섯 번이나 퇴짜를 맞은 무명작가라는 악조건과 실패를 딛고, 세상을 향해 소리치는 용기를 잃지 않았던 그녀의 목소리에 귀 기울이게 된다.

2017년 매사추세츠 주 노샘프턴에 위치한 스미스 대학교 졸업식 연사로 초청된 그녀가 학생들에게 전한 메시지를 통해 그녀의 철학을 좀 더 정밀하게 음미해보자.

"세상을 둘러볼 때마다 힘으로 지배하는 리더들을 봅니다. 그들은 IQ가 높은지는 몰라도 정말 형편없는 결정을 하지요. 그들에게 부족한 것은 IQ가 아닙니다. 바로 지혜이죠. 우리는 지혜를 사용하는 게 점점 더 어려운 사회에 살고 있습니다. 왜 그럴까요? 우리의 모든 것은 '시계'란 것에 연결되어 있습니다. 기술이란 이물질과 단절하고 우리 스스로를 연결하는 시간을 갖기도 어렵습니다."

놀랍게도 세계 최고의 인터넷 미디어 기업 CEO가 '미디어기기'와의 단절을 권하고 있다. 스마트폰을 비롯하여 텔레비전과 컴퓨터, 각종 소셜 미디어와 이메일로부터 완전하게 단절하는 시간을 '사막의 오아시스'처럼 만들어야 한다는 것이다. 그녀는 왜 이런 주장을 하는 것일까? 그녀가 왜 이런 말을 하는지 좀 더 들어보자.

여성이여,
혁명의 전사가 돼라

"여러분, 터널의 끝을 지나 빛이 보이기 시작합니다. 수고하셨습니다. 여러분을 좀 더 잘 알기 위하여 웹사이트도 뒤지고, 트위터나 페이스북, 인스타그램, 텀블러 등을 살펴보았습니다. 나는 오늘 그리스 액센트로 여러분에게 뭔가 선물을 줄 것입니다. 새로운 시작을 준비하는 여러분을 허핑턴포스트의 블로그로 초대합니다. 여러분과 계속 대화하기 위해서입니다. 나는 여러분이 졸업 후에 제대로 된 삶을 사는 데 도움을 주고자 대학생활을 끝낸 후 삶을 여행할 수 있는 여권을 드리려 합니다. 이 여행에는 우리의 모든 관심사가 있습니다. 여러분! 때로 우리는 무언가를 버림으로써 더 멋진 삶을 살 수 있습니다. 더 멋진 프로젝트를 만들어 나갈 수 있습니다. 지금 우리가 버릴 것은 바로 전통적인 성공의 개념입니다."

많은 사람이 젊은이들에게 성공의 사다리를 올라가는 삶을 이야기한다. 그런데 허핑턴은 전통적인 성공의 의미가 잘못되었다고 말한다. 정상에 올라 세상을 거니는 삶에 대해 그녀는 왜 거부반응이 있는 것일까?

"여러분, 성공이란 게 무엇인가요. 우리는 성공을 돈과 권력이라는 척도로 인식하는 세상에 살고 있습니다. 그러나 기존의 성공 개념은 더 이상 지속될 수 없습니다. 우리 자신과 사회를 위해서라도 더 이상 지속되어서도 안 됩니다. 우리가 진정으로 원하는 삶, 물질적으로 만족스러운 삶을 넘어 진정으로 바람직한 삶을 살기 위해서는 제3의 기준이 필요합니다. 우리는 죽을 정도까지는 아니지만 녹초가 되도록 우리 자신을 혹사하며, 극도로 피곤할 때까지 일하는 것을 명예 훈장으로 여기는 삶을 살아왔습니다. 그게 정상인가요? 나는 과감히 반기를 듭니다. 현재의 성공 개념은 남성이 지배하는 직장 문화에서 남성이 만들어낸 것입니다. 어리석게도 과거의 여성 중에는 돈 많은 남자와 결혼하는 것을 성공으로 착각하기도 했지요. 돈과 권력이라는 두 가지 기준을 넘어 성공을 평가하는 제3의 기준이 필요합니다."

성공이라는 의자가 돈과 권력이라는 두 개의 다리로 지탱되고 있다고 가정해보자. 잠시 균형을 이룰 수는 있을지 모르나 불안하다. 전통적인 성공을 향해 나갈수록 피로감을 느끼기 마련이다. 그 자리에 서기 위해 상대를 밀어 넘어뜨려야만 한다면 그야말로 피곤한 사회다. 이런 방식의 성공은 인류를 지속 가능하게 하지 않는다. 우리가 원하는 삶을 살기 위해서 지속 가능한 성공의 기준을 제시하여야 한다는 것이 그녀의 철학이다. 그녀는 '혁명'이라는 단어까지 사용하며 그 과정을 강조했다.

"오늘 내가 말하는 주제는 '성공의 패러다임을 바꾸자'입니다. 후생, 지혜, 경이, 자선이라는 네 가지 축이 바로 성공을 판단하는 제3의 기준이 되어야 합니다. 이것은 나의 경험은 물론 임상심리학, 정신의학, 수면과학, 생리학과 같은 각종 과학적 연구와 근거를 통해 얻은 결론입니다."

그녀는 성공이라는 개념을 새롭게 정의하지 않으면 우리가 치러야 할 대가가 더 커질 수밖에 없다고 주장한다. 특히 육아와 일을 병행하는 여성들이 치르는 대가가 남성보다 훨씬 더 클 것이니 혁명이라는 개념을 걸고 투사가 되어 싸울 것을 강조한다. 여성의 경우 스트레스로 심장병에 걸릴 확률과 당뇨에 걸릴 확률이 무서울 정도로 증가하였다. 지난 30년간 여성들이 사회에서 큰 성과를 얻었지만 그에 비례해 스트레스의 수준 역시 큰 폭으로 증가한 것이다.

웰빙은 가장 중요한
성공의 척도

"2007년 4월 나는 피를 흥건히 흘린 채 홈 오피스 바닥에 쓰러졌습니다. 책상에서 일어서려다 책상 모서리에 머리를 부딪쳤고 오른쪽 눈가가 찢어졌습니다. 광대뼈도 부러졌습니다. 과로와 수면 부족으로 실신한 것입니다. 우리는 수면이 부족한 시대에 살고 있습니다. 잠을 줄이고 몸을 혹사시켜가며 일을 합니다. 하지만 그렇게 해서 성공한들 행복할까요? 성공 후에 오는 공허감을 우리가 알기나 할까요? 이것이 웰빙 혹은 후생이 성공의 척도가 되어야 하는 이유입니다. 수면은 건강에 매우 중요합니다. 수면 부족은 창의성, 생산성, 의사결정을 망치는 주범이지요."

그녀는 하루도 쉬지 않고 매일 열여덟 시간을 일하며 사업을 성장시키는 데 몰두하다가 몸이 버티지 못해 쓰러지고 나서야 자신을 혹사시키는 삶을 살고 있다는 것을 깨닫게 되었다고 한다. 그렇다. 일에 미쳐 지내다 오랜만에 휴식을 취하면 우리는 삶의 진정한 의미가 무엇인지 생각하게 된다. 그런 생각조차 할 수 없는 현대인들은 어쩌면 비극적인 삶을 살고 있는지도 모르겠다. 만약 당신이 일에 지쳐 휴가를 갔는데 비가 온다면, 비를 보며 삶을 회고해 보면 어떨까?

허핑턴포스트는 회사 안에 '낮잠을 자는 방'을 만들었다. 처음에는 직원들이 사용하기를 주저했다. 자신의 의무를 다하지 않는 것처럼 보였기 때문이다.

"낮잠 자는 방이 모두 예약이 완료된 것을 보는 것은 내게 큰 기쁨입니다. 잠을 줄여서 뭔가를 이루겠다고 하는 것은 스포츠 경기에서 기록을 향상시키기 위하여 약물을 사용하는 것과 다를 바 없습니다. 개인적인 삶을 희생하면서까지 직장에 헌신하지 않겠다는 사람들이 점점 많아지고 있습니다. 기업들도 재능 있는 직원들을 잃지 않고 지속적으로 발전하려면 좋은 근무 환경을 제공해야 합니다. 총체적 피로 사회에서 웰빙 사회로 전환하자는 것입니다."

건강이나 중요한 사람을 잃게 되면 그동안 일상에서 중요하다고 여기던 많은 일이 사실은 별로 중요하지 않았음을 깨닫는다.

'피로 사회'에서 일련의 위기를 경험하면서 새로운 삶을 사는 사람들이 생겨나고 있다. 스위스 다보스에서 개최되는 세계경제포럼에서조차 '마음 챙김, 리더십, 명상과 건강' 등을 주제로 다루고 있다.

"자신의 몸과 정신, 영혼을 보살피는 삶이 중요합니다. 웰빙으로 나아가는 데 '정신 집중과 명상'이 매우 긍정적인 효과를 미칩니다. 마음이 몸을 치유할 수 있다는 여러 과학적 증거들을 보세요. 하버드 대학과 매사추세츠 종합병원이 공동으로 연구한 결과를 보면 정말 놀랍습니다. 명상과 요가와 호흡 수련에서 비롯되는 평온한 상태, 즉 이완 반응은 우리 면역체계의 기능을 향상시키고 염증을 줄여 관절염부터 고혈압과 당뇨병까지 무척 다양한 질병을 완화합니다."

마음이 몸에 영향을 준다는 사실이 여러 과학적 연구로 확인되고 있다. 일례로, 명상은 전두엽에 영향을 미친다. 명상이 뇌를 물리적으로 바꿀 수 있다는 것이다. 물론 꼭 명상이 아니어도 된다. 마음이 평온해지고 온전히 현재에 집중하며 자신의 내면을 연결해주는 행동으로 이런 효과를 얻을 수 있다. 어떤 사람에게는 명상이, 또 어떤 사람에게는 기도가 답이 될 것이다.

이제야 왜 그녀가 건강한 삶을 위해서 스마트폰을 비롯한 디지털기기에서 벗어날 것을 강조하였는지 이해하게 된다. 기술을 통한 연결이 인간 간의 진정한 연결을 방해하고 있는 것은 사실이다.

"웰빙을 위하여 명상과 마음 챙김 그리고 충분한 수면과 걷기, 반려동물과 생활하기를 해보세요. 모두 행복감을 높이는 데 도움을 줄 것입니다. 습관적인 명상이 중요합니다. 긴장을 풀고 호흡을 크게 하는 것만으로도 큰 효과를 경험할 수 있을 것입니다."

뇌는 수면을 취하는 동안, 세포들 사이에 축적된 유해한 단백질 노폐물을 청소한다. 그래서 수면이 부족한 사람은 무력감을 느낄 확률이 7배, 외로움을 느낄 확률이 5배나 높다고 한다. 계좌에 아무리 돈을 많이 쌓아도 건강을 잃으면 아무 의미가 없다. 우리는 건강이라는 계좌에서 너무 많은 것을 빼내는 사회에서 살고 있지 않나! 건강이라는 계좌의 잔고가 바닥나기 전에 우리를 돌아보자. 어제도 일, 오늘도 일 그리고 내일도 일을 생각하며 늘 잠이 부족하고 만성적인 스트레스에 시달리고 있다면, 삶은 여유롭지 못하다. 돈과 권력을 가진들 무슨 소용이랴. 풍요롭고 행복하게 우리의 삶을 바꾸는 태도를 갖기 위하여 아리아나 허핑턴의 다른 제안에도 귀를 기울여보자.

쫓기는 삶에서 해방되게 하는
삶의 가치들

아리아나 허핑턴이 말하는 성공의 두 번째 척도는 지혜이다. 오늘날 우리는 '정보는 넘치지만 지혜는 부족한 시대'를 살고 있다. 그녀는 우리가 조바심과 시간 기근time famine에 시달리고 있다는 것을 상기시킨다.

"다음으로 중요한 성공의 기준은 시간을 바라보는 시각입니다. 바쁘다는데 정말 그런가요. 여유를 가져보세요. 우리 스스로 조절할 수 없는 변수에는 어쩔 도리가 없어요. 외부에서 일어나는 현상을 지배하거나 선택할 힘이 없죠. 하지만 그러한 현상에 어떻게 반응할지는 선택할 수 있습니다. 어떤 환경에 놓이든 자신의 마음가짐과 자신의 길을 선택할 자유가 있습니다. 그것만은 누구도 빼앗아 갈 수 없습니다. 조바심 없이 바라보는 시간에 대한 여유로운 지혜, 그게 얼마나 중요한지를 깨달아보세요."

그녀는 내면의 지혜를 강조하고 있다. 내면의 지혜는 속삭이는 목소리로 우리에게 다가온다. 그래서 귀를 기울이고 불필요한 집착을 내려놓아야 터득할 수 있다.

"세 번째 척도는 '경이'입니다. 마음에 울림과 경이감을 주는 경험을 많이 하세요. 마음이 두근거리고 가슴이 뛰는 경험을 더 많이 해야 합니다. 어떤 것을 경험하기도 전에 사진부터 찍으려는 집착을 버려야 합니다. 쉬지 않고 기록하는 행위 때문에 자신은 물론 타인과도 진지하게 만나지 못한다는 것을 아시나요? 놀랍게도 기록하는 행위는 우리를 감정적으로 모든 대상과 멀어지게 만든다고 합니다."

그녀는 미술관과 박물관 전시, 음악 공연 같은 예술적 경험을 늘리고 자연의 경이로움을 체험하는 기회를 더 많이 만들어야 한다고 강조한다.

바쁜 일상에서 초연하게 산책하는 노부부를 보면 부러운 마음이 든다. 언젠가 나도 저렇게 살 수 있지 않을까 하는 생각을 해본다. 우리가 접하는 일상의 삶은 감사하는 마음을 잊게 한다. 그런데 문득 일상에 감사하고 모든 것이 신비스럽게 보이는 체험을 해보면 어떨까? 지혜로운 삶을 살기 위해 감사해야 할 것들의 목록을 작성해 볼 필요도 있다. 그런 자세가 바로 경이로움을 찾는 문이 될 수 있다. 죽음과 같은 초자연적인 것도 마찬가지다. 죽음조차 두려움으로 맞이할 것이 아니라 삶의 경이로운 변화로 받아들일 수 있다면 삶의 태도가 바뀔 것이다. 일상의 삶에 죽음을 끌어들이고, 죽음과 친해져야 죽음조차 행복하게 맞이할 수 있다고 그녀는 강조한다.

"초자연적인 것과 조우하고 일체감을 경험할 때, 우리는 우리 삶의 영역, 자연의 영역, 신의 영역에서 비롯되는 경이로움을 체험할 수 있습니다. 네 번째로 내가 강조하고 싶은 성공의 한 축은 바로 공감, 연민, 그리고 기꺼이 받은 것을 되돌려 주려는 의지입니다. 웰빙과 지혜와 경이는 개인적인 변화이지만, 공감, 연민, 나눔은 사회적인 변화에 부응하는 것입니다. 행복을 추구하는 것은 즐기는 것만을 의미하지 않습니다. 행복은 선한 일을 함으로써 느낄 수 있습니다. 타인을 돕는 행위는 동시에 자신을 행복하게 합니다. 최근에는 공감, 연민, 나눔 같은 감정을 느낄 때 '사랑, 섹스, 출산'을 할 때와 같은 호르몬이 분비된다는 사실이 과학적 연구를 통해 밝혀졌습니다."

인간은 유전적으로도 타인에게 베풀도록 설계된 존재여서 나눔을 실천하는 사람들이 각종 질병에 걸릴 위험도 줄어든다고 한다. 처음에 작은 도움을 주는 것으로 시작하면 점점 다른 사람에게 도움을 주는 데 익숙해지고, 점점 적극적으로 자선을 실천하게 된다고 한다.

오래된 정원에서
새롭게 핀 소확행

우리는 운이 좋으면 3만 일가량의 인생을 산다. 인생이란 긴 여정에서 돈과 권력과 명예보다 행복에 가치를 두는 삶을 사는 것은 어떨까? 자기 내면을 돌아보고, 주위를 둘러보면서 느리고 여유롭게 살아가면 우리는 우리의 내재된 힘을 발견할 수 있다. 삶을 통찰하고 자연의 경이로움에 감탄하고, 자선을 하는 삶을 살아가는 것이야말로 진정한 의미의 성공이자 행복한 삶일 수 있다.

"오늘 이 아름다운 교정을 떠나 여러분이 어떤 직업을 선택하든지 간에 사회에서 말하는 성공의 개념을 좇는 어리석음만은 저지르지 말기 바랍니다. 그건 여성에게, 남성에게, 북극곰에게, 매미에게도 제대로 작동하지 않는 원리입니다. 그러한 성공은 스트레스, 불면, 고혈압으로 약국을 찾는 사람들에게만 작동하는 개념입니다. 유리천장을 부수거나 고장이 난 정치를 위해서만 여성들이 싸워야 하는 게 아닙니다. 우리가 추구할 삶의 가치와 성공을 위해 이 세상을 바꿔 나갑시다."

그렇다. 우리 주변을 둘러보면 돈과 권력이라는 표지판이 넘쳐난다. 그리고 대부분 그 표지판을 따라 항해를 한다. 어쩌면 돈을 벌고 권력을 얻기 위해 힘겹고 아슬아슬하게 성공의 사다리를 오르다 숨을 돌리려 멈춰 섰을 때에야 진정한 삶의 가치를 알게 될지도 모르겠다. 그곳에서 바라보는 표지판에는 잠시 걸음을 멈추고 삶의 경이로움을 찬미하라는 글귀가 새겨져 있을지도 모르겠다.

"우리가 숨을 들이마실 공간에서 서게 하소서. 우리가 조화로운 세상을 만들어 가도록 도와주소서. 그리하여 우리가 더 많은 은총, 더 많은 공감, 더 많은 감사, 더 많은 사랑의 삶을 살게 하소서. 감사합니다."

요즈음 작지만 확실한 행복을 말하는 '소확행'이란 단어가 유행이다. 그렇다. 우리는 우리가 정한 삶의 척도가 우리를 죽이고 있다는 것도 모르고 달리고 있다. 그렇기에 기성세대이면서도 기성세대와 다른 성공의 가치를 이야기하는 아리아나 허핑턴의 존재가 더 없이 감사하다. 그녀의 이야기 덕분에 오늘 우리가 제대로 설 수 있는 게 아닐까?

물질과 권력이라는 왜곡된 성공의 기준으로 흔들리지 않는 게 나를 지키는 용기 있는 자세이리라. '더 많이, 더 빨리, 더 열심히'라는 오래된 정원의 가치에서 벗어나 삶을 리셋 해보자. 혁명을 행동으로 옮기는 자세가 필요한 시점이다.

마윈

미래에 대한 현명한 생각

혼자 모든 일을 다 하려 한다면

성공하는 그날이 망하는 날이 될 것입니다.

전략을 세울 때는 성공하지 못했을 경우도

대비해야 합니다.

마윈(馬雲, Ma Yun, 1964년 9월 10일 ~)

알리바바그룹 창업자, 前 최고경영자

항주사범대학 영문학 학사

영화 〈포레스트 검프〉와 마윈
- 인생은 초콜릿 상자다

　　　　　　　　　　중국 최대 전자상거래 기업 알리바바Alibaba, 阿里巴巴를 만든 마윈馬雲은 끈기와 도전 정신으로 자수성가한 대표적인 사람이다. 아시아 부자 순위와 《포춘》지가 꼽은 '세계에서 가장 영향력 있는 기업인' 순위에서 1, 2위를 다툰다. 우리나라에도 그의 팬이 많다. 평범한 외모가 '이웃집 아재' 같은 친숙함을 더하는 데다 그가 가진 스토리가 감동을 주기 때문이다.

"돈이 없는데 영어를 배우고 싶었어요. 자전거를 타고 호텔로 가서 관광가이드가 되겠다고 자처해서 9년 동안 외국인과 이야기하면서 영어를 배웠지요. 정말 영어에만 몰두해서 사범대 영어과에 가고자 했는데, 세 번이나 시험에 떨어졌습니다. 졸업 후 영어 통번역 회사를 차렸는데 경영과 회계 경험이 없어서인지

망하고 말았지요. 그러던 어느 날, 번역 일로 출장을 갔는데 인터넷이 세상을 바꿀 것이란 것을 알게 되었어요. 그래서 중국에서 홈페이지를 만들어주는 회사를 만들었지요. 그게 인터넷과 저와의 여정이 시작된 계기였고, 오늘날의 알리바바로 이어졌어요. 사실 첫 5년간은 돈을 거의 못 벌었어요. 사람들은 이베이가 중국에 들어올 것인데 왜 전자상거래를 하려 하냐고 물었지요. 나는 이렇게 말했어요. '이베이는 바다의 상어이고, 우리는 양쯔 강의 악어이다. 바다에서 싸우면 이베이가 유리하지만 양쯔 강에서는 우리가 이긴다.'"

그에게 영감을 준 것은 무엇일까? 여러 가지가 있을 건데 그의 인터뷰를 보면 영화 〈포레스트 검프〉를 생각하지 않을 수 없다. 그는 이 영화를 인생의 명화로 꼽으며, 포레스트 검프와 같은 삶을 살고 싶다는 포부를 밝힌 바 있다. 1994년에 출시된 이 영화는 1950~1980년대까지의 미국의 아픔을 조명한다. 영화가 해결사로 내세운 사람은 아이러니하게도 IQ가 75밖에 안 되는 지적장애인 '포레스트 검프'이다. 그는 지능이 모자라지만 달리기 하나는 잘한다. 미식축구 선수가 되는가 하면 월남전에 참전해서 큰 공을 세우기도 한다. 탁구를 배워 국가대표가 되고, 중국도 다녀온다. 제대 후 새우잡이를 해서 돈을 많이 벌고 정원사로 일한다. 커다란 사건의 소용돌이마다 죽지 않고 존재하는 주인공에 대해서 마윈은 이렇게 말한다.

"영화를 보면 행복해져요. 주인공 '포레스트 검프'는 돈을 벌기 위해 고래를 잡는 사람은 없다고 했어요. 사람들은 돈을 벌기 위해 새우를 잡는다고 했지요. 포레스트 검프처럼 고래잡이가 아닌 새우잡이를 꾸준히 한 것, 즉, 지속 가능한 열정이 성공을 만들지요. 포레스트 검프처럼 우직하게 사는 것, 그게 수많은 시련에도 나를 지킨 용기였습니다. 그 영화를 지금까지 수없이 봤어요. 영화에 등장하는 약간은 모자란 듯하고 고지식하지만 결코 포기하지 않고 끝까지 달리는 주인공이 바로 나의 영웅입니다. 내가 성공할 수 있다면 중국인의 80%가 성공할 수 있을 것이라 믿었어요. 그래서 초조한 일이 있을 때마다 그 영화를 봤지요. 알리바바 상장을 위해 뉴욕에 가기 전에도 보았고요. 그 영화를 볼 때마다 어떤 일이 벌어지더라도 나는 나라고 느끼거든요. 지금의 나는 오래전 처음 실리콘 밸리를 방문했을 때와 같은 사람입니다."

인생은 초콜릿 상자와도 같다. 그걸 열어보기 전까진 안에 무엇이 있을지 알 수 없다. 초콜릿 상자라는 인생에서 무엇을 선택할지는 각자의 몫이다. 삶은 기회와 변화의 연속이기 때문에 그 삶을 직접 살아보지 않고서는 '삶은 무엇이다'라고 섣불리 말할 수 없다. 포레스트 검프의 삶이 그러했고, 마윈의 삶이 그러했다.

그는 노 개런티로 〈공수도〉라는 영화에 출연해 영화배우로서의 꿈도 이루었다. 전 세계와 중국 문화를 공유하고 싶다는 포부에서 만든 영화이다. 키 162cm에 평범한 외양을 생각하면 대단한 꿈을 이룬 것이다. 그는 '비웃음을 감탄으로 바꾼 세기의 남자'이다. 흙수저를 탓하는 사람들의 생각을 무색하게 만드는 신화의 주인공이다.

"나는 대학에 세 번이나 떨어졌습니다. 나는 서른 번이나 구직 신청을 했지만 모두 거절당했습니다. KFC가 처음에 중국에 진출했을 때 24명이 입사 지원을 했습니다. 그중 유일하게 나 혼자 탈락했습니다. 경찰관이 되려고 지원했을 때도 나만 떨어졌습니다. 하버드 대학에 열 번이나 지원서를 냈지만 거절당했습니다. 그래도 좌절하지 않았습니다. 살아가면서 의욕과 자신감을 잃지 마세요. 한 번, 두 번 실패하더라도 결코 포기하지 마세요. 당신이 어딘가 다른 곳에 반드시 쓰임이 있다는 사실을 잊지 않았으면 합니다."

그의 말이 우리 모두를 숙연하게 한다.

마원이 생각하는
미래 산업의 지도

마원이 중국 광둥성 선전시에서 열린 2017 '선전 IT리더 서밋'에서 기조연설을 했다. 그의 이야기는 우리에게 생각거리를 주기에 충분하다.

"과거 20년은 인터넷 기술의 시대였습니다. 미래 30년 동안의 변화는 모두의 상상을 초월할 것입니다. 실물 경제가 좋지 않다고 하는데 실물 경제는 지금까지 좋았던 적이 없습니다. 기업하기 어렵다고 하는데 여태껏 어렵지 않았던 적이 없습니다. 살아남은 사람은 하기 좋다고 말하고 죽어버린 사람은 하기 어렵다고 말할 뿐입니다. 10년 안에 다섯 업종의 변혁이 빨라질 것입니다. 순수 전자상거래는 미래 5년 동안 여전히 고속 성장할 것이지만, 우리는 10년 이후 어떨 것인지를 생각해야 합니다. 순수 전자상거래와 순수 오프라인 소매업은 어려워질 것입니다. 그러니 새로운 소매업은 온오프를 재통합하는 사고를 해야 합니다. 소매업은 어떻게 물건을 팔 수 있는지를 배울 것이 아니라 고객에게 어떻게 서비스를 잘 할 것인지를 배워야 합니다."

아마존은 이미 이런 전략을 취하고 있다. 온라인과 오프라인에서 인간에게 감동을 주는 서비스를 동시에 추구하고 있다. 그는 미래의 제조업은 표준화·규모화가 아닌 개성화·스마트화라고 특징짓는다. 개성화·맞춤화·스마트화가 갖춰진 미래에는 기존의 표준화된 조립 라인, 컨테이너는 모두 골칫거리가 될 것이라고 주장한다. 일리가 있다. 온디맨드 경제(수요자가 요구하는 대로 서비스, 물품 등이 온라인 또는 모바일 네트워크를 통하여 제공되는 경제 시스템)에서 소비자는 자신의 취향에 맞는 상품을 주문할 것이 분명하다. 그는 금융의 미래에 대해서도 자기만의 견해를 피력한다.

"전통적인 금융 시스템은 '2대8 법칙'으로 작동되었습니다. 20%에 속하는 대기업·국유기업·외자기업만 잘 지원하면 80%에 속하는 중소기업은 그 여파로 발전하게 된다고 보았습니다. 그러나 오늘날의 신금융은 '8대2 법칙'을 따라야 합니다. 그래서 우리는 80%의 소비자와 중소기업이 돈을 확보하지 못하는 문제를 어떻게 해결할 것인지 늘 토론하고 있습니다. 인도에서 우리는 앤트파이낸셜Ant Financial(알리페이를 운영하는 알리바바 산하 핀테크 회사)의 기술을 이용해 1~2년 만에 인도인 2억 명이 휴대폰에 온라인 지불 서비스를 개설하게 했습니다. 웨이신즈푸(위챗 모바일 결제)와 알리페이가 금융업에 끼친 충격은 어마어마합니다. 신금융은 갈수록 커질 것입니다."

개인간P2P 금융거래 증가와 블록체인을 포함한 핀테크 혁신은 수수료 절감, 개발도상국 송금 서비스 개선, 가상화폐의 사용 증가 등 일대 변혁을 일으키고 있다. 기존 금융시장에 미치는 영향이 지대할 것이다.

"변화의 시기에서는 때로는 길을 바꿔야 합니다. 익숙한 커브 길에서 추월할 것이 아니라 길을 바꿔서 질주해야 한다고 생각합니다. 사고의 혁신이 필요합니다. 종전의 커브길에서 추월하려다 보면 십중팔구 뒤집힙니다. 굽은 길에서 추월에 성공할 가능성은 크지 않습니다. 창조적 파괴를 생각해야 합니다. 빅데이터, 이동인터넷에 기반한 모든 미래의 클라우드 컴퓨팅, 모바일 운영 체계, 스마트 마이크로칩, 인공지능 분야 같은 혁신 분야에서 기회를 만날 수 있습니다."

그는 신에너지 사업을 이야기하며 재미있는 일화를 소개한다. 항저우에서 한 강도가 슈퍼마켓 세 곳을 털었지만, 1800위안(약 30만 원)밖에 못 훔치고 잡혔다. 모두가 웨이신즈푸, 알리페이로 계산하는 추세여서 슈퍼마켓 금고에 현금이 없었던 것이다. QR 코드로 구걸하는 거지가 뉴스에 소개되기도 했다. 동냥조차 변화를 시작했다. 사람들은 이런 기술이 일자리를 앗아 간다고 여기는데 그는 오히려 기술이 수많은 일자리를 만들고 있다고 강조한다.

"중국 부동산 산업의 발전은 수많은 농민공에게 일자리를 주었습니다. 이후 부동산이 쇠퇴하자 농민공은 어디로 갔나요? 택배 산업이 사회의 커다란 문제를 해결했습니다. 기술의 발전은 인류를 더 행복하고 건강하게 만들 것입니다. 이전에 창업은 자원과 돈, 관계에 의지했습니다. 미래 창업은 데이터와 혁신에 좌우될 것입니다."

그는 미래에는 인터넷에서 완전히 분리된 기업은 하나도 없을 것이라 말한다. 과거 전기는 고도의 기술이었지만, 지금은 누구도 전기가 첨단 과학기술이라고 말하지 않는다. 마찬가지로 훗날에는 누구도 인터넷을 매우 뛰어난 기술이라고 말하지 않을 것이다. 그는 미래 기업가는 개방된 포부를 가져야 한다면서 이타적인 정신과 책임감, 글로벌한 시야를 가질 것을 당부한다. 21세기 최대의 핵심 능력은 다른 사람에게 서비스하는 능력이라고 한다. 데이터 기술 시대는 남에게 능력을 부여하여 다른 사람을 강하게 만드는 시대여야 한다고 강조한다.

"세계화는 현지를 위해 가치를 창조해야 합니다. 현지에 가는 이유가 값싼 노동력이나 값싼 자원 때문이 아니라 독특한 가치를 만들 수 있기 때문이어야 합니다. 현지에서 더 많은 취업 기회와 세수를 만드는 기업만이 세계화된 기업이라고 할 수 있습니다. 나는 인공지능에 대해서도 내 나름의 생각을 가지고 있습니다. 로봇은 인류가 하지 못하는 일을 해야 합니다. 나는 로봇이 자신의 사고와 자기의 방법을 가져야 한다고 생각합니다. 로봇의 능력에 위축되고, 낙담할 필요가 없습니다. 사람이 잘하지 못하는 일을, 사람이 창조하지 못하는 것을 로봇이 하게 해야 합니다. 미래 100년 사이 우리는 로봇을 사람으로 바꿀 수 있습니다. 더 많은 시간을 로봇 지능에 쏟아 로봇을 인류의 가장 좋은 파트너로 만들어야 합니다. 인류의 적으로 만들어서는 안 됩니다."

그의 이야기에 고개가 끄덕여진다. 통찰력은 경험에서 우러나오는 교훈임을 새삼 깨닫게 된다.

내가 꿈꾸는
미래의 전략

"미래를 살아가기 위해서는 두 방향으로 전략을 고려해야 합니다. 자기와 남, 이 두 가지입니다. 자기만 고려하는 건 좋은 전략이 아닙니다. 많은 사람이 알리바바는 왜 물류 택배를 하지 않냐고 묻습니다. 사실 물류 택배를 소규모로 하고는 있습니다. 그런데 우리가 택배기사 100만 명을 채용한다면 어떻게 될까요? 다른 사람의 밥그릇을 빼앗는 꼴이 됩니다. 물론 관리도 엉망이 될 테고요. 택배원을 고용해 관리하는 데는 독특한 기술이 요구되지 않습니다. 그러니 그건 다른 곳에서 하도록 남겨두는 것입니다. 혼자 모든 일을 다 하려 한다면 성공하는 그날이 곧 망하는 날이 될 것입니다."

그는 미래 30년 사이 벌어질 경쟁은 역량의 경쟁도, 근육의 경쟁도, 심지어 지식의 경쟁도 아니라고 한다. 다른 사람에게 서비스하는 능력의 경쟁, 체험의 경쟁이라는 것이다. 그는 의미심장한 말을 남긴다.

"앞으로 30년 사이 여성들이 크게 창성할 것입니다. 이전에 우리는 근육을 경쟁했고, 이후엔 지식을 경쟁했고, 지금은 체험을 경쟁하고 있습니다. 남자와 여자는 차이가 있습니다. 남자의 관심은 자신의 지위, 권력, 승진과 월급 인상입니다. 반면 여성의 관심은 다양합니다. 특히 여성은 아이, 남편, 시어머니를 고려하고 일을 잘하려 합니다. 알리바바가 우쭐거릴 수 있는 이유는 직원 47%가 여성이기 때문입니다. 남성들은 큰일 났습니다."

그의 말을 들으니 여러 가지를 하는 여성의 위대함이 느껴진다. 그의 말에서 하나도 빠뜨릴 것이 없다는 생각을 하는 동안 이야기는 막바지로 이른다.

"가상경제와 실물경제의 경쟁에 관련된 문제입니다. 실물경제는 두 가지 중요한 부분으로 이뤄집니다. 하나는 생산과 제조, 다른 하나는 유통입니다. 인터넷 경제는 가상경제가 아닙니다. 그것은 가상과 실재가 결합된 경제입니다. 실물경제와 가상경제는 본래 대립적이지 않습니다. 전 세계 실물경제는 어렵습니다.

금융으로 대변되는 가상경제는 상대적으로 강합니다. 미래 인터넷 경제에서 자신의 핵심 경쟁력을 갖고 있는 기업만이 살아남을 것입니다. 핵심적인 기술이 미래의 진정한 이익을 창출합니다. 만일 여러분이 독립된 기술 없이 규모와 저비용에만 의지한다면 분명 망하고 말 것입니다. 그래서 우리는 업종을 탓하지 말고 자신을 탓해야 합니다. 기술이 결핍된 기업은 이윤을 남길 수 없습니다. 이윤이 없는 기업은 모험을 할 수 없습니다. 모험을 하지 않으면 전략을 세울 수 없습니다. 리스크를 감내하지 못하면 일어날 수도 없습니다. 각종 업종의 변화로 인해 관리 감독도 변합니다. 소형 기업의 혁신은 생산품에 의지합니다. 중형 기업의 혁신은 기술에 의지하고, 대기업의 혁신은 제도에 기대야 합니다. 전체 국가의 발전은 제도의 변혁을 고려해야 합니다. 최후에는 결국 관리 감독, 제도의 혁신이 뒤따라야 합니다."

그는 세계 농구 협회에서 과거 농구를 하던 방식에 대해 듣게 되었다. 예전엔 골대 바구니가 뚫려 있지 않아 누군가 공을 넣으면 사다리를 타고 올라가 공을 꺼내야 했다는 것이다. 이후 여러 해가 지나서야 바구니 아래를 가위로 잘랐다. 간단한 혁신이었다. 그런데 관련 규정이 만들어진 건 십여 년이 더 지나서였다. 변화를 따라가지 못한 것이다. 그는 무슨 말을 하려는 것일까?

"사람의 셈은 자연의 이치만 못합니다. 자연의 이치는 클라우드 컴퓨팅이라고 할까요. 관리 감독은 사람의 셈에서 나온 계산입니다. 더 과학적이고 더 미래에 착안해야 합니다. 교육에도 거

대한 변화가 필요합니다. 인공지능 출현 이후에도 교육 방법은 누가 더 빨리, 누가 더 정확히 계산하는지에 머물러 있습니다. 우리는 아이들에게 외우게 할 뿐입니다. 이전 수학은 사실 나쁘지 않았습니다. 하지만 학교에서 배운 것은 지금 유용하지 않습니다. 미래는 지식이 아닌 지혜의 경쟁 시대입니다. 체험의 경쟁 시대입니다. 아이들이 음악, 체육, 미술을 배우게 해야 합니다. 음악은 지혜와 영혼을 갖게 하고, 체육은 협력이 무엇인지 깨닫게 해줍니다. 그림은 상상력을 길러 줍니다. 우리는 아이들에게 지식 이외의 것들을 더 많이 깨닫게 해야 합니다. 교육은 미래 지식의 전달에 그쳐서는 안 됩니다. 상상력과 창조력, 팀워크에 중점을 둬야 합니다."

그는 가르침은 지식이고 이를 배양하고 육성하는 것은 문화라고 강조한다. 중국의 개혁 개방의 최대 보너스는 지식이 곧 힘이라는 사실이었다. 그는 이 시대에 필요한 것은 아이들에게 줄 것을 새롭게 육성하는 것임을 강조한다. 그는 인터넷 세상에 병자가 갈수록 많아지고 있다는 우려를 나타낸다. 인터넷 폭력, 모르면서 아는 체하는 사람들, 댓글 알바들이 넘쳐나고 있다. 이런 가짜들의 움직임에 흔들리지 않고 미래를 현명하게 앞서가는 힘이 결국 나를 지키는 용기라는 마윈의 주장은 그의 인생 전체를 감안할 때 믿음이 가지 않을 수 없다.

닮지 않은 사람과
환상의 콤비 되기

삶이란 부서지기 쉬워요.

아무도 내일을 보장하지 못합니다.

그러기에 여러분이 가진 모든 것을 던져야 합니다.

팀 쿡(Tim Cook, 1960년 11월 1일 ~)

애플 최고경영자

듀크 대학교 대학원 경영학 석사

거울 앞에 바로 서기
- 거울은 거짓말을 하지 않는다

잘나가던 사람이 망하는 회사로 옮기면 많은 사람이 만류하기 마련이다. 개인용 컴퓨터 회사 컴팩Compaq에서 일하다가, 1998년 애플로 옮긴 팀 쿡Tim Cook. 많은 이가 쿡의 결정을 의아하게 여겼다. 그도 그럴 것이, 그는 컴팩에선 컴퓨터 재판매 부서의 최고운영책임자였고, IBM 개인용 컴퓨터 사업의 북미 총괄책임자로 12년간 일한 잘나가는 사람이었기 때문이다. 그런 그가 망할 것 같은 애플로 옮긴다고 하니 '정신 나간 것 아니냐'는 논평이 쏟아진 건 어찌 보면 당연해 보인다.

결국 시간이 지나고서야, 그의 선택이 신의 한 수였음이 증명되었다. 지금 쿡은 스티브 잡스의 뒤를 이어 애플 최고경영자 자리까지 꿰차고 있다. 그는 좋은 덕목을 갖춘 사람이다. CEO의

덕목에는 여러 가지가 있겠으나 뛰어난 화술도 리더로서 좋은 장점이 된다. 누군가를 만날 때 서로의 공통점을 언급하며 친밀도를 높이는 것도 좋은 방법이다.

"매사추세츠 공과대학과 애플은 공통점이 많습니다. 우리 모두는 어려운 문제를 좋아합니다. 우리는 세상을 바꿀 수 있는 새로운 아이디어를 탐색하기 좋아합니다. 나는 세상을 바꾸는 주제를 가지고 여러분과 이야기하고 싶습니다. 기술이 인류애에 봉사하고, 인류애로 무장한 여러분이 기술을 세상에 이롭게 발전시키는 게 제 바람입니다."

2016년 MIT 졸업식에서 호감 가는 이야기로 연설을 시작한 그는 삶의 여정을 개척해 나가는 젊은이들에게 주저 없이 애정을 표현했다. 미래 세대를 끌고 갈 젊은이들에게 덕담을 건네는 것은 어른으로서의 책임감일 수도 있다. 특히 상대적으로 경험이 많지 않은 젊은 세대에겐 인생을 먼저 산 선배의 안목이 큰 도움이 된다. 생각에 대한 간극이 크다 하더라도 허심탄회한 소통은 결국 서로를 가깝게 만들 것이다.

"언젠가 여러분이 스스로에게 묻는 날이 올 것입니다. 아마 물었을 수도 있겠네요. 내가 지금 어디로 가고 있는 것일까? 나 역시 그런 문제를 마주한 적이 많았습니다. 그 질문에 답을 하는데 15년이란 세월이 걸렸습니다. 그래서 오늘 내가 여러분에게 조언을 해 준다면 여러분이 고민하는 시간이 절약될지도 모르겠습니다. 그렇게 되면 참 고마운 일입니다. 고등학교 때, 대학에 들어가 전공을 정할 때, 회사에 들어갔을 때, 승진을 했을 때 나는 내가 어디로 가는지를 자신 있게 말할 수 없었습니다. 대학원도 가보고, 명상도 해보고, 종교에 의지도 해보았으나 답을 찾을 수 없었습니다. 그러다 스티브 잡스와의 조우를 통해 마침내 방황을 끝낼 수 있었습니다. 당시 애플로 돌아온 스티브 잡스는 '다르게 생각하라'는 캠페인을 벌이고 있었지요. 그를 만나, 나의 풀리지 않는 숙제의 실마리를 풀어 나가게 되었습니다. 그를 만난 후 나는 거울 앞에 자주 섰습니다. 내가 한 실패를 반복하지 않기 위해서였지요. 거울 앞에서 내가 한 실패를 소리 내어 말하곤 했습니다. 그건 잡스가 내게 가르쳐준 교훈입니다. 왜 거울이냐고요? 거울은 거짓말을 하지 않잖아요. 백설 공주에 나오는 그 거울처럼요."

쿡은 스티브 잡스를 아주 열정이 넘치는 사람으로 기억한다. 스티브 잡스는 골치 아픈 사람이나 안 맞을 것 같은 사람에게 힘을 실어 주곤 했는데, 잡스의 영향일까, 쿡 역시 회사를 차려 사람을 선택할 때 서로 보완이 되는 상대를 만날 것을 권한다. 닮은 점이 하나도 없는 사람, 예를 들어 공학을 전공한 사람은 인문학을 전공한 사람을 사업 파트너로 선택하는 것이 좋다는 이야기다. 당신이 영국인이라면 미국, 중동, 아시아 등 다른 문화권의 사람을 선택하여 스타트업을 하는 것이 좋다고 말한다. 세상을 바꿀 수 있는 제품과 서비스를 만들겠다는 열망을 제외하고 모든 면에서 다른 점을 가진 사람과 함께하는 것이 제일이라는 이야기다.

그는 잡스를 만난 후, 실패를 두려워하지 않게 되었다. 실패를 지나가는 감기로 생각하게 되었다. 이 역시 큰 실패를 하고 다시 반전을 일으킨 잡스에게서 배운 교훈이리라.

"잡스는 명확한 목적의식이 있었어요. 그게 내 방황이 끝난 이유입니다. 애플에도 분명하고 중요한 목표가 있었지요. 그 목표는 인류에 봉사하라는 메시지로 요약할 수 있습니다. 삶에 분명한 의미가 있음을 느낄 때 일할 재미가 나지요. 나는 여러분이 스티브 잡스와 애플처럼 인류를 위해 일할 수 있기를 바랍니다. 여러분이 가진 과학적 역량은 수십억의 사람들이 건강하고 생산적이고 성취감을 느낄 수 있게 할 것입니다. 오늘날 인류는 암에서부터 기후 변화, 교육 불평등에 이르기까지 수많은 문제에 직면해 있습니다. 기술이 그런 문제를 해결하는 데 도움을 줄 것입니다. 그러나 기술만으로는 되지 않습니다. 때로는 기술이 해결책이 아니라 문제의 일부이기도 합니다."

불평등, 불공정, 불균형을 해소할 수 있는 기술의 힘 - 사람을 중심에 두기

물론 사업가가 하는 말을 액면 그대로 받아들이기는 어렵다. 애플, 구글 등 수많은 다국적 기업이 조세 회피 지역에 유령회사를 만들어 세금을 줄여나간 사실은 무척 실망스럽다. 일자리 창출을 통하여 사회에 보답하고 있는지도 의문이다. IT 기업의 일자리 창출 효과는 전통 산업에 비하면 크지 않다. 하지만 일단 그의 말을 기업과 분리하여 액면 그대로 믿어 보자.

쿡은 기술이 가진 선과 악의 양면성을 분명히 이해하고 있다. 그의 이야기를 들으니 세계가 안고 있는 큰 문제를 함께 해결해야 할 책무가 있음이 느껴진다. 세계가 안고 있는 문제를 영어 알파벳 I를 따서 '3I'라고 해보자. 우리가 사는 세상은 불평등 Inequality, 불균형 Imbalance, 불공정 Injustice이라는 세 가지 문제로 큰 어려움을 겪고 있다.

"지난해 나는 프란시스 교황을 만났습니다. 내 인생에서 정말 소중한 순간이었습니다. 그는 국가 수장들보다 슬럼가에 사는 사람들과 더 많은 시간을 보내지요. 믿기지 않겠지만 그는 기술에 대해서 많은 것을 알고 있었습니다. 기회, 위험, 도덕, 이 모든 것을 다 알고 있었습니다. 인류가 이만큼 높은 수준의 기술을 가진 적은 없습니다. 문제는 인류가 그 기술을 얼마나 현명하게 사용할지를 아무도 모른다는 것입니다. 그분의 말씀이었습니다. 참으로 통찰력 있는 식견이라 하겠습니다."

기술은 우리의 모든 삶에 침투하고 있다. 생산성이 증대되고 삶은 편리해지고 있는 반면, 사생활 침해, 보안 위험이라는 역효과도 만만치 않다. 가짜뉴스가 판치고 SNS를 통한 반사회 운동도 비일비재하다. 때로 우리를 연결하도록 하는 기술이 우리를 분열시키고 있다.

"기술은 위대한 일을 할 수 있습니다. 그런데 기술 자체는 위대한 것을 원하지 않아요. 위대하게 만드는 것은 다른 데 있죠. 가족, 이웃, 공동체를 소중히 여기는 우리의 가치와 신념, 아름다움을 추구하는 사랑, 우리의 신념이 서로 연결되어 있다는 믿음, 친절, 고상함이야말로 기술을 위대하게 만듭니다. 나는 인공지능이 컴퓨터에게 인간과 같은 사고능력을 주는 것을 걱정하지 않습니다. 내가 걱정하는 것은 사람들이 기술 발전의 결과에 대해 아무런 걱정도 하지 않은 채 가치나 공감 없이 컴퓨터처럼 생각하는 것입니다. 그 점이 MIT 학생 여러분과 내가 함께 헤쳐 나가야 할 과제입니다. 과학이 어둠속에서 무언가를 찾는 탐색의 과정이라면, 인류애는 우리 앞에 놓인 위험을 보여주는 촛불입니다."

그는 스티브 잡스가 말한 것처럼 기술만으로는 충분하지 않으며, 우리의 가슴속 깊은 곳에서 노래하는 인류애와 짝을 이루고, 인문학의 도움을 빌려야 한다고 강조한다. 기술이 인간에 대한 이해와 접목되어야 더 나은 세상을 만들 수 있다는 것이다.

"여러분이 무엇을 하든 간에 사람을 중심에 두십시오. 그렇게 한다면 그 효과는 정말 막강할 것입니다. 아이폰은 눈먼 사람이 마라톤을 하게 합니다. 애플시계는 심장마비가 발생하기 전에 심장의 상태를 점검합니다. 아이패드는 자폐증을 앓는 아이를 세상과 연결시켜줍니다. 간단히 말해서 기술은 여러분의 가치와 융합할 때 비로소 모든 사람을 위한 진보를 이룰 수 있는 것입니다. 우리는 기술을 타고난 인류애와 융합해야 합니다. 그 책임은 크지만 그게 우리의 기회가 되는 것입니다. 나는 여러분 세대, 여러분의 열정, 인류애에 봉사하려는 여정을 믿기에 세상살이를 낙관합니다. 여러분에게 과감히 의지하고자 합니다."

그러나 기술에 대한 낙관을 무조건 추종할 수는 없다. 우리는 무수한 디스토피아 영화 이야기를 알고 있다. 다음은 그중 하나의 스토리다. 정보기술, 인공지능, 나노기술과 생명공학에 정통한 천재 과학자가 있다. 그는 인간의 뇌파를 기계적 언어로 변환하여 기계로 업로드하는 연구를 한다. 그 와중에 반反기술발전 테러단체의 습격을 받고 5주 뒤에 죽을 처지에 놓인다. 그의 아내는 그를 살리기 위해 그를 기계로 업로드하고 온라인에 연결한다. 그가 하고자 하는 방향이 항상 착한 사람만을 위한 것도 아니고, 그가 착한 생각만 하는 게 아니라서 그가 제어가 되지 않으면 세상에 돌이킬 수 없는 재앙이 된다. 초월의 힘을 얻은 주인공이 온라인에 접속해 자신의 영역을 전 세계로 넓혀가는 걸 생각해 보라. 무섭지 않나. 그는 인간일까? 기계일까? 테러단체의 설득으로 뒤늦게 반反인간적 행태의 심각성을 깨닫게 된 그의 아내는 컴퓨터 프로그램에 바이러스를 심어 이들 로봇 인간들을 파괴한다. 쿡은 이 영화를 보며 무슨 생각을 할까?

기술이 양극화의 주범이고, 기술이 인간의 일자리를 빼앗고, 기술이 진입장벽을 쌓는 역할을 한다면 기술은 암 덩어리라 말할 수 있다. 〈트랜센던스〉란 제목의 이 영화는 기술의 발전이 우리의 삶을 근원적으로 바꾸고, 사람이 기계의 노예로 전락하는 과정이 우리가 느끼는 것보다 빠른 속도로 진행되고 있다는 두려움을 불러일으킨다. 스티븐 호킹 박사 역시 이 영화를 본 후에 인류가 머지않은 미래에 멸종할 것이란 전망을 내놓았다. 적지 않은 수의 과학자나 지식인들도 비슷한 견해를 표명했다. 기술은 그런 우리의 두려움을 먹고사는 것일까?

인간을 더욱 자유롭게 하는
기술의 힘

　　　　　"세상에는 여러분을 냉소적으로 만드는 음모가 많아요. 인터넷이 너무 많은 사람에게 힘을 실어준 것도 사실입니다. 가상세계를 들여다보면 점잖음이란 보이지도 않고 하찮음과 부정적인 잡음만 가득하다는 생각도 듭니다. 그런 소음이 당신이 전진하는 과정을 무너뜨리게 하지 마세요. 인생의 하찮은 면에 괜히 말려들어 쓸데없는 고생을 하지 마세요. 오직 인류애의 관점에서 기술의 영향을 평가하세요. 대중의 인기에 영합하지 말고 여러분이 도와주어야 할 사람들의 관점에서 기술을 바라보세요. 애플에서 있었던 주주총회 이야기를 해보겠습니다. 한 사람이 애플이 환경보호에 투자하는 것을 문제삼았습니다. 그러면서 투자 수익의 관점에서 납득할 수 있는 환경 사업에만 투자할 것을 요구했습니다. 애플은 수익률과 무관한 장애인 사업에도 투자합니다. 그는 화를 냈습니다. 왜 그런 돈도 안 되는 사업에 투자하느냐고 열을 올리더라고요. 나도 혈압이 올라 그에게 애플 주식을 갖고 있지 말라고 했습니다."

쿡은 우리가 가진 대의가 옳다면 그걸 지키기 위해 반대에 맞설 용기를 가질 것을 졸업생들에게 당부한다. 그게 당당히 자기를 지킬 수 있는 힘이라는 것이다. 또한 우리가 불공정함을 목격했다면 그 문제를 해결할 사람은 우리밖에 없다는 사실을 명심하라고 강조했다.

"여러분이 전진하기를 원한다면 여러분보다 더 큰 무언가를 만들기 위해 여러분의 마음과 손과 가슴을 사용해야 합니다. 마틴 루터 킹Martin Luther King이 말했듯이, 모든 삶은 연결되어 있습니다. 이러한 생각을 늘 염두에 두고 여러분이 하는 모든 일에서 일부가 아닌 전 인류를 위해 최선을 다해야 합니다. 모든 사람을 위한 인류애야말로 희망을 위한 대의입니다."

그는 학생들에게 왜 이런 말을 하는 걸까? 아마도 '수용 능력'을 가지는 것이 무엇보다 중요하다고 여기기 때문일 것이다. 그의 영혼의 짝, 스티브 잡스는 정제되어 있지 않은 인물이었다. 결정을 쉽게 바꿔 변덕스럽게 보일 수도 있었지만 지적으로는 정직했다. 그는 잡스가 변화할 수 있는 용기를 가졌다고 회고한다. 기계의 운명을 좌우하는 것은 쿡에 의하면 결국 인간이다. 쿡은 기술이 시장의 영역에 머물러 있는 한, 개인의 자유가 충분히 보장되어야 한다고 믿는다.

쿡은 인간의 선한 의지가 기술 발전의 부작용을 통제하거나 보정하는 방안을 찾아낼 것이라고 믿는다. 인간이 인류애라는 선으로 무장해야 한다고 주장한 것은 인간의 자유의지와 기술 발전의 결과를 낙관하기 때문이다. 그럼에도 우리는 정치가 전체주의적 이념으로 무장되거나, 특정 정치 세력이 기술을 정치의 영역에 가두고 자유를 억압하여 사회를 암울한 디스토피아로 몰고 갈 위험을 간과할 수 없다. 역사적으로 과학 기술이 정치의 영역에서 독립된 경우는 별로 없었다.

기술이 편향된 정치 이념이나 정치 세력에 의해 악용될 여지는 얼마든지 있다. 그런 위험은 비과학적 부문에서 더욱 크다. 정보기술, 나노기술, 생체공학, 유전자 편집 기술이 전체주의적 정치 선동이나 세뇌 공작에 동원되어 사람들의 자유를 속박할 수 있다. 선거공학, 여론 조작, 역사 조작, 사회주의적 규제나 시장 간섭은 주변에서 흔히 일어난다. 비과학적이고, 편향되거나 과격한 이념에 물든 소수집단의 선동이 사회적 갈등과 빈곤의 확대로 이어져서는 안 된다. 그런 차원에서 우리는 쿡이 강조하는 인류애로 단단히 정신무장을 해야 한다.

이상과 현실 사이에 선 우리들의 선택
- 포용성, 혁신, 상호 연계성

우리는 우리가 가진 문제점 '3I'를 또 다른 '3I'로 해결할 수 있을지도 모르겠다. 그 세 가지 'I'는 포용성, 혁신, 상호 연계성이다. 우선, 포용성Inclusiveness의 강화를 통해 경제 성장으로 늘어난 부가 사회 전체에 공정하게 분배되도록 해야 한다. 기업 하기 좋은 환경을 위한 혁신Innovation을 지속적으로 도모하여야 한다. 나아가 모든 게 서로 연결되어 있다는 말처럼 장벽을 쌓을 것이 아니라 '서로 연결된 세계 구축'을 위해 상호 연결성Inter-connectivity을 담보하는 방향으로 매진해 나가야 할 것이다.

기술의 진보 이야기를 잠시 접고 직업 선택의 문제로 화제를 돌려보자. 직업 선택의 기준이 자아실현이나 사회적 존경보다는 안정성이나 경제적 보상에 더 많이 치중되고 있는 게 사실이다. 물론 이것을 나쁘다고만 할 수는 없다. 개인의 직업 선택은 사적 영역이니 말이다. 한국 사회에서 공무원이 인기가 있는 것은 안정성 때문이다. 누구는 이런 한국을 보고 정체된 사회라며 투자를 하지 않겠다고 말한다.

기술이 인류애에 봉사하여야 한다는 쿡의 논리는 직업 선택에도 적용되어야 할까? 안정성을 직업 선택의 최고 덕목으로 꼽는 현실은 개인의 행위와 사회적 신뢰 사이에 심각한 괴리가 발생하고 있음을 보여준다. '경제적으로 부유한 삶'이 '정의로운 삶'이나 '사회를 위한 봉사'보다 선호되는 세상에서 팀 쿡의 이야기는 다소 이상적으로 들릴 수 있다. 하지만 분명한 사실은, 다수가 안정적 직업을 고집할 경우 그 사회는 역동적이거나 진취적이기보다는 정체될 소지가 크다는 것이다.

혹시 우리 사회가 안정성의 덫에 걸려 있는 것은 아닌지 궁금하다. 창조적 모험을 추구하는 기업가 정신이 위험성은 있지만 개인의 적성과 성취도 차원에서 더 큰 만족을 얻을 확률이 높다. 다양성의 가치를 추구하는 사회가 건강한 것은 말할 필요도 없다. 창조적 모험 정신은 사회의 신뢰를 바탕으로 성장할 수 있다. 아울러 그 사회가 패자부활전을 얼마나 용인하느냐에 따라 실패를 바라보는 눈이 달라진다. 결국 수많은 '나'라는 존재가 인류애란 전진의 무기를 장전하려면 개인의 용기와 사회적 신뢰가 함께하여야 한다. 팀 쿡은 안정성을 우선하는 한국의 젊은이들에게 이상적인 말을 던진다.

"삶이란 부서지기 쉬워요. 아무도 내일을 보장하지 못합니다. 그러기에 여러분이 가진 모든 것을 던져야 합니다."

그는 집중이 삶의 가장 중요한 열쇠라며 일을 잘하려면 불필요한 모든 것을 던지고 자기의 열정을 한곳에 집중해야 한다고 외친다. 그는 삶의 즐거움은 먼 곳에 있는 것이 아니라 매일매일의 인생이란 여정 속에 있다고 강조한다. 아울러 누군가를 이기려고 하는 승부욕과 경쟁심이 최고를 만드는 덕목이 아니라는 점을 분명히 밝힌다. 그의 말은 다소 이상적으로 들리지만 원론적으로 동의할 수밖에 없다. 이상을 향하여 나가기 위해서는 그에 걸맞은 삶을 살겠다는 용기가 필요하다. 세상에 안정성이 전부는 아니다. 모험도 필요하다. 그의 일련의 연설의 주제는 '두려움 없음'이다. 그의 말을 들으니 갑자기 혁신의 상징인 애플을 한입 베어 물고 싶은 생각이 든다.

에릭 슈미트

'예스'라고 말할 수 있는 자세

지금 우리 모두가 연결되어 있다는 것은 축복입니다. 그 결과 세상의 수많은 문제를 해결할 수 있습니다. 그 연결성이 바로 여러분이 가진 우월함이며, 여러분이 인류를 위해 해야 할 책무입니다. 여러분이 거룩한 삶에 입맞춤하길 기대합니다.

에릭 슈미트(Eric Emerson Schmidt, 1955년 4월 27일 ~)

前 구글 회장, 알파벳 회장

캘리포니아 대학교 버클리캠퍼스 대학원 전기공학, 전산학 박사

연결이 주는
기회 앞에 서다

소규모 신생 회사 구글을 세계에
서 가장 영향력 있는 기업으로 키워낸 에릭 슈미트Eric Emerson
Schmidt가 2012년 보스턴 대학교 졸업생들 앞에 섰다. 그는 이라
크와 아이티처럼 전쟁과 자연재해의 상흔이 남은 여러 나라를
방문한 이후 '디지털 기술로 인한 연결성의 확대'를 미래의 가장
중요한 특징으로 꼽게 되었다며 디지털 시대에 대해 다음과 같
이 말했다.

"디지털 시대는 기술의 변화로만 규정되지 않습니다. 우리의
생활, 비즈니스, 세계 경제에 일대 변혁이 일어나는 시대입니다.
정치적으로 보면 국가나 기득권층의 권력을 개인에게로 이양한
다는 데 의미가 있습니다. 앞으로 절대 권력이 사라진 시대를 맞
게 될 것입니다. 잘못이 속속 드러나는 지도자들은 체제에 분노

를 느끼는 수많은 개인에 의해 권좌에서 물러나게 됩니다."

슈미트는 불평등이나 권력의 남용을 완전히 없앨 수는 없겠지만 기술을 통해 대중의 손으로 권력을 이양할 수 있다고 믿는다. 그 과정이 쉽지 않지만 충분히 가치 있는 일이라고 생각한다.

"2009년 가을이었습니다. 이라크는 사담 후세인 정권의 몰락 이후 6년 여간 전쟁이 지속되어 물리적인 인프라가 초토화된 상태였죠. 대부분의 이라크인은 음식이나 물, 전기를 제대로 구할 수 없었습니다. 생활용품은 너무 비싸 살 수도 없었죠. 몇 년간 쓰레기조차 수거되지 않고 그대로 있던걸요. 그런데 놀랍게도 그렇게 처절하게 병든 땅에서도 휴대전화는 사용되고 있었습니다. 2010년 대지진이 일어난 아이티에서도 지진이 일어난 후 단 며칠 만에 통신 기능이 복구되었죠. 네트워크를 복구하는 게 긴급구조보다 우선이었습니다."

그가 그린 미래의 모습은 어떨까? 무인자동차로 출근하고, 홀로그램으로 회의에 참석하는 게 일상이 된다. 개발도상국가에 사는 어부는 스마트폰을 이용해 시장 수요를 파악한다. 판매량 조절은 냉장 보관 비용을 줄인다. 중동 지역의 억압받는 소수민족은 '가상 국가 체제'를 만들어 온라인상에서 국가를 이룬다. 반체제 인사들은 '인터넷 망명'을 통해 자유롭게 세상을 활보한다. 독재 국가는 모바일기기를 이용하여 전례 없이 강력한 감시 체제를 구축한다. 그가 그려주는 미래 이야기를 듣고 있자니 두려움과 희망이 교차한다.

이러한 미래를 그려내는 그의 과거는 어땠을까? 슈미트는 어린 시절 아버지와 함께 살던 시절을 상기하며 그때야말로 인생에서 가장 행복한 시기였다고 말한다. 그리고 그는 잊지 못할 일화 하나를 소개한다. 열두 살 무렵 슈미트는 자전거를 타다 나무 앞에 자전거를 두고는 영화를 보러 간다. 몇 시간 뒤 영화를 보고 돌아왔는데, 자전거가 사라졌다. 그는 경찰에 신고를 하러 갔다. 그리고 거기서 자전거를 만난다. 자전거가 '안전 보관'이란 표지를 걸고 그곳에 있었던 것이다.

　"이게 마을이란 겁니다. 공동체는 여러분을 지지하고 보호한다는 느낌을 주죠. 이 아름다운 마을에서 그런 교감을 나눈다는 것은 정말 행운입니다. 그건 굉장히 강력한 느낌이어서 지금도 내 기억에 생생해요. 여러분도 그런 기억을 떠올리며 주위를 둘러보세요. 여러분의 기억과 뭔가 달라졌을지는 몰라도, 여전히 여러분은 그곳에서 예전과 같은 평온한 마음을 느낄 것입니다."

　그에게 어린 시절은 아름다운 추억으로 남아 있다. 아버지는 그의 롤 모델이었고 실제 그에게 많은 영향을 주었다.

　"이제 여러분의 시간이 도래합니다. 여러분은 단지 존재하는 게 아니라 살아가는 삶을 선택하였습니다. 일어나서, 분명히 말하고, 행동으로 보여주고, 만들고 창조하는 그런 생동감 넘치는 인생 말입니다. 여러분의 선배들을 보세요. 작가, 예술가, 사업가, 도지사, 천문학자, 전쟁 영웅, NBA MVP 농구선수……. 이제는 여러분이 앞으로 나아가야 할 시간입니다. 무언가를 해내야 한다는 압박감을 느끼시나요? 여러분 중 누군가가 NBA MVP가 될 수 있다고 확신하지 못합니다. 하지만 여러분은 원하는 세상에 기여하고, 성공하는 모습을 보여줄 것입니다. 정말 그렇게 될 것입니다."

그는 학생들에게 많은 추억을 일깨워 주며 그 기억들이 훗날 살아가는 데 자양분이 될 것이라고 말한다. 학업과 과외 활동은 그 나름대로의 역사를 만들 것이라면서 이제껏 모두 그 경험으로 기회를 만들었다고 말해준다.

"여러분 세대는 역사상 그 어느 세대보다 더 큰 기회를 가지고 있습니다. 여러분 모두는 이전 세대의 사람들이 생각하지 못한 방식으로 연결되어 있기 때문입니다. 그 연결의 힘을, 보이지 않는 유대를 강화하고 세상을 깊이 이해하는 데 사용하세요."

우리는 일어나서 무엇을 가장 먼저 하는가? 부재중 통화 점검, 이메일 읽기, SNS 검색……. 그렇다. 우리는 서로가 온라인상에 연결되어 있는 디지털 시대에 살고 있다.

어디에서 키스를
할 수 있을까요?

　　　　　　그는 학생들에게 삶의 열정에 대하여 이야기한다. 보스턴 대학의 교수이자 시인인 솔 벨로Saul Bellow가 쓴 시의 한 구절을 인용했다.

"나는 삶에 대한 진실한 예찬자입니다. 만약 내가 저 높은 것에 도달할 수 없다면, 그 아래 어딘가에 키스를 할 것입니다. 내 말을 이해하는 사람들에게는 더 이상의 설명은 필요 없습니다."

그러면서 그는 졸업생들에게 '삶에 키스를 한다는 것'은 완전한 삶을 사는 것이라고 말한다.

"솔 벨로가 생애에 걸쳐 쓴 수많은 아름다운 시 구절 중 하나를 인용했습니다. 나는 이 구절이 아름다운 삶을 잘 요약하여 표현했다고 생각합니다. 이 구절은 평범한 삶을 은총, 사랑, 존엄으로 가득 찬 삶으로 바꿀 수 있는 힘을 잉태하고 있습니다. 어디에 키스를 할 수 있을까요? 나는 그에 대한 답을 할 수 없습니다. 여러분이 답해야 할 문제입니다. 그전 세대들 역시 발자취를 남겼습니다. 다음 세대를 가르치는 그런 삶을 모든 세대는 살았습니다. 하지만 여러분 세대는 다릅니다. 역사적으로 완전히 연결된 힘을 보여 줄 첫 세대니까요. 여러분, 누군가는 지금 문자를 보내고 이 연설을 트윗하고 있네요. 여러분은 최대한 높이 날아 거룩한 삶과 입맞춤하세요. 기술의 우월성을 최대한 활용하세요. 멋진 키스 자국을 삶에 남기세요."

인생의 소중함을 깨달을 때, 풀 한 포기 나무 한 그루에도 의미가 생기게 된다. 친구, 가족, 직장 동료 등 많은 이가 우리에게 상처를 주기도 하지만, 우리에게 큰 힘을 주기도 한다. 슈미트는 청년들이 헤쳐 나갈 세상에서 일자리로 대표되는 경제 상황이 그다지 좋지 않다는 것을 충분히 인지한다. 그러나 그는 청년들이 갖고 있는, 그 어떤 세대도 가지지 못한 가능성을 새로운 힘으로 규정한다. 그 가능성을 실현하고 최대한 높이 날아 삶에 아름다운 입맞춤을 하는 것은 각자의 몫이리라.

"사람들은 언제나 무언가, 혹은 누군가와 연결되어 스크린 앞에서 자란 세대에 대해 한탄합니다. 그들은 틀렸습니다. 지금 우리 모두가 연결되어 있다는 것은 저주가 아니라 축복입니다. 그 결과 세상의 수많은 문제를 해결할 수 있습니다. 그 연결성이 바로 여러분이 가진 우월함이며, 여러분이 인류를 위해 해야 할 책무입니다. 여러분이 거룩한 삶에 입맞춤하길 기대합니다."

그는 팀 쿡처럼 인류애를 강조한다. 여기저기서 일어나는 전쟁과 갈등, 하루 한 달도 채 못 사는 수많은 사람, 민주주의가 보장되어 있지 않은 사회에서 살아가는 사람들, 그 모든 사람을 위해 젊은 세대가 나서줄 것을 당부한다. 각자의 입맞춤의 높이는 그들이 바라보는 세상의 키에 따라 다르리라.

"누군가의 견해나 비전을 따르지 말고, 여러분만의 새로운 생각을 가지세요. 새로운 롤 모델이 되어 주세요. 원조 전문가나 선생님이 꼭 되라는 것은 아닙니다. 엔지니어가 되라는 것도 아닙니다. 물론 나는 그런 꿈을 꾸는 여러분을 지지합니다. 여러분이 우수함과 혁신을 창조하는 사람으로서 이 세상에 흔적을 남기라는 얘기입니다. 우리 사회의 집단 지성은 여러분의 노력 덕분에 달라질 것입니다. 공유된 규범과 가치로 새로운 사회를 만들어 나가는 데 우리의 힘을 제대로 사용하여 달라진 사회, 달라진 세상을 만들어 나갑시다. 기술이 진정한 유대를 만들 수는 없습니다. 여러분의 아름다운 심장이 진정한 유대를 만들어 나갈 것입니다."

우리는 혁신을 스스로 계획하지는 못하더라도, 변화에 대한 준비는 할 수 있다. 혁신은 어느 날 갑자기 우리 곁에 올 수 있기에 그것을 마주하는 순간 그것에 올라탈 수 있고 남들과 다른 무엇을 만들 수 있다. 아울러 세상을 바꾸는 아름다운 힘은 우리가 인류애로 단결하려는 용기로 가능해진다.

진정한 사랑의 온기를 느낄 수 있는
'네'라고 말할 수 있는 용기

디지털기기의 부작용은 어제오늘의 이야기는 아니다. 만약 우리가 기계의 노예가 된다면 창조의 힘을 발휘할 수 있을까? 그럴 수 없을 것이다. 그래서 슈미트는 우리가 기계를 지배해야지 기계가 우리를 지배하게 해서는 안 된다며 이런 제안을 한다.

"기억하십시오. 적어도 하루에 한 시간씩이라도 스마트폰을 꺼 놓으세요. 어둠속으로 가서 스위치를 끄고 오프 버튼이 어디에 있는지를 알아보세요. 스크린에서 눈을 떼고 당신이 사랑하는 사람의 눈을 쳐다보세요. 친구나 가족과 대화를 나누세요. '좋아요'라는 버튼을 누르지 말고 육성으로 '좋아요!'라고 말하세요. 얼마나 멋있는 행동입니까? 주위 사람들과 적극적으로 관계를 맺으세요. 여러분 곁에 있는 것을 느끼고 맛보고 냄새를 맡고, 여러분 앞에 있는 사람들을 안아주세요."

그는 때로는 우리가 컴퓨터와 핸드폰을 끄고 우리들 주위에 있는 사람들과 실제 교감을 나눠야 한다고 강조한다. 진정한 삶의 체취는 기계나 인터넷을 통해서가 아니라 우리 주변에서 실재하는 것과의 관계에서 느낄 수 있다. 삶은 사회적인 경험이며, 이 경험은 주변 사람들과 함께할 때 가치를 발한다.

컴퓨터 스크린을 벗어나 하얀 노트의 여백을 보자. 그건 인간의 영혼을 담는 그릇이다. 그래서일까. 위대한 사람들은 대부분 특별한 노트를 가지고 있다. 그들은 노트에 아이디어를 기록하는 과정에서 자신의 이론과 생각이 명료해진다는 사실을 너무도 잘 알고 있다. 에디슨, 칸트, 뉴턴, 아인슈타인, 레오나르도 다 빈치 등 천재들은 작업에 열중하는 동안 끊임없이 무언가를 글과 그림으로 그리고 휘갈겼다. 그 흔적들이 결국 인류사에 위대한 정신적 유산이 됐다. 하루 한 시간이라도 컴퓨터를 끄고 노트를 펼쳐보라. 마우스 대신 펜을 들고 가슴으로 느낀 하루의 생각을 직접 생생하게 적어보라. 우리의 꿈은 스크린의 힘만으로 이루어질 수 없다. 아날로그적 감성이 더해져야 한다. 그 감성은 결코 대량으로 복사할 수 없고 유포되지 않는다. 혼자만의 힘이다. 슈미트는 삶의 중요한 실재적 가치를 강조한다.

"삶은 모니터 빛 속에 존재하는 것이 아닙니다. 삶은 스마트폰처럼 상태를 업데이트하는 그런 기계적 연속을 요구하는 것이 아닙니다. 삶에서 '친구 수'가 중요한 것도 아닙니다. 여러분이 신뢰하는 '친구'가 중요합니다. 혼자 할 때보다도 여럿이 함께 할 때 더 큰 힘이 발휘됩니다. 새로운 일들을 배우는 데 열린 마음이길 바랍니다. 그래야 여러분의 삶을 변화시키고 타인의 삶에 변화를 주게 됩니다. 중요한 삶의 태도가 있습니다. 바로 '네'라고 답하는 것입니다. 그럼으로써 여러분의 삶은 계속 변화할 것입니다. 남이 도움을 구할 때도 '네'라고 말하세요. 여러분의 편안한 공간만을 고집하지 말고, 무엇이든 가치 있는 일에 '네' 하고 말할 수 있어야 합니다. '네' 하고 말할 수 있는 용기가 여러분을 스스로 지키는 삶의 지혜가 될 것입니다."

그는 적극적인 행동의 원리를 말하며 삶을 사랑하라는 가르침을 전하고 있다. 단순한 긍정의 힘을 말하는 것이 아니다. 균형감을 잃은 긍정성은 삶을 왜곡한다. 긍정의 힘만 믿으면 자신에게 유리한 사실만 보며 문제의 본질을 왜곡할 수 있다. 이런 경향을 폴리애나 현상Pollyanna Hypothesis이라고 한다. 폴리애나는 미국 작가 엘리노 포터Eleanor H. Porter가 1913년에 발표한 동화에 등장하는 주인공의 이름으로, 지나치게 낙천적인 사람을 일컫는다. 동화 속에서 폴리애나는 긍정적인 마인드를 고수하는 것 이상으로 실제로 긍정적인 행동을 전파하면서 함께 살아가는 많은 사람에게 긍정적인 변화를 가져다준다. 하지만 심리학적 측면에서 폴리애나는 주변 사람과 사회에 악영향을 미치는 대표적인 캐릭터로 규정된다. 지나친 긍정이 가져오는 일종의 부작용이다. 슈미트가 말하고자 하는 바는 개인의 안정성만을 고집하지 말고 누군가 손 내밀 때 "네" 하고 동참하고 서로 연대하여 혁신적이고 진보적인 삶을 살자는 것이다.

그는 실패할 것을 두려워하지 말라고 강조한다. 그와 동시에 성공도 두려워하지 말고, 용감하게 위험을 감수하라고 말한다. 그의 말처럼 실패도 성공도 두려움의 대상이 아닐 수 있다. 특히 젊은이들에게는 말이다. 실패에 실망하지 말고, 성공에 도취되지 말아야 할 것이다. 그는 'Yes'는 매우 강한 힘을 갖고 있으니 도전할 기회가 생기면 항상 "YES"라고 대답하고 도전하라고 강조했다. 슈미트 역시 도전하여 '안드로이드 인수', '유튜브 인수', '아이폰 검색엔진 제공', '크롬' 등의 업적을 이룰 수 있었다. 그에 의하면 젊기 때문에 도전하는 것이 아니라 도전하기 때문에 젊은 것이다.

"내가 좋아하는 이탈리아어 문구가 있습니다. '목숨을 건 비약'이란 뜻의 '살토 모탈레Salto Mortale'입니다. 과감한 서커스 묘기를 보여주는 사람들을 묘사하는 글귀이지요. 그물망 없이 팽팽한 밧줄에서 묘기를 하듯 용감해지세요. 그물망 없이 일하세요. 걱정할 것 없습니다. 나는 여러분이 제대로 착지할 것이라 보장합니다. 너무 큰 꿈을 가졌다며 우리를 과소평가하는 사람들의 말은 귀담아 듣지 말길 바랍니다. '그걸 어떻게 할 건데?' 하고 묻는 사람들의 눈을 정면으로 응시하고 '방도를 강구하고 있다.'고 말하세요. 여러분이 진정한 어른이 된 것을 축하합니다. 여러분이 하루라도 빨리 삶을 이끌어 갈수록 더 좋은 일이 생길 것입니다. 이제 베이비부머 세대들이 물러나고 여러분이 그들을 대신해서 더 나은 세계를 만들어 나가야 합니다. 자, 그들을 밟고 지나가세요. 전진하세요. 그 어떤 것도 손자가 첫 걸음을 뗄 때 손을 잡아주는 기쁨을 대신할 수 없다고 했습니다. 여러분이 홀로 서면 연대하는 누군가가 여러분의 손을 잡아 줄 것입니다. 여러분 세대는 새로운 새벽을 열 것입니다. 여러분의 지식이 새로운 시대에 씨를 뿌릴 것입니다. 여러분의 아이디어가 새로운 현실을 만들 것입니다. 여러분의 기민한 생각이 새로운 새벽에 영감을 줄 것입니다. 여러분은 우리 미래에 심장이 뛰는 듯한 동력을 줄 것입니다. 그러한 심장박동은 그 어느 때보다 강할 것입니다. 여러분은 저 높은 곳에 가능한 한 높이 도달할 것입니다. 그 모든 것을 초월하여 여러분의 용기 있는 삶을 사랑하십시오."

우리는 첨단 디지털 시대를 살고 있다. 디지털 변혁에서 사라질 것인가 아니면 앞서갈 것인가 하는 문제에 봉착한다. 이 시대에는 기존 질서에 도전하는 용기와 통찰력, 창조성과 결단력을 갖춘 사람이 필요하다. 모든 것이 연결된 세상에서는 평균적인 제품, 평균적인 인간이 살아남는 게 아니라 개성화된 제품, 자신의 삶의 주인공인 아티스트만이 의미를 지닌다. 무조건 복종하는 문화에서 과연 멋진 예술 작품이 나올 수 있을까? 마르

셀 뒤샹Marcel Duchamp의 변기는 예술이 되었다. 하지만 중국 다 평에서 모방 작품을 그리는 화가들의 작품을 예술이라 말하는 이는 없다. 이들의 작품은 변화를 야기하지 못하기 때문이다. 완벽을 추구하는 것보다 실패를 기꺼이 받아들일 준비를 하고 새로운 도전에 자신의 열정을 바치는 것이 훨씬 현명한 시대가 오고 있다.

'살토 모탈레', 그 '결사적인 점프'에 동참하는 용기가 필요하다. 모든 혁신은 잘될 때까지 계속 실패하는 것이다. 모든 혁신은 초기에 늘 많은 비판을 받아왔다. 슈미트는 인류 역사상 가장 힘을 갖춘 오늘날의 젊은이들이 부디 부모 세대보다 잘 살지 못할 거란 두려움에서 벗어나길 주문하고 있는지도 모르겠다.

걸작이라고 하는 멋진 예술 작품을 보면 인간이 지향하는 바를 알 수 있다. 시대를 앞선 인간은 필사적인 도약 그 너머 어딘가에 있는 것을 추구해 왔다. "처음부터 겁먹지 마라, 막상 가보면 아무것도 아니다." 슈미트의 말이 청년들 사이에서 회자된다. 지금의 구글을 있게 한 말이기 때문이다. 지레 겁먹는 자세가 장벽이 된다는 것을 기억하자. 삶에 축복이 되는 키스는 모두 제각각의 가치를 담고 있다.

지미 아이오빈

두려움에서 벗어나
큰 그림을 생각하는 우리

불안이 나를 앞으로 가게 하는 추동력이 되었습니다. 맞바
람이 나를 멈추게 하는 것이 아니라 뒤바람이 나를 프로펠
러처럼 전진하게 하더군요. 그렇게 불안한 심리가 동력으
로 작용하게 하는 법을 익힌 것입니다. 큰 그림을 보는 지
혜 덕분이지요.

지미 아이오빈(Jimmy Iovine, 1953년 3월 11일 ~)
인터스코프 레코드 창업자 겸 회장
비츠 일렉트로닉스 창업자
뉴욕시립대학 존제이칼리지 학사

애플이 비츠를 인수한
아주 특별한 이유

창밖을 보니 비바람이 몰아친다. 나뭇가지가 세차게 흔들리고 회색 하늘에서 금방 비가 쏟아질 것 같다. 강한 회오리바람 속에 혼자 던져졌을 때 대부분의 사람은 무서움에 떤다. 삶을 살아가는 데도 마찬가지일 것이다. 앞으로 나아가기가 무서운 상황을 마주할 때가 많다. 하지만 주저하다가 폭풍우 속을 헤쳐 나가지 않아 기회를 잃게 된다면 그건 누구의 탓일까? 스스로의 용기 부족 탓이 아닐까?

두려움 없는 용기를 갖추는 건 무척 어려운 일이다. 엄청난 내공이 필요하다. 소심하고 평범하지만 두려움을 넘어 많은 이에게 용기를 주는 인물이 있다. 우리에게 조금은 낯선 이 사람을 소개하고자 한다.

2015년 애플이 헤드폰 제조업체인 비츠Beats를 인수했다. 무려 30억 달러(약 3조 원)에 말이다. 입이 다물어지지 않는다. 누군가는 그 이유를 단지 한 사람 때문이라고 했다. 그 '한 사람'은 바로 지미 아이오빈Jimmy Iovine 이다. 아이오빈은 음악계에서는 상당히 알려진 인물로 존 레논, 스티비 닉스, 브루스 스프링스틴, U2 같은 유명 뮤지션과 함께 작업한 베테랑 레코드 프로듀서다. 아이오빈은 1989년에 인터스코프 레코드Interscope records를 설립했다. 이후 랩뮤직의 빠른 성장을 감지하고, 레이디 가가, 마돈나 외에 닥터 드레, 에미넴 같은 래퍼들의 진정한 조력자가 되었다. 2008년 아이오빈은 힙합 뮤지션 닥터 드레와 음악 하드웨어 업체인 비츠를 공동으로 창립했다.

사람들은 애플이 왜 그 많은 돈을 들여 비츠를 인수하였는지 궁금해했다. 애플 뮤직의 스트리밍 서비스는 유명 아티스트로부터의 지원이 필수적이다. 애플은 유명 뮤지션들과 친분이 많은 아이오빈을 확보하면 아티스트들과 쉽게 교류할 수 있을 거라 판단했을 것이다. 물론 아이오빈은 음악 산업이 어떻게 변하고 어디서 음악적 기호가 생기는지를 이해하는 몇 안 되는 음악계의 가치 있는 사람이다. 그래도 30억 달러라는 가격 앞에서 고개가 갸웃거려진다. 다른 이유는 없을까 하고 말이다.

2013년 삼성은 미국 힙합 가수 제이지Jay-Z와 파트너십을 맺고 공동 마케팅을 벌였다. 갤럭시 휴대폰 구매자들에게 제이지Jay-Z의 최신 앨범 100만 장을 제공한 것이다. 삼성이 음악을 통한 문화적인 명성을 사들인 시점에서 삼성의 경쟁자로서 애플이 비츠를 인수하여 삼성과 유사한 행보를 하려 한 것은 어쩌면 당연한 일일 수 있다. 2011년 스티브 잡스 사망으로 문화계와의 끈을 잃은 애플이 아이오빈과 닥터 드레의 영입으로 다시금 끈을 잇고자 한 것이다. 애플은 늘 1등과 함께해야 한다는 믿음을 가지고 있었다. 애플은 아마 아이오빈과 닥터 드레가 음악 분야에서 영향력 1위인 아티스트들과 자신들을 연결해 줄 거란 기대감을 품었을 것이다.

존 레논에게
차 50잔을 바치고 나서 얻은 명성

2013년 서던캘리포니아 대학교 교정에 들어선 아이오빈은 졸업생들에게 인사말을 전했다.

"작년에 나는 제일 뒤쪽 줄에 앉아 있었어요. 내 딸 제시카가 이 학교를 졸업했거든요. 작년에 졸업연설을 부탁받았더라면 졸업식에 더 집중했을 텐데 말이에요. 나는 여러분처럼 이런 좋은 대학에 다닐 기회가 없었어요. 가방끈이 짧다는 말입니다. 학교를 빛낸 인연도 없는데 이 자리에 서니 무척 영광입니다. 인생을 먼저 산 선배로서 여러분에게 삶을 헤쳐 나갈 때 도움이 될 말을 건네고 싶네요."

그는 자신이 졸업생들 앞에 당당히 설 수 있는 인물인지를 곰곰이 생각했다. 학벌은 중요하지 않다. 스스로 의미 있는 삶을 살았다고 자부했기에 무대에 올라서는 데 거리낌이 없었다. 그는 오늘의 자신을 있게 한 변화의 원동력이 된 두 가지 사건을 떠올리며 입가에 미소를 지었다. 돌이켜보면 삶의 교훈을 준 순간 순간은 때로는 그를 흔들리게도 하였고, 두려움에 떨게 하였고, 겸손하게 만들기도 하였다. 학벌보다도 풍부한 인생을 산 그의 경험이 앞으로 세상을 살아갈 젊은이들에겐 더없이 소중한 자산이 될 수 있다고 확신했다.

그는 조용히 눈을 감고 용기를 내어 스물세 살 무렵의 이야기와 쉰 살 무렵의 이야기를 차례로 꺼냈다.

"스물세 살 무렵의 내 이야기는 여러분이 인생을 살아가는 데 부교재 정도로 생각해도 됩니다. 그때 나는 음악 엔지니어로 일했습니다. 엔지니어란 이름은 근사하지만 신나는 일은 아니었죠. 처음에는 전화 받고 마루 청소하고 차나 커피를 타는 일을 했어요. 여러분에게 이런 일은 인상적이거나 멋지게 들리지 않겠지만, 일이나 사업의 기초를 이해하는 데 도움이 됩니다. 그래서 일을 시작하는 사람들이라면 그런 일도 기꺼이 해야 한다고 생각해요."

하찮거나 궂은일도 마다하지 않는 태도가 도움이 된 걸까? 50 번째 차를 타서 존 레논에게 준 이후, 아이오빈은 존 레논과 같은 건물에 있게 된다. 존 레논을 보면서 그의 열정과 용기에 탄복하고 자신도 그를 닮아가고 있음을 스스로 깨닫게 된다. 이어 당대의 최고 스타 브루스 스프링스틴과 일할 기회도 갖게 된다. 브루스가 〈Born To Run〉이라는 앨범을 작업하는 것을 돕게 된 것이다. 그들의 앨범은 대단한 성공을 거두는데, 여기서 중요한 것은 사람들이 그 앨범을 브루스 스프링스틴의 것으로 생각하지 않고 오히려 지미 아이오빈의 작품으로 생각한다는 것이다. 그 후 발매된 브루스의 〈마을 귀퉁이의 어두움: Darkness on The Edge of Town〉이란 앨범 역시 인기 몰이를 했다.

하지만 이런 성공이 오히려 독이 되고 말았다.

"당시엔 앨범을 만들 때 제일 먼저 할 일은 드럼 소리를 녹음하는 것이었어요. 그게 내 역할이었죠. 우리는 브루스가 생각한 소리를 얻기 위해서 6주간 24시간 내내 일했어요. 그런데 아무리 노력해도 브루스가 원하는 그 소리가 안 나오는 거예요. 내가 뭘 했는지 여러분은 상상도 못 할 겁니다. 드럼을 복도에 놓기도 하고, 엘리베이터에 놓기도 하고, 심지어 목욕탕에 놓기도 했지요. 물속에 넣는 것 빼고 할 건 다 했어요. 그런데 브루스가 그러더군요. '지미, 내가 듣는 소리라고는 드럼을 치는 막대기 소리뿐이야.'"

그 말에 어찌나 억울하고 화가 나던지 아이오빈은 브루스에게 쏘아붙인다.

"이 봐. 브루스, 드럼을 치는 건 막대기야. 막대기 말고 그럼 무엇으로 드럼을 쳐!"

이날 이후 이들은 교착상태에 빠졌다. 아이오빈이 내는 소리는 '둥둥둥'이었고, 브루스가 원한 것은 '붐붐붐'이었다. 결국 브루스는 도저히 안 되겠다고 생각했는지 뉴저지 출신 전문가를 데리고 온다. 아이오빈이 겪은 좌절감은 말로 표현할 수 없었다.

"그때 나라는 존재가 무엇인지를 심각하게 고민하게 되었어요. 실력이 2년 전과 비교했을 때 그 반에도 미치지 않는다고 느껴지더라고요. 비유하자면 정책이나 인물에 자신감이 없는 대중들이 투표를 억지로 하는 느낌이었다고나 할까요. 굴욕감도 들었죠. 회사에서 스무 살 된 젊은 친구가 하는 말이 딱 생각나더군요. 모멸감이란 단어요. 브루스가 확성기를 여기저기 놓을 때마다 심한 모멸감을 느꼈어요. 죽을 맛이었죠."

당시 그들은 호텔에 머물렀는데, 아이오빈은 어디론가 사라졌다가 돌아와 그만둘 거라고 통보했다.

아이오빈은 당시를 떠올리며 이렇게 말한다.

"나는 어딘가에 이미 도달한 사람이라 여겼는데, 내가 모든 것을 알고 있다고 느꼈는데……, 그게 아니었어요. 세상에! 내가 틀렸던 거죠."

자신감 넘치던 사람이 비참함을 느끼게 되니, 그 기분이 오죽했겠나!

큰 그림 속에 서 있는
나의 모습을 그리며

사실 그가 느낀 경험은 누구나가 인생을 살아가며 한 번쯤 겪는 일이다. 한 번의 성공으로 세상이다 자기 것 같지만 그것은 착각이라는 것을 금방 알게 된다. 아이오빈 역시 그런 경험을 한 것뿐이다.

"브루스의 매니저가 나를 똑바로 쳐다보면서 말했어요. '지미, 제발 이성적으로 행동하길 바라. 이렇게 행동하는 건 베테랑인 너와 어울리지 않아. 나는 네가 우리가 생각하는 '큰 그림' 속에서 무언가를 이해해주기를 바라. 이 작업은 너를 위한 게 아니야. 이건 브루스 스프링스틴과 그의 앨범을 위한 거야. 그게 '큰 그림'이야. 이건 너의 감정을 위한 것도 아니고 그 어느 누구의 느낌을 채우기 위한 것도 아니야.'"

브루스의 매니저이자 아이오빈의 친구인 존의 말은 아이오빈의 자존심을 더 상하게 했다. 아이오빈은 자신이 느끼는 거부반응을 그대로 쏟아내며 따지고 소리 지른 후 그 자리를 박차고 나가고 싶었다고 한다.

"지금 같았으면 철이 든 사람답게 행동했을 거예요. 그런데 나는 당시 나의 에고(자아)를 보호하지 않았습니다. 다른 사람의 말에 귀를 기울이고 더 나은 행동을 할 수 있었는데 말이죠. 그때는 나를 그냥 감정적으로 방어하고 싶었어요. 그래서 브루스의 매니저에게 냉소적으로 이렇게 말했죠. '네가 말하는 것을 아리스토텔레스가 내게 충고하는 소리로 이해하겠어.' 그때 나는 아리스토텔레스가 누군지도 몰랐어요. 아리스토텔레스라는 사람의 이름이 그냥 듣기 좋아 보였죠. 존은 내게 브루스에게 가서 '도와줄게. 네가 원하는 무엇이든지 할게'라고 말했으면 좋겠다고 말하더군요. 참 근사한 사람이죠."

아이오빈은 그제야 존이 시키는 대로 했다. 결국 아이오빈과 그들 팀은 브루스가 원하는 소리를 만드는 방향으로 조금씩 나아갔고, 6주 후 아이오빈은 브루스의 완전한 팀이 되었을 뿐만 아니라 브루스가 만든 가장 위대한 노래 중 하나인 '그 밤이라서 Because The Night'를 선물로 받게 된다. 브루스가 준 이 곡은 아이오빈이 프로듀서로서 만든 첫 번째 히트 앨범이 되었고, 아이오빈의 삶을 편안하게 안착시킨 계기가 되었다.

그는 여전히 브루스의 매니저가 한 말 '이것은 너를 위한 게 아니야This Is Not About You'를 기억하고 있다. 그 말이 그의 인생을 바꾼 전환점이 되었다고 한다.

더 나은 선(Greater good)을
생각하는 용기

"그 이후에 나는 내 개인적인 감정을 조절하는 방법을 터득했고, '더 나은 선善'을 위해 우리가 나아가야 한다는 것을 깨달았습니다. 여러분, 혹시 여러분은 내가 정신적으로 완전한 사람이라고 생각할지 모르겠습니다. 그렇지 않습니다. 나는 여전히 불안, 에고, 자존심과 싸우고 있습니다. 특히 매일매일 두려움과 전투를 하고 있죠. 이것들은 종종 내가 '큰 그림'을 보는 것을 방해합니다. 그런데 생각의 각도를 좀 달리해 보세요. 내가 알게 된 것은 이런 강력한 불안이 때로는 위대한 동기로 작용할 수 있다는 거예요. 강력한 에너지 강장제 같은 것을 상상해 보세요. 나는 두려움에 대해서 제대로 느껴 보았습니다. 처음 일할 때 90일 만에 두 번이나 해고가 되었지요. 보도블록이 내 뒤에서 무너지는 느낌이 들었습니다. 하지만 그 불안은 결국 나를 앞으로 나아가게 하는 추동력이 되었습니다. 불안한 심리가 전진하는 동력이 되게 하는 법을 익힌 것입니다. 큰 그림을 보는 지혜 덕분이지요."

화火는 때로 화華가 될 수도 있다. 갈등의 소지이자 어려움의 원인을 극복해낸다면 모두에게 이익이 되는 화려한 빛이 될 수 있다는 말이다.

그는 이어서 두 번째 이야기를 해나간다.

"나의 인생에서 두 번째 중요한 순간은 1999년입니다. 나는 그때 마치 세상의 왕이 된 기분이었어요. 닥터 드레와 세계에서 가장 인기 있는 레코드 회사인 인터스코프 레코드를 만들었거든요. 우리 둘은 천하무적이 된 것 같았어요. 그런데 세상이 디지털로 완전히 바뀌었잖아요. 나는 다시 위기의식을 느꼈고, 더 큰 불안에 빠져들고 말아요. 사람들이 가게에 가서 레코드를 사지 않고 온라인에서 무료로 노래를 듣는 게 너무 충격적이었습니다. 당시 그건 내게 도둑질 같은 것이었거든요. 그런데 이 도둑질이 인기가 있을 거라는 걸 직감했지요. 그래서 인텔의 창업자 중 한 명인 레스Leslie Vadasz를 만나러 갔어요. 내가 처한 상황을 이성적으로 여러 측면에서 따져보게 되었지요."

때때로 두려움은 자신을 보호하고 방어하는 기제로 작용한다. 덕분에 위기의 순간을 버티게 되긴 하지만, 근본적인 문제가 해결되는 건 아니다. 현명한 사람이라면 두려움에서 벗어나서 상황을 직시하고 새로운 교훈을 얻어야 한다. 아이오빈은 경험에 입각해서 그런 주장의 타당성을 말해주고 있다.

"레스는 20분 동안 나를 빤히 쳐다보더니 이렇게 말하더군요. '지미, 이 세상에 영원한 회사는 존재하지 않아.' 그 말이 진짜 심오하고 진실되게 느껴지더라고요. 물론 마음이 황폐해지는 것은 어쩔 수 없었지만요. 나는 엘비스 프레슬리를 생각했어요. 그가 죽었다는 사실이 상기되더군요. 그런 전설적인 영웅도 영원하지는 않잖아요."

레스는 아이오빈에게 중요한 사실을 가르쳐 주었다. '우리가 알고 있는 모든 것은 이미 잘못된 것일 수 있다'는 것을 말이다.

아이오빈은 레스의 사무실에서 나오자마자 유니버설뮤직의 회장인 친구 더그 모리스Doug Morris에게 전화를 건다.

"우리 어쩌지. 모든 것을 다 잃을 수도 있어."

아이오빈은 그 순간이 죽을 만큼 두려웠다고 말한다. 그는 약간의 농담을 덧붙여 학생들에게 두려움이 가진 힘에 대해 말한다.

"사실 이 순간, 여러분 앞에 서서 이야기하는 것도 겁에 질려 죽을 것 같아요. 그러나 나는 여러분에게 힘주어 두려움을 다루는 법을 익혀야 한다고 말하고 있습니다. 사실 나는 사람들 앞에서 말하는 것이 죽을 만큼 두려운 사람입니다. 그런 나를 보고 여러분이 두려움에 맞서 편안한 마음을 갖기를 원합니다. 여러분이 두려움을 제대로 이용할 수 있다면 그것은 삶의 축복입니다. 두려움을 이용하는 법을 익히면 여러분은 상상하는 그 이상의 곳으로 가게 됩니다. 두려움은 그런 화력을 가진 멋진 감정입니다."

아이오빈은 존 레논을 비롯하여 그가 만난 모든 사람은 두려움을 가졌다고 말한다. 그들이 남달랐던 건 두려움에 맞설 수 있는 용기를 지녔기 때문이다.

"존 레논이 '노동자의 영웅Working Class Hero'에서 노래하잖아요. 괴롭고 두렵더라도 멋진 생을 찾아가세요. 두려움에 짓눌려 역할을 못 한다 여길 때 그의 노래를 생각하세요. 존은 두려움을 제대로 표현하고 극복한 사람이었습니다."

존 레논의 노래를 한번 들어보자.

밤이 내려앉아 온 세상이 캄캄하고 달님만 밝게 빛나도
난 두렵지 않아요.
두려워하지 않을 거예요. 신만 곁에 있어 준다면.
곁에 있어줘요. 내 곁에 있어주세요. 내 곁에 머물러주세요.
우리가 바라보는 저 하늘이 무너져 내리고,
저 산이 바다로 무너지더라도.
난 울지 않아요. 눈물 흘리지 않겠어요. 당신만 곁에 있어준다면.

그대여, 곁에 있어줘요. 내 곁에 있어주세요. 내 곁에 머물러주세요.

"2003년 음악계에서 우리는 기로에 섰습니다. 우리는 필사적으로 과거를 옹호하고 같은 구멍을 계속 파는 행위를 하여야 하느냐, 아니면 새로운 미래로 눈을 돌려야 하느냐 하는 선택을 해야 했지요. 스물다섯 살 젊은이와 쉰다섯 살 중년이 삶을 대하는 태도는 다릅니다. 나이 들면 방향 전환이 어렵지요. 위험이 따르잖아요. 다행히 레스가 내게 영감을 주었고 나는 세상이 진화하는 방향으로 음악을 새로운 그릇에 담기로 생각합니다. 그 무렵 애플의 스티브 잡스를 만나게 된 건 정말 행운이었습니다. 스티브 잡스와 몇 년간 일하면서 많은 것을 배웠고, 새로운 것을 개척했습니다. 그들은 게임의 법칙을 바꾸고 있었습니다. 그들은 승자가 되었습니다. 스티브 잡스는 아이팟을 생각하고 있었죠. 내가 보기에 아이팟의 경우 이어폰을 제외하고는 다 좋았어요. 그래서 나는 아이팟에 어울리는 이어폰을 닥터 드레와 함께 만들었지요. 그게 비츠의 시작이었습니다. 나이 50에 새로운 삶을 시작한 것이죠. 닥터 드레와 나는 우리가 하드웨어를 팔 것이라는 생각을 한 번도 한 적이 없었습니다."

누구에게나 기회는 그렇게 갑자기 찾아온다. 중요한 것은 선택이다. 두려움을 이겨내고 멋지게 성공을 써나간 사람들의 이야기는 우리를 감동시킨다.

환상의 콤비의 특별한 선물
- 게임 체인저로 거듭나기

그는 살면서 소위 특권을 가지지 못했다. 그는 졸업생들에게 졸업장이라는 특권의 의미를 배움의 끝으로 생각하지 말고 시작으로 생각할 것을 강조한다. 졸업생들이 손에 쥔 졸업장은 운전면허증과 같은 것이라며 겸손하게 듣고 배우는 자세를 견지할 것을 당부한다. 옆에 앉은 동료보다 더 똑똑한 사람이 되는 것보다 더 열심히 살아가려는 의지가 강한 사람이 되는 게 중요하다고 말한다.

그의 제안에 따라 무대에 닥터 드레가 올라왔다. 둘은 서던캘리포니아 대학 학생들에게 멋진 선물을 한다. 70만 달러를 기부했고, 이 기부금으로 예술학교를 설립하기로 한 것이다.

"우리는 예술과 기술의 차이가 없는 세상에 살고 있지요. 우리는 여러분 같은 우수한 학생들이 위대하고 멋진 일을 준비할 수 있도록 우리의 역할을 한 것뿐입니다. 우리는 꿈을 먹는 학교를 원합니다. 세상에 영감을 주고 도전하는 정신으로 마음속을 호기심으로 가득 채워 다음 세대의 게임 체인저가 되어 주세요. 그런 자유를 마음껏 만끽하세요. 나는 오늘 윌리엄 셰익스피어나 로버트 프로스트를 인용하지 않겠습니다. 대신 내 마음속의 영원한 시인이자 시카고 출신의 가수인 R.켈리R.Kelly의 아름다운 언어로 여러분의 앞날에 은총과 평화가 있기를 기원합니다.

You're hot and fresh out the kitchen.

(여러분은 부엌 밖에서 뜨겁고 신선합니다.)

You got the entire student body here.

(여러분은 여기서 학생이라는 온전한 신체를 소유합니다.)

You got every graduate here wishing.

(여기 있는 졸업생들은 바람이 있습니다.)

Parents they might be sipping on coke and rum.

(부모님들이 콜라와 럼주를 홀짝 마시고 있을 수 있습니다.)

And they might even get a little drunk.

(졸업생들은 좀 취할 수도 있습니다.)

So what, it's their USC graduation baby.

(뭐가 어때서요. 사랑스러운 USC 졸업생이잖아요.)

And tonight they're gonna have some fun!

(그리고 그들은 오늘밤 즐기고 싶어요.)

인생이란 여정에서 어떤 시련이 닥치더라도 우리는 스스로를
지킬 용기를 가지고 있다. 나를 지키고 사회에 봉사하고 인류애
에 기여하는 용기가 있다면 아이오빈과 닥터 드레가 말한 은총
과 평화의 의미를 진정으로 이해하리라. 찬바람도 용기 있는 사
람들의 뜨거운 기를 꺾을 수 없다. 더 과감하게 창의적으로, 열
린 마음으로, 멋지게 인생을 살아가는 우리는 우정의 용사다.

＊ ＊ ＊

미래는 열려 있다. 나를 지키려는 용기를 알려준 명사들은 두

려움을 이기고 나아가는 것은 결국 우리의 몫임을 강조한다. 배는 바람을 타고 나아간다. 그렇다고 우리가 바람에만 몸을 맡길 수는 없다. 역경이란 매서운 눈보라와 비바람을 기꺼이 마주하려는 자세가 필요하다. 기술이 우리의 삶에 불확실성을 더한다 해도 결국 그 기술을 지배하는 것은 우리의 지식과 마음가짐이다. 두려움을 이긴 뒤에 갖는 결과가 크든 작든 상관없다. 성공에 대한 남의 잣대가 우리를 두렵게 만드는 시대는 저물었다. 성공의 잣대 역시 우리 스스로 세울 때다.

나를
응원하는 노래

에이미 커디

때로는 척할 필요가 있다

딱 2분입니다. 스트레스를 주는 상황에서 '척'하세요.
엘리베이터에서든 화장실에서든,
그렇게 여러분 뇌에 최면을 거세요.

에이미 커디(Amy Cuddy, 1972년 7월 27일 ~)
하버드대학교 경영대학원 교수
프린스턴대학교 대학원 사회심리학 박사

몸의 자세가 마음가짐을,
행동과 결과를 바꾼다면?

2012년 한 여성이 주장한 '자신감을 주는 자세power posing'에 대한 이야기가 인기몰이를 했다. 그 이후 동료들은 그녀의 주장이 사기라며 반박한다. 논문에 참여했던 동료 교수까지 과학적으로 증명되지 않은 이야기라고 말했다. 이에 대해 그녀가 재반박을 하는 등 논란은 가중되었다.

"얼마든지 몸이 마음을 바꿀 수 있어요. 우리가 몸에 대해서 어떻게 생각하는지는 상당히 중요합니다. 강한 자세를 통해 강한 마음을 가질 수 있어요."

진실 여부를 떠나 우울증을 앓는 이가 많은 요즘, 우리의 몸에 대해 깊이 생각해 보는 것은 나쁘지 않아 보인다. 손동작을 크게 하고 일부러라도 기쁘게 행동하는 게 우울증 치료에 효과가 있을 듯해 보인다. 그녀의 연구에 회의적인 학자들은 더 많은 증거를 제시하여 반박을 할지도 모르겠지만 말이다. 여하튼 그녀의 TED 강연을 들어보자.

"우리가 2분 동안 평소의 자세를 바꾼다면 어떤 일이 벌어질까요?"

그녀는 질문으로 강연을 시작했다. 우리는 자신의 몸에 대해서 얼마나 알고 있을까? 건강에 대해서만 생각하지 사실 자기가 평소 어떤 자세를 취하는지 별로 신경 쓰지 않는다. 지금 그녀의 강연을 듣고 있는 사람들을 보자. 누구는 구부정하게 앉아 있고, 누군가는 다리를 꼬기도 하고 다리를 감싸기도 한다. 몸을 뒤로 젖히고 있는 사람도 눈에 띈다.

강연을 떠나 평소 우리의 자세를 한번 살펴보자. 걸을 때 보폭이나 팔을 흔드는 높낮이는 사람마다 다르다. 누군가는 큰 액션을 취하면서 일부러 팔을 활짝 펼쳐 보이기도 한다. 자신감을 표출하려는 의도일 수도 있다. 그런데 정말 자세를 바꾸는 것으로 삶에 큰 변화를 가져올 수 있다면 어떨까? 그녀의 말에 혹할 것 같다. TED 강연에서 가장 인기 있는 강사 중 한 명이자 하버드 경영대학원 교수인 그녀의 이름은 '에이미 커디Amy Cuddy'다.

"내가 사람들에게 우리 몸이 마음가짐을 바꿀 수 있고, 그 마음이 행동을 변화시키고, 또 행동이 결과를 바꿀 수도 있다고 말하면 사람들은 이렇게 말하죠. '글쎄, 뭔가 속이는 것 같은데요.'라고요. 여러분은 어떠세요? 그렇게 생각하시나요?"

그녀의 주장은 자세를 바꾸어 주는 것만으로도 조그마한 변화

를 만들어 낼 수 있고, 그러한 변화가 모여 더 큰 변화를 이끌어
낼 수 있다는 것이다. 정말 그럴까?

지금 당신이 웅크리고 있다면, 그녀의 강연을 듣고 나서 에너
지가 넘치는 사람으로 자세를 바꿔 보면 어떨까? 그녀는 누군가
를 응원하는 노래를 들려주기 위해 강연자로 나섰다. 그녀가 힘
빠진 내게 큰 선물을 주지 않을까 하는 기대를 갖고 그녀의 이야
기에 귀를 기울여 본다.

우선 자신을 점검하기 위해 자세를 관찰해 보자는 그녀의 제
의를 받아들여보자. 돈 드는 것도 아닌데, 속는 셈 치고 해보는
것도 나쁘지 않을 것 같다.

인간의 의사소통은 언어적 요소 30%, 비언어적 요소 70%로
이루어진다고 한다. 외양, 행위, 제스처, 얼굴 표정, 시선 처리 등
비언어적 요소가 중요한 것은 분명해 보인다. 실제 첫인상이 그
사람에 대한 판단 기준으로 작용하기도 한다.

몸의 표현에 따라 마음이 달라진다는 얘기는 옛 성인들의 말
과도 별반 다르지 않다. 물론 마음 쓰기에 따라 몸에도 변화가
나타날 수 있다. 그녀는 언어적 소통이 아니라 자신 혹은 타인과
의 비언어적 소통의 중요성을 과학적으로 이야기하고 있다.

"내 주장이 유효하다고 보는 이유는 많아요. 사회과학자들은
소위 신체언어의 효과를 유심히 관찰하지요. 사실 우리는 외양,
행동 등으로 사람을 판단하거나 추론합니다. 그런 판단으로 사
람을 고용하거나 승진시키거나 데이트 상대를 고른다면, 실제

행동이나 외양이 삶에 중대한 영향을 미친다고 말할 수 있지 않나요? 어떤 연구자는 의사와 환자 간의 상호 반응을 찍은 무음처리가 된 동영상을 잠시 보고는 의사가 친절하다고 판단했어요. 누군가는 선거에 나선 후보의 얼굴 표정만을 초 단위로 보고 선거 결과를 점치기도 합니다. 디지털 세상에서 이모티콘을 잘못 사용하면 협상을 그르칠 수도 있습니다. 이처럼 우리는 다른 사람의 신체언어에 많은 관심을 가집니다. 비위를 맞추어야 할 때도 우리는 '척'합니다. 어쨌든 자신감이 넘치는 표정을 짓는 사람은 신뢰하게 되죠. 그렇다면 여러분은 스스로의 신체언어에 얼마나 관심을 가지고 있나요? 나는 사회과학자로서 편견을 공부해요. 힘의 역학에도 관심이 많습니다. 특히 강하고 우월해지기 위한 비언어적 표현에 관심이 많아요. 인류의 오랜 역사 속에서 자신의 우월함을 보이려는 영장류의 신체언어는 늘 존재했습니다. 동물의 세계도 그러했고 인간의 세계도 그러했지요. 스포츠 경기에서 승리하는 사람들의 자신감 어린 표정을 보세요. 피니싱 라인에 제일 먼저 들어오는 사람은 턱을 치켜들고 V자를 그리며 팔을 활짝 펼쳐 보이죠. 그런 모습은 의기양양함을 표현하는 것이에요."

'척'하다 보면 요령이 생기고
그게 태연한 행동이 된다

반대로 힘이 없을 때는 정반대의 행동을 한다. 얼굴을 푹 숙이거나 스스로를 감싼다. 마음이 작아질 때는 행동도 작아진다. 동물이건 사람이건 마찬가지다. 누군가가 힘이 너무 세면 우리는 대개 위축된다. 상대의 당당한 모습이 우리에게 거울 효과(동조 현상)를 일으키는 것이 아니라 오히려 우리를 주눅 들게 한다. 이는 심리를 반영한 자연스러운 행동일 것이다. 그렇기 때문에 더더욱 행동을 의식할 필요가 있는지도 모르겠다. 경쟁 사회에서 내가 좀 뒤처지는 느낌이 들었을 때, '괜찮아. 다음에 잘할 수 있어.'라고 자신에게 최면을 걸고 크고 자신감 넘치는 행동을 취한다면 상대는 당신을 달리 보게 될 것이다.

"나는 수업시간에 사람들의 행동을 지켜봅니다. MBA 학생들은 대개 자신감 넘치는 행동을 보여줍니다. 수업을 시작하기 전에 교실에 들어와서 정중앙에 앉으며 기지개를 크게 펴고, 손도 번쩍 들어 질문을 하지요. 그런데 다른 학생들은 그렇지 않아요. 얼굴 표정도 그렇고 신체언어도 작아요. 손도 높이 올리지 않죠. 남녀 간에 차이도 있어요. 여성은 남성보다 힘이 덜 세서 그런지 행동을 작게 경우가 많죠. 그런데 이런 행동의 차이가 수업 참여율과 연결되지요. MBA 학생들의 성적을 낼 때 참여율을 고려하는데 남녀의 성향이 어느 정도 영향을 미치니 고민이 될 수밖에 없습니다."

이런 경우 어떻게 해야 할까? 성향을 숨기고 소위 '척'해 보면 어떨까? 안면몰수하고 큰 목소리로 큰 행동으로 의기양양한 척 행동하고, 수업에 더 적극적으로 참여해야 하지 않을까? 커디 교수는 '척'에 관심이 높다. '척'하다 보면 요령이 생기고 그게 자연스러운 행동으로 굳어져, 더 이상 척하지 않아도 되고 마음이 편안하게 될 수 있다고 생각한다.

그녀는 버클리 대학교의 한 교수와 이에 대한 실험을 하고 '척'이 효과가 있다는 것을 입증했다. 즉, 행동이 마음을 지배하는 데 큰 영향을 미친다는 것이다.

"나 자신을 최고로 이끌기 위해서는 '프레전스presence'가 중요합니다. 프레전스란 자신의 진정한 생각, 느낌, 가치, 잠재력을 최고로 이끌어낼 수 있도록 조정된 심리 상태입니다. 그렇다고 하루 종일 프레전스를 켜놓을 필요는 없습니다. 다만 자신을 드러내야 하는 결정적인 순간에 그 상황과 자기 자신을 연결해야 될 때 '프레전스'를 아는 것이 도움이 됩니다. 결과에 연연하지 않더라도 결과가 좋을 수 있죠. 내가 강력한 존재란 걸 느끼기 위해, 여기서 나를 최고로 이끌기 위해 우리를 조금 속이는 겁니다. 아주 최소한의 노력으로 강력한 힘을 발휘하는 팁이 바로 '자세의 변화'입니다. 몸이 바뀌면 나를 지배하는 생각도, 마음도 달라진다는 것이죠. 어깨를 펴고 팔을 벌리는 자세만으로도 당신의 호르몬이 바뀌고, 실제로 자신감이 가득 차게 됩니다. 자신의 힘을 가장 잘 발휘해야 하는 순간마다 힘이 넘치는 자세를 취해 보세요. 내가 있는 그 자리에 어울리는 사람이 될 때까지 그런 '척'을 하세요. 언젠가 그렇게 되어 있을 겁니다."

힘 있는 척하는데
호르몬이 바뀐다면?

대개 힘이 있는 사람들은 단호하고 자신감이 넘치고 낙천적이다. 위험도 감수하는 경향이 높다. 이런 사람들은 남성 호르몬인 테스토스테론이 많이 분비된다. 반면 스트레스를 받으면 분비되는 코르티솔은 그다지 분비되지 않는다. 이 역시 표정 변화나 역할 변화에 따른 호르몬 분비의 변화를 관찰한 실험을 통해 입증되었다. 2분간의 자세 교정을 통해 힘이 센 느낌을 줄 수 있다는 것도 실험으로 보여 주었다. 자세가 위험을 수용하는 능력에도 영향을 미치는지도 실험하였는데, 힘 세 보이는 자세를 자주 취하는 경우 내기나 도박을 할 확률이 훨씬 높게 나타났다.

실제 그녀는 자신의 경험을 통해 이를 입증하기도 했다. 그녀는 교통사고를 크게 당한 후 누구보다 똑똑했던 자신의 정체성에 혼란을 겪고 힘들어했다. 남들보다 4년이나 늦게 대학교를 졸업하고 대학원 과정 중 '난 여기에 있을 자격이 있는가' 하는 부정적인 생각을 하게 된다. 더 이상 학업을 이어갈 수 없어서 그만두려고까지 했다.

"나는 스무 명의 학생들 앞에서 20분간 발표를 해야 했어요. 너무 두려워서 교수님께 전화를 걸어 못하겠다고 말했지요. 그런데 교수님께서 '넌 포기하지 않을 거야. 넌 그곳에서 임무를 완수하는 너 자신을 보게 될 거야. 잘하는 척하면 돼. 공포에 질려도 마비가 오는 것 같아도 그냥 하고 또 해. 그러다 보면 어느 순간 정말 잘하고 있을 거야.'라고 말씀하셨어요. 지도 교수님의 말씀 덕분에 그렇게 될 때까지 노력했고, 정말로 그렇게 되어 있는 내 자신을 발견하게 되었습니다."

'내가 이 자리에 어울리는 사람인가', '과연 내가 이걸 해낼 수 있을까' 하는 생각은 저 멀리 사라지고, 자신감 넘치는 자신이 남은 것을 발견했을 때 그녀는 얼마나 기뻤을까? 그녀는 하버드 대학교 교수가 되었고, 더 이상 이 자리에 어울리는 사람이 아니라는 말을 내뱉지 않게 되었다. 그녀의 이야기를 듣고 우리도 스스로에게 최면을 걸어보면 어떨까 생각하게 된다. '나는 할 수 있어.'라고 최면을 걸고 스스로를 응원하는 것이다. 물론 아무 노력도 하지 않고 긍정의 심리만 가져서는 안 된다. 노력과 함께 스스로에게 자신감을 불어넣는 행동을 취하라는 얘기다.

"하버드 대학에서 첫해를 거의 끝내는 시기였어요. 한 학기 동안 수업에서 한 마디도 안 한 학생이 있었죠. 내가 그랬어요. 수업에 참여하지 않으면 과목 이수 통과가 어렵다고요. 그 학생이 내 사무실에 왔어요. 사실 나는 그녀를 전혀 모르고 있었어요. 그녀는 완전히 패잔병 같은 얼굴로 내게 말했죠. '나는 이 자리에 어울리는 사람이 아닌 것 같아요.' 그 순간 뭔가 나를 친 느낌이 들었어요. 바로 과거의 나의 모습이잖아요. 나는 두 가지를 느꼈어요. 더이상 내가 그런 생각을 안 한다는 것과 그녀가 나처럼 '척'하면서 살면 그녀 역시 나처럼 될 수 있다는 것을요. 그래서 나는 그녀에게 말했어요. '너는 여기 어울리는 사람이야. 내일 너는 '척'하는 거야. 그러면 너는 힘을 얻게 될 거야. 교실로 가서 최고의 의견을 내는 거야.' 정말 그녀는 최고의 의견을 냈습니다. 사람들은 그녀를 쳐다보게 되었지요. 몇 개월 후 그녀는 나를 찾아왔어요. 나는 그녀가 한번 성공하려고 '척'하지 않았고 완전히 숙련될 때까지 '척'했다는 것을 알았어요. 그래서 그녀에게 다시 말했어요. '그래, 네가 완전히 그렇게 될 때까지 충분히 '척'해. 그리고 그것을 내면화해서 너의 것으로 만들어.'"

'척'해 보라는 그녀의 조언에 고개를 끄덕이게 된다. 과학적 정밀성은 차치하고 그렇게 행동해 보는 게 나쁘지만은 않아 보인다. 객석에서 많은 사람이 박수를 친다. 강연은 클라이맥스로 치닫고 그녀는 마지막 말을 남긴다.

2분의 기적을 공유하는
아름다운 마음

"딱 2분입니다. 스트레스를 주는

상황에서 '척'하세요. 엘리베이터에서든 화장실에서든 그렇게 뇌에 최면을 거는 것입니다. 그러면 테스토스테론은 올라가고 코르티솔은 내려갑니다. 절대 그 상황을 피하려 하지 말고 기꺼이 맞이하세요. 자, 이제 여러분에게 부탁할 것이 있습니다. 우선 힘을 과시하는 포즈를 취하시고요, 내가 말씀드린 과학을 공유하세요. 이 쉬운 방법을 많은 사람이 알게 해야 합니다. 세상에는 자원도 기술도 지위도 힘도 약한 사람이 너무 많아요. 이 교훈을 나누어주세요. 그들이 힘 있게 사용할 수 있도록 부탁드립니다. 몸과 프라이버시, 그리고 2분이 있으면 됩니다. 그 2분이 그들의 삶을 크게 바꿀 것입니다."

독일의 철학가 발터 벤야민Walter Benjamin은 예술 이론에서 '아우라'라는 말을 사용했다. 흉내 낼 수 없는 고고한 분위기를 이르는 말이다. 사람에게도 그런 아우라가 있다. 벤야민은 아우라를 '유일하고도 아주 먼 것이 아주 가까운 것으로 나타날 수 있는 일회적인 현상'이라고 정의하였다. 그렇게도 먼 것이 친숙하게 느껴질 수 있는 것은 '시간과 공간의 기이하게 얽힌 짜임'에 기인한다. 사실 원과 근은 서로 상반되는 개념이고, 먼 것은 접근할 수 없다. 벤야민은 원과 근의 동시성, 그 유착을 인식하고 경험하고자 했다. 이로 인해 나타난 것이 '아우라'이다.

당신이 어느 연예인을 좋아한다고 하자. 그녀 혹은 그에게서 '감히 다가갈 수 없는 아우라'를 느낄 수 있다. 그런데 그 아우라는 타고나지 않더라도 자기 최면과 수많은 노력 끝에 '척'의 결과로 나타날 수 있는 것이다. 다만 그 '척'하는 행위는 '척'이 '온전한 행동'이 될 때까지 그만두어서는 안 된다.

본인에게 최면을 거는 '척'하기는 자신을 응원하는 마음에서 우러나오는 것이다. 남을 해치려고 '척'하는 것이 아니기에 남과 척을 질 이유도 없다.

하지만 때로는 '척'하지 말자. 있는 그대로의 당신을 보여주는 것도 중요하다. 슬플 때는 엉엉 울고, 화날 때는 샌드백을 실컷 두들겨 보자. 앙겔라 메르켈Angela Merkel 독일 총리와 테레사 메이Theresa May 영국 총리의 눈가에는 주름이 자글자글하다. 수수한 옷차림의 메르켈 총리든 화려한 옷차림으로 유명한 메이 총리든 주름살이 많은 건 같다. 누군가는 '국민 앞에 나서는데 보톡스로 주름을 줄이지.'라고 생각할 수 있다. 리더의 얼굴에 새겨진 주름은 그가 타인의 감정을 느끼며 살아왔다는 '아름다운 증거'로 해석할 수 있다. 보톡스로 주름을 펴면 국민과 커뮤니케이션하는 능력이 손상될 수 있다는 주장이 그래서 제기된다. 보톡스 맞고 젊은 척할 수 있지만, 있는 그대로 보이는 것도 좋지 않을까. 에이미 커디는 말한다.

"당신의 눈가 주름을 친절하게 대하라. 잔주름도 당신을 친절하게 대할 것이다. 그 잔주름은 당신이 한결 쉽게 다른 사람들을 친절히 대할 수 있도록 만들어 줄 것이다."

주름을 없애겠다고 감정을 메마르게 하는 실수는 하지 말라고 그녀는 권고하고 있다. 다만 우리는 가치 있는 일에는 여전히 '척'할 필요가 있다. 그러면 당신의 호르몬이 조절되고 신기한 일이 벌어질 것이다. 오늘도 당신을 응원하는 누군가의 노래가 있어 행복한 시간이다. 그런 최면은 단꿈을 꾸게 하는 특효약이다.

로버트 쉴러

더 나은 나와 좋은 사회를 만들기 위한 분투

예수께서 이런 말씀을 하셨습니다. '그러므로 무엇이든지 남에게 대접을 받고자 하는 대로 너희도 남을 대접하라.' 이 구절은 세월이 흘러도 변하지 않는 진리입니다.

로버트 쉴러(Robert Shiller, 1946년 3월 29일 ~)

예일 대학교 경제학과 교수

매사추세츠공과대학(MIT) 대학원 경영학 박사

2013년 노벨경제학상 수상

새로운 금융시대를 여는
젊은 그들

한 나사 제조 중소기업을 경영하는 아버지를 둔 아들이 있다. 그는 아버지가 주거래 은행의 음모에 빠져 자살하는 것을 목격한다. 아들은 아버지를 그렇게 만든 은행원에게 복수하기 위해 그 은행에 입사한다. 그가 은행원이 된 데는 아버지를 위한 복수 외에 다른 이유도 있었다. 은행을 사람들의 아픔을 먹고사는 곳이 아니라 진정으로 사람들을 도울 수 있는 곳으로 만들기 위해서였다. 중소기업 대출을 맡은 그는 자신의 신념을 관철해 나간다. 시청률이 제법 높았던 한 일본 드라마 내용이다.

인간의 발명품인 금융은 불안정하기도 하고 때로는 포악하기도 하다. 국경을 넘나들며 사악한 모습을 보이기도 한다. 금융업과 금융 자본의 비중이 현저히 커져 있는 오늘날, 국경 없이 자유자재로 자본이 넘나들기도 한다. 이러한 현실에서 금융의 사회적 성격을 고려하고 이익의 사유화 과정에 있어서의 모순을 완화하기 위해 더 많은 국가가 제대로 된 제도적 장치를 마련해야한다는 목소리가 세계적으로 높아지고 있다. 더 민주적이고 더인간적인 금융 시스템이 우리 삶에 폭넓게 스며들어야 한다는주장이다. 시민들이 공격적이고 이기적으로 행동하는 금융기관의 피해자가 되는 게 아니라 현대 금융 자본주의의 참여자로 나설 수 있어야 한다고 강변한다.

이는 노벨 경제학상을 수상한 로버트 쉴러Robert Shiller의 주장과 맞닿아 있다. 그는 금융 전공자들을 대상으로 한 연설에서 금융의 제대로 된 역할에 대해서 이야기한다.

"금융을 포함하여 여러 분야에 진출하는 여러분의 건승을 기원합니다. 여러분이 배운 금융 이론, 수학, 경제학, 통계학이 여러분의 직업에 도움이 될 것입니다. 역사, 철학, 문학도 여러분의 전공만큼 중요합니다. 이러한 공부를 등한시하면 여러분은금융이라는 수단을 올바르게 사용하지 못하게 됩니다. 금융의사회적 목적에 대한 시각을 제대로 견지하기 위해서는 인문학을공부해야 합니다. 그래야 나름의 철학을 갖출 수 있습니다. 나는이러한 학문을 바다로 비유하고 싶습니다. 금융이 바다에 제대로 정착함으로써 비난의 대상이 되지 않고 희망의 대상이 되기를 바랍니다. 여러분은 2008년 글로벌 금융 위기 발발로 금융이대공황 이래 세계 경제를 최악의 위기 속으로 몰고 간 아픔을 기억하고 있을 것입니다."

금융은 오랫동안 시장 민주주의를 번성하게 했다. 그러나 지금 금융에 대한 불신이 세계적으로 만연한 상황이다. 2011년 뉴욕에서 출발한 '월스트리트를 점령하라'는 구호는 공격적이었으나 저항은 평화로웠다. 이 사건은 금융을 포함한 '비즈니스와 좋은 사회' 간에 대중이 느끼는 거리감의 표출이었다. 그 간격을 안타깝게 느꼈는지 쉴러 교수는 금융기관의 잘못된 관행을 개혁하는 데 학생들이 앞장서기를 바란다고 말한다.

"금융을 포함한 비즈니스는 좋은 사회를 만드는 일부여야 합니다. 비즈니스가 누군가에게 경멸의 대상이 되어야 하겠습니까? 누군가는 기업이 이윤에만 몰두하는 건 사람에 대한 관심이 부족하기 때문이라고 말합니다. 1930년 대공황 이래 이윤보다 사람이 중심이 되는 경제를 만들자는 게 진보주의자들의 슬로건이었습니다. 물론 전통경제학에서 기업은 이윤을 추구합니다. 이윤을 사회에 유용한 재화나 서비스를 제공하는 성공의 척도로 생각합니다. 하지만 혹자들은 기업이 이윤에만 지나치게 초점을 맞추는 것을 기업 운용 방향의 잘못된 신호로 보기도 합니다. 그들은 기업이 좋은 사회를 만드는 데 기여하기를 원합니다. 그래서 기업의 사회적 책임이나 환경보호, 근로자 후생 증진과 같은 이야기가 나옵니다.

좋은 사회란 19세기에 만들어진 개념입니다. 좋은 사회는 타인에 애정을 가진 사람들, 건전한 가정과 제대로 교육받은 아이들, 국가에 충성하는 시민이 존재하는 사회입니다. 좋은 사회에 사는 사업가들은 서로를 위하는 방향으로 고상하게 경제 활동을 하고 성숙한 시민의식을 보입니다. 우유를 예로 들어 설명해 보겠습니다. 우리는 우유가 당연히 건강에 좋고 안전하다고 생각합니다. 그 이유가 정부가 지속적으로 위생 상태를 점검하고, 신선한 우유를 제공하지 않는 공급자에게 과한 수준으로 벌금을 부과해서인가요? 아닙니다. 좋은 사회에서는 인간 본연의 사업가로서의 양심을 신뢰합니다.

여러분이 이용하는 ATM에서 돈을 빼내는 행위도 마찬가지입니다. 은행계좌에 대한 신뢰가 담보되었기에 여러분은 안심하고 금융거래를 하는 것입니다. 사업가의 상도를 믿는 것이지요. 그런데 요즘 세상을 보세요. 금융을 포함하여 기업과 좋은 사회 간의 간극이 너무 심하게 벌어져 있습니다. 금융위기 때 금융기관이 받은 천문학적인 구제 금융 액수를 생각해 보세요. 금융위기 이후 비즈니스 세계에서 가장 비난을 받는 이들이 금융업에 종사하는 사람들입니다. 그들은 지나치게 이윤에 집착합니다. 전혀 생산적이라 할 수 없습니다. 그래서 갱단gangster에 비유하여 약탈적 금융가bankster란 말이 나온 것입니다. 미래의 주인공이 될 여러분은 금융의 생산적 역할과 포용적 역할에 더욱 집중할 필요가 있습니다."

좋은 사회와
이를 위한 황금률

        그는 오늘날 수많은 사람을 빚더미에 오르게 하고 혼란을 초래한 잘못된 대출 관행을 개선해야 한다고 주장한다. 개발도상국의 저소득층이나 금융소외 계층이 금융 서비스를 제대로 이용할 수 있는 금융 포용성에 관심을 갖기를 주문한다. 벤처캐피털의 적극적 역할과 크라우드 펀딩을 통한 새로운 사업의 성장 가능성도 강조한다. 금융위기 이후 또 다른 위기를 방지하기 위한 일련의 금융개혁 사항을 국제사회가 조속히 합의하여 실천할 것을 역설한다. 연금 개혁을 통한 세대 간 분담 문제의 조속한 해결도 권고한다. 금융이 실물을 뒷받침하지는 않고 파생상품이나 난해하고 복잡한 상품을 만들어 투전판을 만든 것에 강한 불만을 제기한다.

    "여러분은 '자산버블'이 경제에 얼마나 해로운지를 목격했습니다. 자산버블의 지속적 발생은 금융 시스템에 대한 불신을 조장합니다. 연일 사상 최고를 갱신하는 주식시장이 위험하다고 생각하지는 않나요? 비트코인이 아무리 신기술과 혁신의 산물이고 개인 간 거래에 사용될 수 있다 하더라도 또 다른 버블의 성격을 띠고 있는 것은 아닌지 생각해 보시기 바랍니다. 너무 변동성이 심해서 화폐로서의 안정성을 갖추지도 않은 채 스토리로 질주했던 것은 분명히 문제가 있어 보입니다. 가치와 무관하게 값이 오르는 것을 알면서도 광분하여 불나방처럼 뛰어들어서는 안 됩니다. 비트코인에 전 재산을 건 어느 유럽 가정의 이야기를 들었을 때 씁쓸한 마음이 들었습니다.

비이성적 과열이 야기하는 참혹함은 사람을 황폐하게 만듭니다. 버블은 터져 보아야 아는 것이고, 폭탄 돌리기의 끝은 생각보다 오래가기도 합니다. 자본주의가 아무리 약육강식의 원리로 이루어진다 하더라도, 우리는 좋은 사회를 이루기 위한 기업가의 역할을 저버려선 안 됩니다. 좋은 사회에 걸맞은 금융시스템을 만들어야 합니다. 이 사회가 1:99의 대결로 치달아서도, 금융가의 탐욕을 당연한 것으로 생각해서도 안 됩니다. 여러분이 사회에 나가 새로운 금융 시대를 열어주십시오. 금융의 혜택을 사회 구석구석으로 확대해 주세요. 버블을 경계해 주세요. 좋은 사회를 만드는 데 일조해 주세요. 그러면 금융에 대한 신뢰가 회복될 것입니다."

로버트 쉴러는 좋은 사회의 특성을 사람들이 '서로 입장을 바꿔 생각하는 황금률을 지키는 사회'로 설명한다. 황금률은 예수가 산상수훈山上垂訓 중에 보인 기본적 윤리관으로, 남에게 대접을 받고자 하는 대로 남을 대접하라는 가르침을 이르는데, 3세기 로마 황제 세베루스 알렉산데르Marcus Aurelius Severus Alexander Augustus가 이 말을 황금에 새겨 거실 벽에 붙인 데서 '황금률'이란 말이 유래했다. 로버트 쉴러의 이야기를 들어보자.

"'그러므로 무엇이든지 남에게 대접을 받고자 하는 대로 너희도 남을 대접하라.' 이 구절은 세월이 흘러도 변하지 않는 진리인 황금률입니다. 변하지 않는 황금처럼 예나 지금이나 변함없는 진리의 말씀인 이 황금률이 인간관계를 포함한 모든 사회관계에서 가장 중요한 원리가 되어야 합니다."

황금률을 갖춘 회사는 소비자를 행복하게 하고, 사회에 큰 유익함을 제공한다. 상대방의 입장에서 상대방이 대접을 받고자 하는 대로 대접하는 사회가 바로 로버트 셜러가 말하는 좋은 사회이다. 그는 유대교, 이슬람교, 힌두교, 불교에서도 성숙한 인간들의 삶은 황금률의 법칙이 지배했음을 강조한다. 이런 동화가 있다.

한 소녀가 궁전에 들어가고 싶어 매일 몸을 단장했다. 궁전의 열쇠는 주어지지 않았다. 하루는 궁전 문지기가 소녀에게 귀띔했다. "남을 위해 사랑을 실천한 사람에게 열쇠를 준단다." 소녀는 그날 늙은 거지를 도와주었다. 그리고 궁전으로 달려가 열쇠를 요구했다. 그렇지만 열쇠는 주어지지 않았다. 소녀는 낙심해 힘없이 집으로 걸어갔다. 그때 강아지 한 마리가 덫에 걸려 신음하는 모습을 보았다. 소녀는 정성을 다해 강아지를 덫에서 풀어주었다. 소녀의 손과 발에서는 피가 흘렀다. 그때 궁전 문지기가 나타나 열쇠를 주었다. 소녀가 놀라며 말했다. "열쇠를 얻기 위해 강아지를 구해준 것이 아닙니다." 그러자 문지기는 말했다. "선행을 베풀고 있다는 사실을 잊은 채 남을 돕는 사람에게 열쇠를 준다."

진정한 선행과 봉사는 대가를 바라지 않는다. 아름다운 선행과 봉사는 감추어질 때 더욱 빛난다.

생각의 전염성에 관한
소고

　　　　　　　　로버트 쉴러는 잘못된 생각의 전염이 버블을 만들고, 시장에 잘못된 신호를 주는 것은 물론, 좋은 사회를 건설하는 데 해가 된다고 강조한다.

"정부와 언론은 반짝 상승하는 주식시장을 대서특필하면서 경기가 완전히 회복된 것처럼 분위기를 조장합니다. 경기가 아직 불안한데도 불구하고 경기 활성화를 예단하면 시장과 경기 회복이 더 빨리 진전될 것이라는 막연한 기대와 자신감이 사회에 만연하게 되지요. 주택 가격이 치솟으면 사람들은 '더 이상 오르지 않을 것'이라고 판단하는 게 아니라 '지금 사야 돼. 더 오를 거야.'라며 추가 상승을 기대합니다. 많은 사람이 같은 생각을 하면서 기대감은 불길처럼 점점 번지고 여기에 언론이 기름을 붓는 역할을 합니다. 생각이 전염되어 버블이 만들어지는 것입니다."

그는 경제 위기를 해결하기 위해서는 정부가 빗나간 시장 심리를 바로잡아야 한다고 주장한다. '금융 민주주의'를 해법으로 제시하며 정부의 시스템 정비가 근본적인 해결책이라는 설명을 덧붙였다. 정부가 금융제도를 개혁하고, 국민이 올바른 방향으로 재무관리를 하도록 총력을 기울여야 한다는 것이다. 그의 말을 듣다 보니 우리가 버블을 만드는 생각을 버리고 황금률을 갖춘 좋은 사회를 일구는 생각을 할 수는 없을까 하는 의문이 든다. 한 사람 한 사람이 세상을 바꾸는 생각의 밑천이 되는 것을 꿈꿀 수는 없나.

마침《우분투Ubuntu》라는 책이 생각난다. '우분투'는 '나는 당신과 우연히 만났고, 필연적으로 연결되어 있다.'는 뜻이다. 나눔과 공유의 미학을 담고 있다. 인간의 긍정성과 부정성이 어떻게 다른 사람에게 영향을 끼치고 다른 사람으로부터 영향을 받는지를 과학적인 실험 사례를 통해 보여준다. 그렇다. 우리의 생각이 때로는 세상을 변화시킨다. 흔히 사람의 얼굴 표정은 그 사람의 마음을 그대로 보여준다고 한다. 우리는 많은 시간을 함께 보내는 주변 사람들의 감정에 동화되기 쉽다. 지독한 감기에 전염되는 대신 친구의 유쾌한 기분이나 직장 동료의 건강한 습관에 전염될 수 있다면 멋지지 않을까? 혹자는 누군가에게 그저 웃어주는 것만으로 행복을 전파할 수 있다고 말한다.

비슷한 개념으로 '거울 뉴런'이라는 게 있다. 이는 이탈리아 파르마 대학의 리촐라티Giacomo Rizzolatti 교수가 발견한 것으로, 타인의 행동이나 의도 또는 감정을 머릿속에서 추측하고 따라하는, 공감 능력을 담당한다고 알려진 신경세포이다. 거울 뉴런으로 인해 우리는 상대방의 표정이나 몸짓과 어떤 상황에서 얻은 정보를 부호화하여 즉각적으로 상대방의 의도를 읽어낼 수 있고, 사회구성원들 사이에 공감을 형성할 수 있다.

거울 뉴런은 인간이 지구상에서 가장 우수한 생명체로 자리 잡을 수 있었던 중요한 이유를 알려주기도 한다. 북극곰은 추위를 이길 수 있는 두꺼운 털을 갖기 위해 수만 년의 진화 과정을 거쳐야 했다. 반면 이누이트 소년은 아버지가 하는 동작을 보고 몇 십 분 만에 털가죽 옷을 만들어 입었다. 수만 년에 걸쳐 이뤄진 일을 수십 분 만에 가능하게 하여 생존력을 높인 것이 바로 거울 뉴런의 효과다.

이윤에 혈안이 된 금융을 보면 사회가 잘못된 생각에 전염되어 있다는 느낌이 들기도 한다. 금융이 하나의 산업이 아니라 실물을 보조하는 수단에 불과하다 해도 금융은 사회에 긍정적 역할을 해야 한다. 하물며 금융을 하나의 산업으로 보는 경우에는 금융이 긍정적 생각을 전염시킬 수 있도록, 정부가 나서서 금융 자체를 혁신하고 제대로 된 금융 산업을 육성해야 한다.

"금융은 이 사회가 진보하는 데 많은 기여를 했습니다. 인류 문명을 몇 단계 발전시킨 주춧돌 역할을 했습니다. 지금 금융이 비난을 받고 있지만 좋은 사회를 다시 재건하기 위해서는 금융의 제대로 된 역할이 반드시 필요합니다. 금융 없이 더 나은 사회로의 진보는 불가능합니다."

쉴러 교수의 말을 들으며 이제 금융이 사회에 미치는 부정적 영향을 최소화하고 긍정적 영향을 극대화하는 새로운 금융 시대를 열도록 다함께 노력해야겠다는 생각이 든다. 황금률을 생각하는 좋은 사회 건설을 위해 '생각의 전염', '우분투', '거울 뉴런'에 대해 이야기를 나누어보자.

내 삶을 응원하는
거울 뉴런

생각의 전염, 우분투, 거울 뉴런의 공통점은 우리가 주변 사람들에게 영향을 받기 쉽다는 점을 인식한 것이다. 드라마를 보면서도 눈물이 나고 감정이 이입된다. 사람은 감정의 동물이라 그렇게 되는 것은 당연하다. 몇 해 전 대한민국을 감동시킨 〈미생〉이란 드라마가 있었다. 주인공은 바둑만을 세상의 전부로 생각한 친구다. 그는 프로 바둑 입문에 실패하고 비정규직으로 직장에 들어간다. 요즘 젊은이의 삶을 대변한 드라마의 주인공 장그래 이야기는 많은 사람의 공감을 샀다. 혹시 젊은 시절부터 빚쟁이 인생을 살거나 한탕주의에 물들어 잘못된 금융 행위로 고생하는 젊은이가 있다면 이 드라마를 보기를 권한다. 스스로를 반성할 수 있고 스스로에게 긍정의 에너지를 불어넣을 수 있을 것이다. 기성세대라면 이 드라마를 보면서 한 젊은이가 똑바로 살기 위해 애쓰는 모습에 감동받을 수 있다. 요즘 젊은이들을 이해하고 응원하고자 하는 생각이 저절로 든다. 드라마 〈미생〉의 주제가 '날아'의 가사를 음미하며 모든 어른이 그런 '생각의 전염', '거울 뉴런', '우분투'의 효과로 젊은이들에게 날개를 달아주는 상상을 해본다.

　모든 것이 무너져 있고, 발 디딜 곳 하나 보이질 않아.
　까맣게 드리운 공기가 널 덮어 눈을 뜰 수조차 없게 한대도,
　거기서 멈춰 있지 마.
　그곳은 네 자리가 아냐. 그대로 일어나 멀리 날아가기를.
　얼마나 오래 지날지 시간은 알 수 없지만 견딜 수 있어.
　날개를 펴고 날아.
　결국 멀리 떠나버렸고 서로 숨어 모두 보이질 않아.
　차갑게 내뱉는 한숨이 널 덮어 숨을 쉴 수조차 없게 한대도,
　거기서 멈춰 있지 마.
　그곳은 네 자리가 아냐. 그대로 일어나 멀리 날아가기를.
　얼마나 오래 지날지 시간은 알 수 없지만 견딜 수 있어.
　날개를 펴고 날아.

　노래를 듣는데 요즈음 젊은이들의 어려움이 느껴져 마음 한 편이 아려온다. 세상을 헤쳐 나가는 것은 젊은이들 각자의 몫이다. 그러나 우리가 진정 그들을 응원하는 마음으로 '금융의 역할과 좋은 사회'를 생각하듯, '청년 문제 해결과 좋은 사회'를 연결시켜보자. 한 사람 한 사람이 진정으로 청년 실업 문제에 관심을 갖고 보다 근원적인 방법으로 문제를 해결하려 할 때 우리는 더 좋은 사회를 건설할 수 있지 않을까. 청년 실업이라는

경제 문제가 '생각의 긍정적 전염'을 통해 해결될 수 있다면 얼마나 좋을까.

"거울 뉴런에 대해 깊이 생각하는 태도는 젊은이들에게도 도움을 줄 것입니다. 거울에 비친 나와 우리 사회의 모습이 얼마나 건강한지를 생각해 보세요. 사실 청년 문제를 해결하기 위해서는 우리 사회를 더 건강하게 바꾸는 시스템을 만드는 것 못지않게 어른들이나 젊은이의 생각을 바꾸는 것이 중요합니다. 우리 모두가 자신과 자기 자식만 잘살면 된다고 생각하고 있잖아요. 그 생각이 퍼져 우리의 삶은 더욱 피폐해지고 서로가 서로를 죽이는 죄수의 딜레마에 빠지는 것입니다.

어른들이 자기 자식만 생각할 게 아니라 다른 가정과 다른 사회도 생각하는 마음을 가지는 것이 미국의 저널리스트인 월터 리프먼Walter Lippmann이 말하는 좋은 사회The Good Societ로 가는 지름길입니다. 생각의 전염은 금융위기에만 적용되는 것이 아닙니다. 우리 모두의 사회를 더욱 좋게 하는 데 유효한 도구입니다. 한 사람의 긍정이 다른 사람에게 응원이 됩니다. 우리는 그렇게 나를, 더 나아가 다른 사람을 응원하는 노래를 불러야 합니다."

로버트 쉴러가 리프먼의 이야기를 통해 학생들에게 말하려는 건 뭘까? 좋은 사회와 멀어지는 인간의 탐욕을 말하는 것이 아닐까? 리프먼이 꿈꾼 세상과 우리의 현실을 비교해 보니 씁쓸한 생각이 든다.

생각의 전염과 거울 뉴런의 교훈이 알려주는 나를 응원하는 방법은 무엇일까? 삶의 유익함을 주는 사람들과 어울려 그들의 긍정적 에너지를 흡수하고 나 자신의 정체성을 잃지 않는 것이다. 부화뇌동하지 않고 언젠가는 나도 저 하늘을 훨훨 날 수 있다는 희망을 갖고 하루하루에 의미를 부여하며 살아보자.

오늘날 우리의 시장과 금융에 대하여 로버트 쉴러 교수의 입장에서 다시 생각해 본다. 시장의 진정한 가치는 이론적으로 규정하기 힘들다. 그것을 대중 입장에서 계산하는 것은 더더욱 어렵다. 흔히 대중은 시장의 가치에 대해 판단을 내릴 때 어떤 기준점을 찾는다. 이것을 '심리적 앵커'라 한다. 어떤 상태를 유발하는 외부적인 자극을 의미한다. 주식시장에서의 앵커는 바로 전날의 가격, 과거의 가격 추이가 될 수 있다. 그러나 그렇게 주식시장이 움직인다면 누구나 돈을 벌 것이다. 사람들은 관심사에 따라 각기 다른 앵커를 사용한다. 누군가는 이것이야말로 인간의 비합리적이고 비이성적인 면모를 여실히 보여주는 사례라 말한다.

잘못된 생각의 전염의 덫에 빠진 결과는 도처에 널려 있다. 잘못된 무리 짓기 행위 역시 비합리성을 보여주는 대표적인 사례다. 지난 글로벌 금융위기를 생각해보자. 그때 수많은 미국인이 부동산과 주식은 일단 사면 계속 오른다는 집단적 착각에 빠지지 않았던가! 그로 인해 가공할 만한 돈이 투여되었고 후유증은 오래갔다.

비합리적이고 비이성적인 무리 짓기에서 벗어날수록 우리의 마음에 평화가 온다. 우리 모두 긍정의 심리를 보여주는, 나를 응원하는 사람들과 어울리면서 그 옛날 좋은 사회를 이루고자 한 선각자들의 모습을 떠올려보자. 확실히 행복한 생각이 전염되는 느낌이 든다. 진실이 없는 열차 칸에서 창밖에 비친 거짓으로 전염된 도시가 사라지는 느낌이 몰려온다.

의로운 길과 고독한 자아

누가 그대에게 일을 구하라 했나요.

여러분은 여러분 스스로 일을 창조할 수 있습니다.

여러분은 일을 찾아 여기저기를 헤매는 사람이 아닙니다.

여러분 한 사람 한 사람이 기업가입니다.

무하마드 유누스(Muhammad Yunus, 1940년 6월 28일 ~)

그라민 은행 창업자

유누스센터 경제학 교수

밴더빌트 대학교 대학원 경제학 박사

2006년 노벨 평화상 수상

고독하지만
의로운 길을 가면서

삶의 모퉁이에서 길을 잃었을 때 누군가 빛이 되어 나를 이끌어 준다면, 생의 한가운데서 고독과 쓸쓸함에 싸울 때 누군가의 기도 소리가 들린다면, 마음의 평화를 얻을 수 있다. 그런데 빛과 기도의 소리는 어디에서 찾아야 하는 걸까? 한 노인이 다보스 세계경제포럼에서 하는 연설에 귀 기울여 보자.

"여러분의 선택은 인류의 운명을 결정할 것입니다. 역사는 늘 그러했습니다. 우리가 의식하든 그렇지 않든 늘 그랬어요. 여러분은 창조적일 뿐만 아니라 사회적으로 의식이 있는 세대가 되었으면 합니다. 나는 내가 누군가에게 의미를 줄 것이라곤 생각도 못 했습니다. 70년대 중반, 나는 방글라데시의 경제적 상황이 몹시 좋지 않은 것에 좌절했습니다. 그리고 내가 가르치던 대학 캠퍼스

옆 마을의 가난한 한 남자를 보고 내가 해야 할 일을 찾아야 한다고 생각했습니다. 물론 쉽지 않은 길이었습니다. 어떤 의무감으로 길을 찾으려 했으나 나아갈 방향도 알지 못했습니다. 그냥 내 본능에 의지할 수밖에 없었습니다. 모르는 길을 가다 도중에 그만둘 수도 있었지만 그러지 않았습니다. 나는 완강히 내 길을 계속 걸어갔습니다. 나를 응원하는 노래를 부르면서 말이죠. 운 좋게 결국 길을 찾았고, 그게 1983년 그라민 은행Grameen Bank으로 알려진 마이크로크레디트micro credit(자활 의지를 가지고 있는 빈민과 저소득층을 대상으로 하는 무담보 소액대출제도)였습니다.”

2006년 노벨 평화상을 공동 수상하기도 한 무하마드 유누스Muhammad Yunus. 그의 힘은 지금 세계 곳곳으로 퍼져나가고 있다. 그는 스스로를 응원하며 혼자의 힘으로 지도에 없는 길을 찾아 앞으로 나아갔다. 그가 위대한 이유이다.

그는 가난한 사람들이 가난을 벗어나지 못하는 이유가 그들에게 있는 것이 아니라 정부가 정책을 잘못 설계했기 때문이라고 주장해왔다. 잘못된 정책과 이를 집행하는 기관들 때문에 가난한 사람들은 아무리 노력해도 가난에서 벗어날 수 없었다. 그는 전 세계 인구의 3분의 2가 금융기관들로부터 금융 서비스를 받지 못하고 있는 현실을 목도했다. 시스템적으로 가난한 사람들을 배제하는 것은 차별이나 마찬가지였다. 그는 이런 불평등한 시스템을 바꾸려고 그라민 은행을 설립했다.

“가난이라는 문제에 처음 관여하게 된 계기는 내가 정책입안

자나 연구자였기 때문이 아닙니다. 가난이 내 주위를 항상 둘러싸고 있었기 때문입니다. 1974년 나는 방글라데시의 끔찍한 기근 아래서 경제학의 고상한 원리를 가르친다는 것이 얼마나 어려운지를 깨달았습니다. 내 주위 사람들을 직접 돕고 싶다는 생각을 하게 되었습니다. 그리고 빈곤층이 생계에 필요한 극히 적은 액수의 돈을 구하는 데에도 엄청난 어려움을 겪는다는 사실을 알게 되었습니다. 한 여성이 미화 0.25달러를 빌리기 위해서는 대부업자들이 원하는 가격으로 그녀의 생산품 전부를 넘겨야 한다는 사실에 충격을 받았습니다. 나는 대학 캠퍼스에 인접한 마을에서 이러한 대부사업의 희생자 리스트를 만들었습니다. 그 결과 42명의 희생자 리스트가 작성되었는데, 그들이 빌린 돈의 총합은 단 27달러였습니다. 나는 당장 호주머니에서 27달러를 꺼내어 이들을 대부업자의 손길에서 벗어나게 했습니다. 이때 느낀 보람이 저를 이 문제에 더욱 관여하게 했습니다. 이렇게 작은 돈으로 이렇게 많은 사람을 행복하게 할 수 있다면 이 일을 더욱 확장시켜야 한다고 생각한 것입니다. 이러한 일이 있은 후로, 지금까지 이러한 노력들을 계속해오고 있습니다. 내가 처음 한 일은 가난한 사람들과 캠퍼스에 위치한 은행을 연결해 주는 것이었습니다. 하지만 이 시도는 실패로 끝났습니다. 이들에게 신용이 없다는 은행의 판단 때문이었습니다. 그래서 나는 가난한 사람들의 보증을 서기로 했습니다. 그리고 결과에 매우 놀랐습니다. 이들이 한 번도 어김없이 대출금을 갚아

나갔기 때문입니다."

　현재 그라민 은행은 2천여 개가 넘는 지점을 가진 거대 은행으로 발전하였다. 대출금 전액은 100% 자체 예금액에서 충당한다. 그라민 은행은 더 이상 기부를 받지 않는다. 마지막 기부는 1998년에 이루어졌다.

때로는 반대로 하는 게
의미 있는 것이다

　　　　　　"사람들이 내게 묻습니다. '그라민 시스템의 규칙과 절차를 어떻게 만들었나요?' 내 대답은 이렇습니다. '그것 참 간단한 질문입니다. 나는 전통 은행을 관찰합니다. 그리고 전통 은행의 방식과는 거의 반대로 합니다.' 전통 은행은 부익부 빈익빈 원칙에 근거하고 있습니다. 다시 말해서 당신이 가진 것이 없거나 아주 적다면, 당신은 아무것도 얻을 수 없다는 의미이고, 그래서 담보를 기초로 하는 전통 은행으로부터 거부당하는 것입니다. 하지만 그라민 은행은 신용이 인간의 기본적 권리라는 믿음에서 출발하였고, 아무것도 없는 사람이 최우선적으로 대출 서비스를 제공받는 시스템을 만들었습니다."

　많은 사람이 그라민 은행에 대해 기본 원리를 무시하고 금융 질서를 엉망으로 만든다고 비난했다. 그러자 그는 유유자적하게 이렇게 말한다.

"은행이 물구나무서기를 하고 있잖아요. 필요한 사람에게 돈을 주어야 하는 것 아닌가요. 그라민 은행은 사람의 물질적 재산이 아닌 그 사람의 잠재적 가능성을 믿습니다. 그라민 은행은 빈곤층을 포함한 모든 인류가 무한한 잠재력을 부여받았다고 믿습니다. 전통 은행의 가장 중요한 목적은 이윤 극대화이지만, 그라민 은행의 목적은 가난한 사람들에게, 그중에서도 특히 여성과 가장 가난한 사람들에게 금융서비스를 제공하고, 그들이 가난과 싸울 수 있도록 돕고, 풍족한 삶을 살 수 있게 하는 것입니다. 이는 사회적 비전과 경제적 비전을 통해 만들어진 복합적 목표입니다. 전통 은행은 남성에게 초점을 맞추고 있지만, 그라민 은행은 여성에게 우선권을 부여합니다."

실제로 그라민 은행 고객의 대부분은 여성이다. 그라민 은행은 여성에게 자산의 소유권을 부여함으로써 가정 내 여성들의 지위를 상승시키는 데에 주력한다. 그라민 은행 대출을 통해 지어진 집의 소유권은 대출자인 여성이 갖는다. 그라민 은행은 가능하면 비즈니스 지역 또는 도심 중심에 지점을 개설하는 전통적 은행과 달리 시골에 지점을 연다. 그라민 은행의 첫 번째 원칙은 고객이 은행을 찾는 것이 아니라 은행이 고객을 찾아가는 것이다. 그라민 은행의 직원들은 매주 한 명 한 명 고객을 방문하여 서비스를 제공한다. 또한 대출액을 주별로 나눔으로써 고객들이 쉽게 대출금을 상환할 수 있도록 하고 있다. 그만큼 고객들은 편리하게 은행 서비스를 이용할 수 있다.

"그라민 은행에서는 대여자와 대출자 사이에 법적 문서가 없습니다. 대출 상환 불이행 시 고객이 법정에 서야 하는 조항도 없고, 외부 개입에 의해 계약을 강요하는 조항도 없습니다. 전통적 은행은 대출자가 계약된 날짜에 대출금을 상환하지 못하면 법적 조치를 취합니다. 은행은 이들을 '채무불이행자'라고 부르지만 그라민 은행은 이들이 죄책감을 느끼지 않으면서 상환 일자를 재조정할 수 있도록 합니다. 고객이 어려움에 처했을 때 전통적 은행들은 받아야 할 돈에 대해 걱정하며 담보 처리를 통해 대출금을 회수하기 위해 모든 노력을 기울이지만, 그라민 은행은 이들 고객이 다시 일어설 수 있도록 지원하는 데에 모든 노력을 기울입니다."

가난의 굴레와
사회적 기업의 의미를 생각하며

그라민 은행은 걸인에게도 특별한 관심을 기울인다. 이들을 설득하여 그라민 프로그램에 가입하도록 한다. 구걸하는 대신 집집마다 돌아다니며 상품을 팔아 돈을 벌 수 있고, 한자리에 상품을 전시하여 돈을 벌 수 있다는 점을 설명한다. 스스로 생계를 꾸려갈 수 있는 수단을 제공하여 근본적으로 가난에서 벗어날 수 있게 하는 것이다. 또한 그라민 은행에서 대출을 받은 이들의 자녀들 중 여학생을 우선 선정해 장학금을 지급하여 교육을 통해 가난의 악순환을 끊으려 노력한다.

유럽 통신업체들과 손잡고 '그라민 폰Grameen Phone'이라는 이
동통신 업체를 세운 것도 빈민 여성들이 경제력을 갖도록 하기 위
해서다. 그라민 폰은 시골 빈민 여성들에게 휴대폰으로 '장사'를
하도록 했다. 해외에서 일하는 가족을 둔 시골 사람들에게 휴대폰
을 빌려주어 해외통화를 하게 하고 요금을 받도록 한 것이다. 이
러한 노력의 결과, 대출자 가족 상당수가 빈곤선을 넘어섰다.

그라민 은행은 사회적 기업에 투자하고 있다. 그들은 투자금
은 돌려받지만 회사로부터 배당금을 지급받지는 않는다.

"세계의 젊은이들, 그중에서도 특히 부유한 국가의 젊은이들
은 자신들의 창의성을 발휘하여 세상에 변화를 가져올 수 있다
는 점에서 사회적 사업에 매력을 느낄 것입니다. 세계의 거의 모
든 사회 경제 문제가 사회사업의 대상이 될 것입니다. 이윤 극대
화를 목적으로 하는 회사들도 소유권의 전부 또는 대부분을 빈
곤층에게 부여함으로써 사회사업을 할 수 있습니다. 빈곤층은
후원금을 회사 주식으로 받거나, 자신들의 돈으로 주식을 살 수
있습니다. 대출자들은 그라민 은행의 주식을 살 수 있습니다. 주
식은 그라민 은행의 고객이 아닌 사람에게는 양도될 수 없습니
다. 은행의 운영은 전문 지식을 가진 팀에 의해 이뤄집니다."

사회적 기업에 대한 정의는 무엇에 중점을 두느냐에 따라 다
르지만 일반적으로는 '사회적 소명과 기업의 영리 활동을 접목
하여 사회 혁신을 위해 경쟁하는 기업'이라고 볼 수 있다. 이런

점에서 마이크로크레디트 정신을 실현한 그라민 은행은 방글라데시만의 독특한 상황에 맞게 사회적 기업을 만든 사례라고 볼 수 있다.

그라민 은행은 다국적 유제품 회사인 다농Danone과 함께 영양이 부족한 아이들에게 영양을 공급할 요구르트를 생산하는 사업을 하고 있다. 방글라데시의 모든 아이에게 요구르트를 공급할 수 있을 때까지 이 사업을 확장할 계획이다.

그라민 은행은 세계화를 지지한다. 세계화가 그 어떤 방법보다도 많은 이득을 빈곤층에게 가져다줄 것이라고 믿는다.

"우리는 올바른 세계화를 말해야 합니다. 세계화는 약육강식이 야기한 불평등에서 벗어나 빈곤층에게도 새로운 기회가 되어야 합니다. 빈국의 빈곤층에게 세계화의 이득을 가져다줄 수 있는 강력한 다국적 사회사업은 가능할 것입니다. 나는 사회사업이, 그중에서도 특히 다국적 사회사업이, 빈곤층에 충분한 기회를 제공하지 못하고 물질주의와 소비주의로 세계 환경을 위협하고 있는 지금의 세상을 바꿀 것이라고 믿습니다. 가난은 가난한 사람들이 만든 것이 아닙니다. 가난은 우리가 구축한 시스템이 만든 것입니다. 이 잘못된 시스템을 바로잡아야 합니다. 그러면 누구도 가난에 허덕이지 않을 것입니다. 모든 인류는 무한한 잠재력과 창의력을 갖고 있습니다. 다른 모든 사회적 기업과 더불어 마이크로크레디트 기관은 빈곤층의 잠재력과 창의성을 발휘하는 데 중요한 역할을 할 수 있습니다. 마이크로크레디트 기관은 가난 없는 세상을 이루도록 도울 것입니다. 이러한 세상을 만들기 위해 모두 노력하여 여러분의 아들 그리고 손주 세대가 '가난'이란 단어를 박물관에서나 찾아볼 수 있도록 합시다."

그라민 은행의 마이크로크레디트 운동이 단순 원조와 다르다는 점에 주목해야 한다. 단순 원조는 많은 기업이나 국가, 단체에서 선호하는 방법이기는 하지만 한시적이다. 게다가 원조금이 사회적 인프라를 구축하는 데 주로 쓰이기 때문에 빈곤층의 실질적인 삶에는 그다지 도움이 되지 않는다. 반면 그라민 은행의 마이크로크레디트 운동은 상환이라는 심리적 부담감을 통해 스스로 일어서려는 의지를 높이고, 직업 컨설팅을 통해 대출이 끝난 뒤에도 자신의 삶을 유지할 수 있는 방법을 알려주고 있다. 빈곤층의 지속 가능한 삶을 실현하는 것이다. 그들은 가난한 사람을 도울 뿐만 아니라 보건, 정보통신, 태양광을 이용한 신재생에너지와 같은 분야에서도 괄목할 만한 성과를 내고 있다. '자립'이야말로 그라민 은행이 추구하는 바다.

"나는 내가 자본주의의 이윤 극대화 원칙을 어기고 있다는 것을 알고 있어요. 어쩌면 그것은 반란이기도 하지요. 하지만 완전한 해결책을 찾을 때까지 나는 내 길을 갈 것입니다. 나는 일할 때 행복합니다. 누군가는 이윤을 극대화할 때 행복하겠죠. 나는 이윤을 추구하지 않습니다. 혹시 여기 계신 분 중에서 나처럼 행동하실 분은 없나요? 그러면 참 행복을 느낄 수 있습니다. 사업이란 것을 전통적인 자본주의 틀 안에서 규정할 필요가 있나요?

난 그렇게 보지 않습니다. 사람은 하나의 인격체이지 돈 버는 기계가 아닙니다."

그의 말은 진실해 보인다. 하지만 자본주의 시스템이 잘못된 부분이 있다 하더라도 개인의 동기 유발과 자원 배분의 효율성, 인류의 진보에 기여한 바가 있음은 인정해야 한다. 다만 그의 말처럼 물질만능주의 사상은 배격해야 할 것이다.

오늘날 많은 기업이 지배 구조 개선과 사회적 문제에 관심을 가지기 시작한 건 반가운 일이다. 모든 기업이 이윤 극대화를 추구할 이유는 없다. 물론 기업의 존재 이유 중 이윤은 핵심 원리이기는 하다. 그러나 자본주의의 부정적인 면에만 기여하는 기업들에게 높은 점수를 줄 수 없다.

"이윤을 극대화하면서도 한편에서는 사회적 역할을 할 수 있습니다. 이렇게 하면 인류는 정말 위대해지고 세상은 바뀔 것입니다. 나는 이윤만을 제일로 삼는 기업들이 애꾸눈으로 세상을 보지 말고 두 눈으로 세상을 보았으면 합니다. 그렇게 한다면 세상은 더욱 아름다워질 것입니다. 지금 많은 기업이 그라민 은행과의 협력을 원하고 합작 투자 사업에 관심을 기울이는 것은 고무적입니다. 여러분이 세상을 변화시키는 돌파력이 있는 세대가 되었으면 합니다. 가난, 질병, 환경 파괴, 식량 위기, 자원 고갈을 종식시킬 창의적인 아이디어를 갖고 세상을 헤쳐 나가주길 바랍니다. 나는 그런 여러분을 진심으로 응원하겠습니다. 여러분 각자 세상에서 꼭 해결하고 싶은 사회 문제가 하나씩 있을 것입니다. 여러분이 앞으로 사회에 나가서 무슨 일을 하든지, 꼭 그 문제를 해결해 보겠다는 마음을 가지세요. 여러분은 돈이 없다 하더라도, 가슴이 있고 기술이 있습니다. 가난한 사람이나 특권을 가진 사람이나 능력 면에서는 아무런 차이가 없습니다. 모든 인간은 무한한 잠재력을 갖고 있습니다."

가난이란 단어는
박물관으로 가야 한다

그럼 우리는 어디에서 그가 말하는 삶을 시작해야 할까? 그는 세 가지를 제시한다. 우선, 기존의 비즈니스란 단어에 '사회'란 의미를 더하라는 것이다. 사회적 기업이 그의 목표다. 그다음은 많은 사람이 누릴 수 있는 포용적 금융과 보건 서비스를 제공하는 것이다. 마지막은 적정한 정보통신 기술을 발명하여 피라미드 가장 밑에 있는 사람들이 기술이 제공하는 서비스를 쉽게 이용할 수 있게 하는 것이다.

"여러분 세대는 과거와 단절하고 새로운 세상을 창조할 수 있습니다. 우리는 개인에만 초점을 둔 세상이 만들어낸 수많은 난제에 직면해 있습니다. 과감하게 궤도를 수정하지 않는다면 어떤 해결책도 얻지 못할 것입니다. 우리가 스스로 우리를 위협하는 시스템을 만들었습니다. 이제 우리는 이 지구를 더욱 안전하고 아름다운 곳으로 바꿔나가야 합니다. 큰 문제는 작은 문제들의 조합입니다. 그러니 큰 문제를 마주하더라도 절대 놀라지 마세요. 문제의 작은 부분에 도달하여 근원적인 해결책을 찾으세요. 그런 작은 실천이 계속되면 여러분은 더 큰 힘을 얻게 되고, 더 큰 문제를 해결할 능력을 갖추게 됩니다. 지금 당장 그렇게 해주세요. 여러분은 아이디어를 가졌습니다. 그것을 그냥 돈 버는 데 사용하려고요? 그러지 마세요. 세상을 바꾸는 데 사용하세요."

유누스는 타인을 응원하는 삶을 살았다. 스스로를 응원하는 외로운 투쟁이기도 했다. 이제 우리가 그를 응원할 시간이다. 그가 말하는 우리의 의무는 지구 공공재를 지키고 만들어 나가는 것이다. 그는 일자리를 찾아 헤매는 수많은 대학 졸업생에게 간단한 답을 알려준다.

"누가 그대에게 일을 구하라 했나요? 여러분은 여러분 스스로 일을 창조할 수 있습니다. 여러분은 일을 찾아 여기저기를 헤맬 필요가 없습니다. 여러분 한 사람 한 사람이 곧 기업가입니다. 여러분은 어쩌면 조금의 돈을 벌기 위해서 창의성을 죽이고 하찮은 물건을 파는 삶을 고귀한 삶이라고 교육받았을지도 모르겠습니다. 그런 삶을 응원하실 건가요? 아니죠? 아니라고 크게 말해 보세요. 창의적인 기업가 정신을 가진 모험가가 되어 주세요."

자신을 발견하라는 그의 말은 자아를 찾아 헤매는 학생들을 응원해준다. 훗날 〈가난이란 박물관은 죽었다〉라는 제목의 영화가 상영되길 간절히 바란다.

에반 스피겔

잘못을 과감하게 사과하는 태도

사실 결과는 아무도 모릅니다. 오직 신만이 알고 있습니다. 여러분, 살아가면서 반대의 목소리에도 귀를 기울여 보세요. 가치가 있는 것이라면 그렇게 하라는 말입니다. 여러분이 팔고 싶지 않은 것을 찾으세요. 여러분이 원하는 것을 하시기를 바랍니다.

에반 스피겔(Evan Spiegel, 1990년 6월 4일 ~)
스냅챗 창업자 겸 최고경영자
스탠퍼드 대학교 제품디자인과 중퇴
2014년 〈타임〉지 선정 '세계에서 가장 영향력 있는 인물 100인'

사교 클럽의 이메일은
유명인을 옭아맬 수 있다

한 유명인이 대학생 때 친구에게 보낸 이메일이 유출됐다. 학교 파티와 여자들과의 성경험을 이야기한 내용이었다. 그는 스탠포드 대학 출신으로 한 사교 클럽의 멤버였다. 여성을 성적으로 폄훼하고 살찐 여자를 비하하는 내용이 문제가 됐다. 잘생긴 외모를 가진 그는 전형적인 미국 상류층 가정에서 자랐다. 캘리포니아 해변가에 위치한 200만 달러 고급 주택에서 유년기를 보냈고, 어린 시절부터 가족과 함께 유럽, 바하마 등으로 여행을 다녔으며, 스노보드를 타기 위해 아버지와 헬리콥터를 타고 캐나다를 방문했다.

하지만 유출된 이메일의 내용을 보면 그가 모범적인 학생은 아니었음을 알 수 있다. 그는 이 사건으로 많은 여성에게 비난을 받았고, 공식적으로 사과를 했다.

"죄송합니다. 그런 이메일을 보낼 당시, 나는 정말 바보 멍청 이였어요."

물론 그가 진심으로 이런 말을 하는지는 아무도 모른다. 오직 그만이 알 뿐이다.

그의 이름은 에반 스피겔Evan Spiegel. 핫한 글로벌 기업 '스냅챗 SnapChat'의 창업자이자 최고경영자다. 1990년생인 그는 2014 년 미국《타임》지에서 '영향력 있는 인물 100인'으로 선정됐다. 2015년에는《포브스》지에서 그가 세운 '스냅챗'이 기업의 시장 가치를 직원 수로 나눈 '직원 1인당 기업 가치'가 가장 큰 회사로 꼽혔다. 스냅챗은 일자리가 많이 요구되지 않는 테크 서비스 기 업이다. '펑' 하고 사라지는 자폭 메시지로 단순히 유행처럼 지 나갈 것이라는 예상을 뒤엎고, 인기 플랫폼으로 진화했다. 스냅 챗은 사진과 동영상 공유에 특화된 모바일 메신저다. 스냅챗의 가장 큰 특징은 메시지를 보내는 사람이 받는 이가 확인하는 시 간을 설정해 일정 시간 후 메시지를 자동 삭제할 수 있다는 것이 다. 이른바 자기 파괴 기능이다. 예를 들어 상대방에게 메시지를 보내면서 5초로 시간을 맞추면 상대가 확인한 후 5초 뒤에 메시 지가 자동 삭제된다. 페이스북과 달리 보낸 자료가 휘발성을 가 지는 것이 특징이다. 스크린샷 저장도 불가능하다. 또한 페이스 북에서 스냅챗 사용자를 찾을 수 있으며 연락처 목록에 추가할 수도 있다.

행운은 그렇게
뜻밖에 찾아온다

좋은 인맥을 쌓으면 뜻밖의 행운이 온다. 스탠포드 대학교에 입학한 스피겔은 제품 디자인을 전공했는데, 입학한 지 얼마 되지 않아 인튜이트Intuit 창업자인 스코트 쿡Scott Cook을 스승과 제자 사이로 만나게 됐다. 스코트 쿡은 에반 스피겔에게 인도에서 출시할 인튜이트의 텍스트 기반 플랫폼 개발 프로젝트에 참여할 기회를 주었다. 인튜이트는 개인 및 중소기업용 재무 소프트웨어다.

스피겔은 이때의 경험을 토대로 자신의 사업을 해야겠다고 마음먹게 된다. 스냅챗이 출시된 건 미국에서 페이스북이 한창 인기몰이를 하던 2011년 9월이다. 스피겔은 스탠포드 대학 사교 클럽인 '카파 시그마'에서 친구들과 스냅챗의 전신이라고 할 수 있는 앱 '피카부'를 개발했다. 2011년 수업 중 기말 프로젝트를 위해 내놓은 아이디어에서 비롯되었다. 그렇게 아이디어는 운명처럼 오기도 한다.

그는 페이스북을 '좋아요'만 있는 공간이라고 생각했다. 페이스북은 과시하거나 표면적인 감정만 나누는 한계를 지녔다고 본 것이다. 하지만 실제 삶은 우울하고 어두운 면이 많지 않은가! 그는 페이스북과는 다른 대안적인 스토리텔링을 할 수 있는 플랫폼을 만들고 싶었다.

그렇게 해서 몇 초 지나면 사라져버려 안심하고 솔직한 사진과 글을 공유할 수 있는 '스냅챗'을 개발한 것이다. 스냅챗은 출시 초기 다른 앱과 달리 페이스북 마케팅을 거의 하지 않았다. 기존 언론 홍보에도 적극 나서지 않았다. 오히려 10대들이 입소문을 내주며 인기를 이끌었는데 캘리포니아 오렌지카운티에 살던 스피겔의 사촌 동생이 쓰기 시작해 근처 10대들에게 큰 인기를 끌게 됐다.

　모바일 메신저로서 충분한 이용자층을 확보한 스냅챗은 메시징 플랫폼에서 콘텐츠 플랫폼으로 진화 중이다. 그들의 서비스를 보자. 라이브 스토리는 하나의 이벤트에 참가한 각자의 영상을 모아 기록물로 만들어내는 콘텐츠다. 같은 시간과 장소에서 사용자가 제각각 다른 시점으로 찍어 올린 짤막한 동영상이나 사진들을 스냅챗 큐레이터가 모아 편집해 준다. 결과물은 미니다큐와 비슷한 형식이 된다. '디스커버'는 CNN, 야후뉴스, 내셔널 지오그래픽, 바이스, 데일리메일 등과의 제휴를 통해 뉴스를 제공하고 있다. 스냅챗은 내러티브를 우선하는 스토리텔링 방식을 구축하기 위해 세계 최고 수준의 언론사들과 협력하고 있다. 디스커버와 라이브 스토리는 모두 별도의 앱 형태가 아닌 스냅챗 앱 안에 탭 형태로 포함돼 있다. 스냅챗은 여기에 광고를 넣어 수익을 얻는다. '카카오톡' 앱 안에 '채널'이나 '카카오TV'가 들어가 있는 것과 비슷하다.

　미국에 사는 13~34세가 한 사건의 생중계 방송을 스냅챗 '라이브스토리'로 보는 비율이 TV로 보는 것보다 약 8배 높다고 한다. 스냅챗 라이브 스토리 광고 구간에 하루에 노출되는 광고비는 몇 십만 달러에 이르기도 했다. 하지만 스냅챗은 지속적인 적자로 주주들을 우울하게 하고 있다.

"우리는 창의성에 바탕을 두고 사업을 시작했습니다. 우리는 창의성이 어떻게 가치를 창출하는지를 보여줄 것입니다. 해결해야 할 과제도 있습니다. 젊은이들뿐 아니라 다른 연령대에서도 이용자를 확보해야 하지요. 사진으로 이야기하고 기억을 만드는 것은 보편적으로 매력적인 일입니다. 이용자가 늘지 않을 거라는 시각도 있지만, 우리는 사용자층이 증가하는 것을 유심히 관찰하고 있습니다. 사용자들이 얼마나 우리가 제공하는 서비스를 재미있어 하는지에 초점을 두고 있습니다. 그렇게 하는 것이 성장을 이끌 것이라 믿어요. 우리는 계속해서 투자를 할 것입니다."

세상에서 남부러울 것 없어 보이는 젊은 CEO의 야심 찬 이야기다. 스마트폰을 대체할 다음 타자로 카메라를 보는 그의 눈이 매섭게 느껴진다. 카메라에 어떤 놀라운 소프트웨어가 담기게 될지 기대가 된다.

"5년 전에 우리는 카메라가 추억을 포착하는 것 이상을 할 수 있다는 것을 알았습니다. 우리는 카메라가 대화를 하는 데 사용될 수 있다는 것을 알았지요. 우리의 꿈은 카메라의 기능을 확대해서 우리의 삶을 풍성하게 하는 것입니다."

스냅챗은 넷플릭스처럼 콘텐츠 자체 제작도 한다. 콘텐츠를 제작하여 '디스커버'를 통해 방영하기도 했다. 짧은 에피소드 콘텐츠를 제작하는데, 이 콘텐츠 역시 휘발성 모바일 메신저인 스냅챗처럼 공개된 지 24시간 만에 사라진다. 지난 미국 대통령 선거 때는 '디스커버'에 자체 채널을 만들어 직접 제작한 뉴스를 내보냈다. 《뉴욕타임스》는 "2008년 대통령 선거에서 《허핑턴포스트》와 《폴리티코Politico》가, 2012년 웹사이트 '버즈피드 BuzzFeed'가 했던 역할을 2016년엔 '스냅챗'이 할 것"이라고 부추겼다.

스피겔은 사업을 하면서 상당한 시련을 겪었다. 다수의 전문가는 사진이 수 초 만에 사라지는 휘발성 기능이 도덕적 일탈을 부추겨 부정한 행위에 사용될 수 있다고 우려했다. 2013년 스냅챗의 460명에 달하는 고객 정보가 해커에 의해 유출되고, 스냅챗을 통해 전달된 수십만 장의 사진이 인터넷 커뮤니티에 공개되면서 보안과 프라이버시 문제가 제기된 바 있다. 하지만 그런 시련이 사람을 좀 더 성숙하게 하였나! 스탠포드를 졸업도 하지 못한 그가 2015년 서던캘리포니아 대학교 졸업식에 연사로 서게 된다. 그가 혹독한 신고식을 뒤로 하고 비즈니스의 거물이 되기를 바라면서 그의 이야기를 들어보자.

응당 그러려니 하는
생각에서 벗어나자

"몇 년 전 나는 학교는 다르지만

정확히 여러분의 자리에 있었습니다. 졸업 모자를 쓰고 가운을 입고 접이의자에 앉아 있었지요. 단상에 올라갈 준비를 하면서요. 하지만 나는 졸업을 하지 못했습니다. 스탠포드는 졸업장을 받지 못해도 전통적으로 그렇게 졸업식에 참석해야 해요. 누구나 아무 일 없다는 듯이 다른 사람처럼 똑같이 행동해야 합니다. 대학에서는 학점이 모자라면 여름 학기를 다니게 하지요. 나도 그랬어요. 졸업에서 제외되고 싶지 않았기 때문이죠."

하지만 그는 이수 학점이 모자라 결국 졸업을 하지 못했다. 친구들이 졸업 모자를 던지는 동안에 기숙사에 머무를까도 생각했으나 마음을 고쳐먹고 뜨거운 태양 아래 앉아 있기로 했다. 그 시간은 상당히 길게 느껴졌다. 졸업하지도 못하는 그를 보러 찾아온 가족들에게 그는 애써 손을 흔들어 보였다.

"이 연설문을 만들면서 그때 일이 참 터무니없었다고 생각했어요. 우리는 남들과 다르게 보이지 않으려 종종 그런 바보 같은 짓을 합니다. 우리는 그룹의 구성원이기를 원하지요. 그리고 구성원으로서 정해진 규칙을 '준수'하는 게 당연하다고 여깁니다. 그게 우리의 생물학적 본능일지도 모르겠습니다. 그런데 우리 내면에서 다른 방향으로 가라는 속삭임이 들려올 때가 있습니다. 이럴 땐 어떻게 해야 할까요? 많은 사회학자가 '획일성'에 대해 연구했고, 이 획일성을 깨는 두 가지 방법을 다음과 같이 제시했습니다. 하나는 혼자서 반대의 목소리를 내는 것이고, 다른 하나는 의견을 달리하는 사람과 사적으로 소통을 하는 것입니다.

정부는 우리가 다른 목소리를 낼 수 있도록 자유롭게 의사를 개진할 수 있는 권리를 주었습니다. 민주주의는 대중의 생각을 강제하도록 설계되지 않았습니다. 반대 목소리를 보호하도록 만들어졌죠. 존 F. 케네디 대통령도 '일치는 자유의 감옥이고, 성장의 적이다.'라고 말했습니다. 최근에 나는 로버트 라우센버그 Robert Rauschenberg의 미술 작품에 푹 빠졌습니다. 그는 다양한 방식의 행위와 표현을 통해 '이것이 예술이다'라는 정의의 외연을 확장한 인물이지요."

로버트 라우센버그는 추상표현파의 영향을 받아 작품을 발표했으나 곧 자기만의 세계를 구축하고 추상표현파에서 독립해, 독특한 표현법을 확립하여 팝아트의 중심적인 존재가 되었다. 그래서 혹자는 20세기 전반은 피카소가, 후반은 라우센버그가 미술계를 점령했다고 말한다. 피카소가 20세기 미술의 문을 열었다면, 라우센버그가 문을 닫았다는 것이다.

로버트 라우센버그는 자신의 그림이 현실에 대한 가치를 가지고 있다고 믿는다. 과거에 '현실적'이라 여겼던 원근법이 오히려 환상이며, 자신이 개척한 컴바인 페인팅combine painting이 현실이자 사실이라 말한다. 그림은 생활과 예술의 결합이라 말하는 그는 그것을 구분 지으려는 전통적 사고에서 벗어나려고 노력한다고 강조한 바 있다.

"로버트 라우센버그는 젊었을 때, 자신의 우상인 윌렘 드 쿠닝 Willem de Kooning을 찾아갑니다. 드 쿠닝은 미국 추상표현주의를 대표하는 화가이죠. 아방가르드 예술을 추구한 뉴욕 스쿨의 일원으로 세상에서 가장 비싼 그림을 그린 장본인으로도 유명합니다. 드 쿠닝은 잭 다니엘 양주병을 들고 초조하게 라우센버그를 기다리고 있었습니다. 왜냐고요? 라우센버그가 그냥 그를 방문하러 온 게 아니었거든요. 라우센버그는 드 쿠닝의 그림을 구하러 온 것이었죠. 드 쿠닝은 라우센버그가 뭘 하려는지 알고 있었어요. 라우센버그는 당시 그림을 지우는 작업을 계속했지요. '그림은 무언가를 그리는 행위'라는 관념에 반기를 들고 선구자답게 그림 지우기를 시도한 것이지요. 그에게 있어 지우는 것은 능가하거나 초월하는 행위였습니다. 그런데 그게 충분하지 않았던 거예요. 라우센버그는 자신의 영웅의 작품을 지우고 싶어 했지요.

드 쿠닝은 정말 자기가 좋아하는 작품 한 점을 찾아 라우센버그에게 줍니다. 라우센버그는 두 달 동안 그림을 지웠고, 훗날 재스퍼 존스Jasper Johns가 프레임을 만들면서 그림에 '지워진 드 쿠닝의 그림Erased de Kooning Drawing'이란 제목을 붙였습니다. 라우센버그는 사실상 새로운 것을 창조하였고, 그만의 새로운 예술 세계를 개척한 것입니다. 나는 이 이야기를 사랑합니다. 드 쿠닝이 말합니다. 우리가 할 수 있는 가장 위대한 일은 후세대를 위해 가장 좋은 그럴듯한 기초를 제공하는 것이라고요. 우리는 그처럼 우리 자신이 그렇게 지워질 수 있음을 환영하여야 합니다."

창조의 세계에서 영원한 것은 없다. 제자가 스승보다 나으면 그 자리를 물려줘야 한다. 그의 얘기를 들으며 우리 기업 문화를 돌아본다. 우리는 똑똑한 후배를 위해 얼마나 투자를 하고 있나? 혹시 그 후배가 잘난 것을 못 봐 주겠다고 괴롭히는 조직 문화를 만들고 있지는 않은가. 모두 반성할 대목이다.

팔고 싶지 않은 일을 한다

"나는 종종 이런 질문을 받습니다. '왜 당신의 사업을 팔지 않습니까? 돈을 제대로 버는 것도 아니잖아요? 그건 일시적 유행 아닌가요?' 여러분이 지금 보트에 타고 있다고 가정합시다. 모든 사람이 보트를 좋아합니다. 뭐가 문제지요? 나는 내게 정말 중요한 것이 무언지 빨리 알아차립니다. 누군가 돈을 한 뭉치 줄 테니 사업과 이별하라고 할 때 그 제안을 물리치는 것이지요. 중요한 것은 여러분이 키운 사업이 팔리느냐 안 팔리느냐 하는 문제가 아닙니다. 여러분이 가치 있는 것을 사업에서 배우는 것입니다. 여러분이 자신의 사업을 팔려고 한다면 그 사업은 여러분의 꿈이 아니라는 얘기겠지요. 여러분이 그 사업을 팔지 않는다면 여러분은 그 사업에서 뭔가 의미 있는 것을 시작하려는 것입니다. 우리가 스냅챗을 팔지 않겠다고 하자 사람들은 우리보고 미쳤다고 말했습니다. 아니 그 이상이었습니다. 오만하다고까지 했습니다."

그는 드 쿠닝을 언급하면서 그는 작품을 팔기 위해 작업하지 않는다고 강조했다. 실제로 그의 작품은 샌프란시스코 현대 미술관에 보관되어 있다. 너무나 가치가 있어서 가격을 매길 수가 없다.

　스냅챗이 유명세를 치른 적이 있다. 출시 2년 만인 2013년, 페이스북 CEO 마크 저커버그의 인수 제안을 거절한 것이다. 당시 페이스북은 인스타그램을 인수할 때와 같은 금액인 10억 달러를 제시했다. 스냅챗은 무료 앱으로 사용자에게 비용을 받지 않았으며 별다른 수익 모델도 마련하지 못했던 상황이었음에도 페이스북의 제안을 거절했다. 처음에는 사람들이 의아해했으나 약 1년 뒤에는 스피겔의 선택이 현명했다는 의견이 다수였다. 스냅챗의 월간 활성 사용자 수가 약 1억 명으로 추정되었다. 특히 미국 젊은 층에서 큰 인기를 모았다. 시장 조사업체 컴스코어의 조사 결과, 스냅챗은 미국 밀레니얼 세대(18~31세)에게 인기 있는 소셜 앱 3위를 차지했다. 스냅챗과 비슷한 앱도 쏟아지며 스냅챗은 그야말로 '신드롬'을 일으켰다.

밀레니얼 세대를 위한
건배

　　　　　"밀레니얼 세대를 자신만 아는 세대라고 비난하지요. 음, 어느 면에서는 사실입니다. 하지만 우리는 주인의식이 있습니다. 여기는 우리가 태어난 곳입니다. 우리는 이곳에 책임을 느껴야 합니다."

많은 학생이 대학을 졸업하고 학자금 대출금을 갚느라 허덕이고 있다. 질 좋은 일자리를 찾기는 너무 어렵다. 밀레니얼 세대는 이런 어려운 상황에 놓여 있는데, 많은 어른이 밀레니얼 세대는 직업윤리가 부족하고, 자신밖에 모르는 오만하고 자아도취적인, 나르시시즘에 빠진 이기적인 세대라고 비난한다. 그런 말을 해도 되는지 의문이 든다. 응원을 해줘도 모자랄 판에 웬 비난인가! 헝그리 정신 찾다가 앵그리버드를 만든다.

"여러분은 이미 여러분 안에 꿈을 좇아갈 어마어마한 공간을 가지고 있습니다. 가다가 교착상태에 빠지면 인터넷에서 무한한 공짜 정보를 얻을 수 있습니다. 그러니 스스로를 믿고 스스로를 응원하며 꿈을 좇아가세요. 나도 여러분이 성공할 거란 걸 알고 있는데, 여러분 스스로도 그걸 기대하셔야지요. 여러분은 삶의 여정에 놓여 있는 많은 어려움을 잘 극복할 것입니다. 누군가 여러분에게 '아무리 시도해도 성공하지 못할 것'이란 말을 스스럼없이 할 수도 있습니다. 하지만 신경 끄세요. 그냥 여러분에게 중요한 것을 하세요. 여러분이 사랑하고 좋아하는 일을 하세요. 실수를 하면 어때요. 나도 수없이 실수했습니다. 어떤 실수는 공개적으로 비난받기도 했습니다. 여러분도 그런 경우를 당하면 자신이 정말 비참하게 느껴질 테지만, 괜찮습니다. 실수했다면 사과하고 용서를 구하세요."

그는 자기의 경험에 비추어 잘못을 저지른 경우 사과를 빨리 하는 게 최선책이라고 말한다. 구차한 변명은 필요 없다. 잘못을 인정하는 용기가 필요하다. 다만 그 용기는 진실을 담고 있어야 한다. 그렇지 않다면 비슷한 실수를 반복했을 때, 대중은 두 번 다시 용서해주지 않을 것이다. 젊은 억만장자도 이를 분명히 기억하고 사회에서 존경받는 인물로 거듭나야 할 것이다.

"여러분은 이제 풀타임 잡이라는 큰 도전에 직면하게 됩니다. 가장 어려운 부분은 답을 알지 못하는 문제를 푸는 것입니다. 절망의 순간에 여러분은 '한 사람으로는 차이를 만들 수 없어.'라는 냉소적인 말을 들을지도 모르겠습니다. 실제 여러분의 영향력을 보여주기 어려운 순간도 있을 것입니다. 노력의 결과를 아는 것이 가능하지 않다는 것을 잊지 말아야 합니다. 사실 결과는 아무도 모릅니다. 운도 따라야 하겠죠. 결과는 오직 신만이 알고 있습니다. 살아가면서 반대의 목소리에도 귀를 기울여 보세요. 가치가 있는 것이라면 그렇게 하라는 말입니다. 여러분이 팔고 싶지 않은 것을 찾으세요. 부디 여러분이 원하는 것을 하시기를 바랍니다."

그는 유명세를 톡톡히 치른 후, 세계적으로 유명한 슈퍼모델 미란다 커Miranda Kerr와 가정을 꾸렸다. 문제는 앞으로다. 상장 이후 주가가 폭락하고 있다. 적자 규모가 늘어나면서 스냅챗이 페이스북을 뛰어넘는 서비스가 될 거라 기대했던 시장의 반응도 악화되고 있다. 페이스북의 자회사인 인스타그램이 스냅챗의 '사라짐 기능'을 따라한 '스토리'라는 기능을 사용하면서 미국 10대 젊은이들이 인스타그램으로 옮겨가고 있다. 이에 스피겔은 '뉴스 피드news feed'보다는 '콘텐츠'에 집중하겠다는 포부를 밝혔다. 그렇게 되면 경쟁업체는 페이스북이 아니라 유튜브가 된다. 소셜 미디어에서 소셜을 분리하겠다는 것이다. 그의 취지를 들어보자.

"이제 자기표현의 시대입니다. 친구들의 관심사가 아닌 자신의 관심사로 콘텐츠를 만드는 것이 중요합니다. SNS상에서 유통되는 가짜 뉴스는 정말 문제가 많습니다. 지인들이 공유하는 무분별한 콘텐츠가 가짜뉴스와 같은 사회 문제를 부추겼습니다. 읽어 보지도 않은 글을 공유하기도 하는데요, 부정확한 정보를 전달하는 것은 바람직하지 않습니다."

소셜 미디어 기업들은 다음 세대를 대비하기 위해 서로의 서비스를 모방하고 새로운 기능을 부가하고 있다. 스냅챗의 리모델링 전략도 그런 차원이다. IT산업에 '잊힐 권리'라는 개념이 등장한 지 오랜 시간이 흘렀지만, 인터넷 서비스에서 자신의 정보나 사용 내역 등에 대한 지배력을 갖고자 하는 사람들의 요구를 기업들이 아직 많이 반영하지 못하고 있는 것이 현실이다. 사람들이 스냅챗에 열광한 이유는 고정관념을 깨고 모든 콘텐츠가 휘발성 기능을 갖추도록 만들어 사람들이 자신의 메시지와 사진이 남길 흔적에 대한 걱정을 하지 않도록 한 데 있다.

텔레그램과 라인 등이 메시지 삭제 기능을 도입한 것 역시 이러한 사람들의 권리 강화 요구를 수용한 것으로 볼 수 있다. 사용자들이 서비스 사용 전반에서 더 많은 지배력을 갖고자 하는 상황에서 어느 선까지 자율성을 부여할 것인지에 대한 기업들의 고민이 커지고 있다.

스냅챗의 주가는 스피겔의 소통 부재로 인해 내려갔다. 그가 잘못을 과감히 인정했듯이 직원과 고객과 더 진솔하게 소통할 수 있어야 한다. 스피겔이 어려움을 극복하고 많은 밀레니얼 세대에게 꿈과 희망을 주는 사람으로 우뚝 서기를 진심으로 응원한다.

드류 휴스턴

완벽하지 않지만
즐거운 삶의 비밀병기

그날 이후 나는 내 인생을 완벽하게 만들겠다는 마음을 접었습니다. 그 대신 내 인생을 더욱 재미있게 만들어보기로 마음먹었죠. 나만의 이야기를 더욱 재미있는 모험으로 만들어보기로 했습니다. 이 결심으로 많은 변화가 일어났죠.

드류 휴스턴(Drew Houston, 1983년 3월 4일 ~)
드롭박스 창업자 겸 최고경영자
MIT 컴퓨터과학과 학사

완벽한 삶은
사전에 없는 허상이다

누구나 완벽한 삶을 꿈꾼다. 그런데 그 '완벽'의 기준이 무엇인지 궁금하다. 완벽한 삶은 사실 불가능하다. 누군가를 보고 완벽하다고 말할 수 있겠지만, 정작 당사자는 그렇다고 생각하지 않을 것이다. 완벽에 대한 기준과 조건은 저마다 다르다. 그래서 관계에서도 '완벽'을 기대하기 어렵다. 완벽이란 건 실재하지 않는 허상일 수 있다. 사람들이 바라는 완벽은 지금보다 좀 더 나은 삶에 대한 희망이라 이해하면 될지도 모르겠다.

정도의 차이는 있겠지만, 누구나의 삶에는 고난이 찾아온다. 아무런 고난 없이 완벽하게 평온한 인생을 찾기란 태평양 한가운데서 떨어진 바늘을 찾는 것보다 어려운 일이리라. 그런 삶은 존재하지 않는다. 시련과 고난을 겪는 과정에서 우리는 배우고 성장하며 삶을 이해하게 된다. 만일 오늘 그런 삶에 대한 깊은 성찰을 했고, 나와 사회와 국가 더 나아가 인류를 위해 작은 일이라도 실천했다면 스스로에게 고맙다고 한번 이야기해 주자. 그게 나를 응원하며 더 나은 내일을 향해 전진하는 사람의 현명한 자세일 것이다.

많은 사람이 꿈을 이루기 위해 노력하면서 살아가지만, 모두가 다 꿈을 이루는 것은 아니다. 중요한 건, 꿈을 이루느냐 이루지 못하느냐가 아니라 허황되지 않은, 현실적으로 달성이 가능한 꿈을 꾸는 게 아닐까? 우리는 언제나 꿈과 현실 사이에서 방황을 한다. 그래도 꿈을 꾸는 것 자체는 희망적이며, 분명 꿈은 삶의 원동력이 된다. 그러니 우리는 젊은이들이 꿈을 노래하는 세상을 만들어야 한다.

여기 한 젊은 CEO가 자신의 꿈을 이야기한다. 전 세계 클라우드Cloud 서비스 시장을 주도하고 있는 드롭박스Dropbox의 CEO 드류 휴스턴Drew Houston이다. 클라우드란 웹에 자료를 저장해 놓고 스마트폰이나 컴퓨터, 태블릿PC 등으로 언제든지 볼 수 있게 하는 서비스로, 쉽게 말해 온라인 저장 공간이다. 스마트폰의 대중화와 SNS 혁명으로 데이터가 폭증하면서 클라우드 서비스 경쟁이 치열해지고 있다. 그의 꿈과 비전에 대해 들어보자.

"드롭박스를 통해 사람들이 문서, 사진, 동영상을 간편하게 공유할 수 있게 하는 게 제 목표입니다. 나는 세계인의 생활이 간소해지길 바랍니다. 저희 회사가 파는 건 저장 공간이 아니라

'마음의 평화와 자유'입니다. 많은 사람이 자유를 누려야 한다는 것이 저희의 철학입니다."

성공의 레시피가 바뀐 지금
당신은 어디로?

드류 휴스턴이 MIT 공대 졸업식 연사로 초청되었다. 그는 그 자리에서 자랑스러웠던 캠퍼스에서의 여러 추억을 떠올린다.

"MIT에 돌아와서 기쁘고 졸업 연설을 하게 되어 영광입니다. 나는 아직도 졸업 반지를 끼고 있습니다. 여러분의 졸업식에 초대를 받고 반지를 한 바퀴 돌려본 게 정말 내 인생에서 자랑스러운 순간으로 느껴집니다."

그는 학생들이 어린 시절에 생각했던 성공이란 단어에 오늘부로 종지부를 찍게 되어 기쁘다고 말한다. 학창시절엔 공부 잘하면 성공한 자이고, 그렇지 않으면 실패자로 낙인 찍히는 느낌을 받기 마련이다. 좋은 성적을 받아 좋은 대학을 가기 위해서만 살아온 인생들에게 그의 말은 충분히 위로가 된다. 그는 학생들에게 좋은 성적, 졸업이란 단계를 하나하나 넘어가는 과정이 고통이었을 텐데, 이제 해방감을 맛보라고 말한다.

"삶을 계획하는 데 가장 어려운 점은 어디로 가야 하는지를 잘 모른다는 것입니다. 여러분은 목적지를 빨리 찾기 바랍니다. 누군가는 회사를 창업할 것이고 누군가는 암을 치료할 것이고, 누군가는 소설을 쓸 것입니다. 또 누군가는 잘못될 수도 있습니다. 아무도 알 수 없습니다."

학생으로 공부를 할 때 성공의 기준은 성적과 대학 간판이었다. 그러나 인생은 다르다. 그는 학생들에게 진심 어린 충고를 한다.

"여러분이 오늘부터 시작할 진짜 인생이 여러분의 계획과 얼마나 다를지 생각해봤어요. 내가 여러분처럼 오늘 졸업하는 학생이라면, 모든 걸 새로 시작하는 한 사람으로서 무엇을 해야 할지에 대해서도 생각해봤습니다. 여러분이 이 자리에 있게 된 이유는 당연히 매우 똑똑하고 뭐든 열심히 하는 사람이기 때문일 것입니다. 그러나 오늘 이후로 여러분에게 이런 얘기를 하는 사람은 없을 거예요. 성공을 위한 레시피는 완전히 바뀌었습니다. 그래서 여러분께 성공을 위한 '치팅 페이퍼'를 선물로 드리고자 합니다. 내가 졸업할 당시에 알았더라면 좋았겠다 싶은 것들이에요. 내 치팅 페이퍼에는 많은 내용이 있지는 않아요. 뭐가 있냐면, 테니스 공 하나와 동그라미 하나, 30,000이라는 수 이렇게 세 가지가 있습니다."

학생들은 그의 말에 어리둥절하다. 세 가지가 무엇을 뜻하는지 몹시 궁금해진다.

"나는 스물한 살에 처음 회사를 창업했습니다. 학생들을 위한 SAT 온라인 강좌를 만드는 회사였죠. 창업 절차는 간단했어요. 양복, 서류 도장, 뭐 그런 것들을 생각했는데, 온라인으로 서류를 작성하니 2분이면 끝나더군요. 나는 문구점에 가서 명함을 새길 카드를 샀습니다. 포토샵으로 로고도 만들고 명함에 창업자라고 새겼지요. 컨퍼런스를 돌며 여학생들에게 명함을 돌렸는데 기분이 참 좋았어요. 그런데 그때 인생에서 가장 좋았던 것은 많은 공부를 할 수 있었다는 것입니다. 아마존에서 꾸러미로 책을 사서 마케팅을 비롯하여 몰랐던 내용들을 닥치는 대로 공부하였죠. MBA를 전공할 생각도 없으면서 말이죠. 그런데 몇 년 후에 나의 사업은 내리막길을 걸었어요. 페달을 아무리 세게 밟아도 앞으로 나아가지 않는 그런 상황이었습니다. 회사를 경영하는 게 내 꿈이었는데 사실 나는 필요한 게 뭔지 전혀 몰랐던 거예요."

이후 그는 컴퓨터 포커에 빠졌다고 한다. 샤워하면서도 생각할 만큼 미쳐 있었는데 자신이 기계가 된 느낌이었다고 말한다. 어머니와 아버지는 그가 뉴햄프셔로 와서 가족과 함께 주말을 보내기를 원했으나 그는 포커 게임에 완전히 빠져 그러지 않았다. 그는 자신의 치팅 페이퍼에 있다는 테니스공에 대한 수수께끼를 먼저 풀어주었다.

좋아하는 것을
하는 것의 어려움

"내가 생각하기에 이 세상에서 가장 행복하고 성공한 사람들은 자신의 일을 단지 사랑하는 게 아니라 중요한 문제를 해결하는 데에 눈이 뒤집혀 있는 사람들이에요. 나에게 이 사람들은 마치 테니스공을 쫓는 개 한 마리 같아요. 눈빛이 반쯤 미쳐 있고, 목줄은 끊어져 있고, 이리저리 날뛰고, 자기 앞에 놓인 건 뭐든 들이받으면서도 끝까지 테니스공을 쫓는 개 말이에요. 물론 성공한 사람들이 다 그런 것은 아니죠. 열심히 일하고 연봉도 높은 직장에서 일하는 친구들 중에도 물론 투덜대는 이도 있습니다. 그들은 자신들이 족쇄가 채워진 책상에 갇혀 있다고 느끼면서 굉장히 불평을 해댑니다. 이들은 행복을 느끼지 못하는데, 나는 이들을 자신의 테니스공을 찾지 않는 부류라고 생각합니다. 그래요, SAT 온라인 강좌 사업은 나의 테니스공이 아니었던 것 같아요. 사업이 망하고 쉬는 동안 제 머릿속에 포커 게임이랑 드롭박스가 이리저리 동시에 돌아다니기 시작했어요. 작은 목소리가 내게 방향을 제시해주었고, 어서 빨리 사업을 다시 하라고 계속 말하고 있었지요."

그는 그 목소리를 따르기까지 시간이 좀 걸렸다고 했다. 그런데 정말 열심히 일하는 사람들은 훈련을 잘 받아서 열심히 일을 하는 것은 아니다. 그들은 단지 흥미로운 문제를 해결한다는 사실 자체가 재미있기 때문에 열심히 하는 것이다. 그래서 그는 제안한다.

"오늘 이후로, 여러분 자신에게 열심히 하라고 다그치지 마세요. 그저 여러분만의 테니스공을 찾아보세요. 그 테니스공이 여러분을 이끌어 줄 겁니다. 그런 테니스공을 찾는 데는 꽤 오랜 시간이 걸릴지도 몰라요. 그러니 그 공을 찾을 때까지 여러분 내면의 목소리에 계속 귀를 기울이세요."

졸업식 명사들의 이야기에는 비슷한 점이 많다. 특히 내면에 귀를 기울이라는 것은 단골 메뉴이다.

졸업하던 그해 여름, 드류는 친구이자 형제 같은 애덤, 매트와 함께 한 아파트에서 지냈다. 모두가 코딩에 열중했다. 애덤과 매트는 24시간 내내 일했고, 그들의 사업에 예비 투자자들이 높은 관심을 보였다. 결국 친구들은 헬리콥터를 소유한 투자자들에게 선택되어 아파트를 떠났다. 그는 자신이 탈 헬리콥터는 어디 있는지 안달이 났다. 가끔 그는 애덤에게 전화를 걸어 사업이 잘되냐고 물었고, 애덤은 잘되어가고 있다며 썬 마이크로시스템의 공동 창업자가 5백만 달러를 투자하기로 했다고 답했다. 그 말에 드류는 충격을 받는다. 애덤은 드류보다 두 살이나 어렸다. 그는 자신을 응원할 헬리콥터는 어디에 있는지를 생각하며 상심의 나날들을 보냈다고 한다. 그제야 드디어 '동그라미'의 수수께끼가 풀린다.

서클 속에 존재하는
나의 영웅을 찾아서

"사람들은 대부분 평균적으로 다섯 명하고 대부분의 시간을 보낸다고 합니다. 잠시 생각해 보세요. 그 다섯 명에 누가 있는지. 나는 MIT를 다니면서 애덤을 만났고 드롭박스의 공동 창업자인 아라쉬Arash Ferdowsi를 만났습니다. 삶에서 내가 배운 중요한 사실은 재능이 있고 열심히 일하는 사람 못지않게 영감을 주는 사람이 필요하다는 것입니다. 마이클 조단이 NBA가 아닌 이탈리아에서 한 무리의 친구들과 어울렸다고 생각해보세요. 여러분이 속한 동그라미가 여러분이 더 잘되도록 여러분을 이끌어줄 것입니다. 나의 경우는 애덤이 그랬죠. 여러분의 영웅은 여러분의 동그라미 안에 있습니다. 그들을 따라가세요."

많은 사람이 학연, 지연, 업연에 얽매인다. 그로 인해 좋지 못한 일도 발생하지만 친목 도모 차원에서는 좋은 점도 많다. 자기가 속한 원에 좋은 사람들이 많이 있다면 배울 점도 많을 것이다. 그런 행운이 어디 있겠나.

"학교를 졸업한 후에 여러분이 해야 할 일은 준비하는 것입니다. 오해하지 마세요. 배우는 것은 삶에 있어서 가장 우선순위입니다. 가장 좋은 건 일하면서 배우는 것이죠. 꿈이 있다면, 평생 공부하고 계획하고 준비해야 합니다. 준비가 되었나요?"

그는 준비가 되어 있지 않았다고 털어놓는다.

"나는 첫 투자자가 어디로 돈을 보내야 하냐고 물었던 그날을 아직도 기억합니다. 스물네 살짜리 청년에게 그날은 마치 크리스마스 같았습니다. 뱅크 오브 아메리카bankofamercia.com 사이트에서 계속 F5 버튼을 누르며 선물을 열어봤죠. 그리고는 계좌 잔액이 60달러에서 120만 달러로 바뀌는 순간을 목격했습니다. 오줌을 지릴 정도로 황홀했었죠. 콤마가 두 개나 찍혀 있었어요! 스크린 샷도 해봤어요. 하지만 이내 복통이 오기 시작했습니다. 언젠가 투자자들이 투자금을 다시 회수할 거란 사실을 깨달았기 때문이죠."

그는 드롭박스 회사를 만든 것이 인생에서 가장 흥분되고 즐겁고 성취감을 주는 일이었다고 말한다. 또한 가장 굴욕적이고 자신을 좌절하게 만들고 고통스러운 경험을 안겨준 일이기도 하다고 말했다. 무언가가 잘못되는 일은 손으로 셀 수 없을 정도로 많았다. 회사 운영은 롤러코스터 같다. 무수한 경우의 수를 계산하는 과정에서 우리는 인생의 단맛과 쓴맛을 모두 맛보게 된다.

"다행스러운 것은 그런 게 그다지 중요하지 않다는 것입니다. 실제 인생에서는 점수로 5.0을 받는 사람은 없습니다. 학교를 떠나면 성적은 의미 없어져 버립니다. 학교에서는 모든 실수가 기록되지만, 현실에서는 방향을 바꿀 때 가드레일을 들이받지 않는 한 실수하는 것을 두려워할 이유가 없습니다. 가장 큰 위험은 실패가 아니라 안주하는 것입니다."

30,000이 주는
삶의 진정한 의미

빌 게이츠의 첫 창업은 신호등 제어 소프트웨어를 만드는 것이었다. 스티브 잡스의 첫 사업은 불법으로 공짜 전화를 걸 수 있게 해주는 플라스틱 호루라기를 만드는 것이었다. 두 사업 모두 실패했다. 하지만 잡스와 게이츠는 실패했다는 사실에 절망하지 않았다. 이어 드류 휴스턴은 '30,000'이란 수의 비밀을 풀어간다.

"여러분은 이제 더 이상 자신이 얼마나 많은 실수를 저질렀는지 기억하지 않아도 됩니다. 지금부터 실패는 더 이상 중요하지가 않아요. 나도 한때 모든 것에 대해 걱정했습니다. 그러다 마음이 바뀌는 계기가 있었습니다. 스물네 살 때 일이지요. 샌프란시스코로 이사 갔고 어느 날 밤에 잠이 오질 않아 노트북을 만지작거리고 있었습니다. 나는 인터넷을 하다가 한 문구를 보았습니다. '당신의 인생에는 30,000일이 있습니다.'라는 문구였죠. 처음에는 별생각 없었는데, 무심코 계산기를 두들겨봤죠. 24 곱하기 365를 했더니, 오 이런, 벌써 9,000일이나 지나버린 게 아니겠어요. 난 여태까지 뭘 한 것이지 하는 생각이 들었죠."

'30,000'일이라는 수는 젊은이들을 위해 그가 만든 치팅 페이퍼의 마지막 항목이다. 그는 이렇게 말한다.

"그날 밤, 나는 내 인생을 완벽하게 만들겠다는 마음을 접었습니다. 그 대신 내 인생을 더욱 재미있게 만들어 보기로 마음먹었죠. 나는 나만의 이야기를 더욱 재미있는 모험으로 만들어 보기로 했습니다. 이 결심으로 많은 변화가 일어났죠."

그는 더 이상 완벽한 자아를 만들기 위해 자신을 응원하지 않았다. 대신 멋지고 즐겁고 재미있는 모험가의 삶을 살기 위해 응원하게 되었다. 2018년 3월, 드롭박스는 나스닥에 성공적으로 상장되었다.

"내 할머니께서도 지금 여기 와 계십니다. 다음 주가 할머니의 95번째 생신입니다. 내가 캘리포니아에 살고 있기 때문에 할머니와 전화로 더 많은 이야기를 하는데, 전화를 끊을 때마다 할머니께서 하시는 말씀이 있습니다. '엑셀시오르Excelsior'라는 라틴어인데요, '더 높은 곳으로'라는 뜻입니다."

위를 보는 것은 삶의 지혜다. 자신보다 더 나은 사람을 모델로 삼고 더 높은 곳을 향하여 갈 것을 생각하는 게 어찌 이상하랴. 낮은 곳은 자신을 겸손하게 할 때 필요한 것이다. 그는 젊은이들의 앞날을 진심으로 격려하면서 모든 이가 자신을 사랑하는 마음으로 스스로를 응원해 나갈 것을 당부한다.

"인생을 완벽하게 만들기 위해 애쓰기보다는, 여러분 인생이 더욱 재미있는 모험이 될 수 있도록, 스스로 자유를 만끽하도록 해보세요. 그리고 계속 위를 향하여 나아가세요."

도전하는 삶은 아름답다. 하루를 보내면서 기록할 것이 없는 사람은 아무것도 하지 않은 사람이다. 무의미하게 하루하루를 살다가 어느 날 자신을 되돌아보면서 후회하지 않는 인생을 살자. 목표를 위해 도전하는 것들에 대해 날마다 기록하는 삶을 살아가자. 그런 나를 나는 응원한다.

래리 보크

난파선에서 생존법 배우기

인생에서 하나의 문이 닫히면
다른 문이 열리기 마련이다.

래리 보크(Larry Bock, 1959년 9월 21일 ~ 2016년 7월 6일)

기업가, 벤처 캐피털리스트

캘리포니아 대학교 경영대학원 석사

박애주의자의
혁신적인 삶을 애도하며

2016년 7월. 글로벌 과학계와 비즈니스계는 별을 하나 잃었다. 그의 이름은 래리 보크Larry Bock. 췌장암으로 작고한 그는 진실로 혁신적인 영웅이었고, 삶의 비전을 제시하는 인물이었다. 많은 사람은 그를 기업가로, 벤처 투자가로, 박애주의자로 기억한다.

그가 왜 혁신적인 인물인가? 매사추세츠 공과대학교가 출판하는 잡지인 《테크놀로지 리뷰Technology Review》는 혁신 기업을 '혁신 기술의 상업화에 성공해 해당 분야에서 커다란 진전을 이룬 기업'으로 정의한 바 있다. 혁신 기업을 평가하는 기준에 특허 수나 박사 연구원 수는 포함되지 않았다. 시장에서의 평판도 따지지 않았다. 애플이나 페이스북이 여기에 끼지 못한 건 이 때문이다.

래리 보크는 일루미나illumina, 오닉스Onyx, 젠프로브Gen-Probe

같은 제약회사를 창업하거나 공동 창업주로서의 역할을 한 생명 과학자이다. 게놈분석장비 제조업체인 일루미나는 혁신 기업 1, 2 위를 다툰다. 한 사람의 유전정보 전체를 낮은 비용으로 해독하여 유전정보를 활용한 맞춤 의학 시대를 여는 데 일등 공신 역할을 했다. 래리는 일루미나를 비롯하여 오닉스, 젠프로브 등에 천억 달러의 자본을 끌어들였다. 이러한 혁신 기업이 산업뿐만 아니라 환자에게도 지대한 영향을 주고 있음은 두말할 필요도 없다.

대기업을 연쇄 창업한 래리가 마지막으로 열정을 쏟았던 회사를 둘러보자. 그는 이 회사의 첫 번째 투자자이자 이사회 의장이었다. 그는 29세에 법적으로 시각장애인 판정을 받았는데, 공교롭게도 이 회사는 시각장애인과 관련이 있다. 그의 열정과 아픔이 고스란히 느껴진다. 회사의 이름은 아이라Aira다.

미국 캘리포니아 주 샌디에이고의 스타트업 '아이라'는 시각장애인을 위한 영상 통역 서비스를 제공하고 있다. 아이라가 소개하는 동영상을 보자. 한 중년 남성이 스마트 글래스smart glasses를 착용하고 시내의 한 레스토랑으로 점심을 먹으러 가고 있다. 그런데 공사를 해서 길에 장애물이 설치되었다. 그가 난감해하는 순간, 스마트 글래스를 통해 아이라의 상담원과 연결되고, 상담원은 그를 안전하게 레스토랑으로 안내해준다. 기술과 사람이 협업하여 시각장애인이 복잡한 길을 찾아가거나, 레스토랑에서 음식을 주문하고, 마켓에서 간단하게 장을 볼 수 있도록 도움을 줄 수 있다니 얼마나 멋진가! 시각장애인은 아이라를 통해 우버Uber를 탈 수도 있고, 주변 맛집을 찾을 수도 있다.

래리는 2009년 미국의 스템STEM, science, technology, engineering and math 분야에서 일하는 젊은이들에게 혁신의 꿈과 영감을 주기 위해 샌디에이고 전역에서 'STEM 페스티벌'을 개최해 대성공으로 이끌었다. 이 행사는 한 사람의 열정이 얼마나 많은 사람에게 영향을 미칠 수 있는지를 보여준 대표적인 사례로 꼽히며, 매년 열리고 있다.

그는 친한 사람에게도 자신이 췌장암을 앓고 있다는 사실을 숨기고, 오직 인류의 혁신을 위해 할 일을 찾아 나섰다. 한 혁신가의 삶을 되돌아보며, 그가 버클리 대학교 졸업식 연설에서 낭송한 한 무명 시인의 시를 음미해 본다. 많은 사람이 그를 그리워할 것이고, 그의 유산은 이어질 것이다.

"무언가 잘못될 때 - 사실 그런 일은 종종 일어나지요 -, 올라갈 길이 너무 가파르다고 생각될 때, 돈이 모자라고 빚은 많을 때, 웃고 싶지만 한숨을 쉬어야 할 때, 애정이 다소 당신을 실망시킬 때, 그냥 잠시 쉬세요. 절대 그만두지는 마세요."

그가 낭송한 이 시에서 그의 열정이 느껴진다.

좋은 삶을 위한
브로마이드

"여러분, 스스로에게 수고했다고

말해줍시다. 부모님들께서도 자랑스러움과 안도감이 교차함을 느끼시죠? 자녀들 등록금 내는 데 도움을 주려고 애쓴 부모님들의 노고를 치하합니다. 그런데 여러분, 혹시 이런 생각을 하는 건 아닌가요. '학장님, 지금 뭐가 잘못된 것 아닌가요. 졸업식에 스티브 잡스를 불러야지요. 이 양반은 직업조차 없잖아요.'"

가슴이 따뜻한 사람은 겸손하다. 남을 헤아릴 줄 안다. 그는 초기 단계에서 힘들어하는 많은 스타트업 회사에게 어떤 대가도 바라지 않고 따끔한 조언과 따뜻한 위로를 주었다. 그래서 STEM 분야의 젊은 CEO들은 래리를 아버지처럼 믿고 따랐다. 잡스만큼 유명하진 않더라도, 잡스만큼 혁신적이었던 그는 분명 졸업생들에게 꼭 필요한 이야기를 들려줄 것이다.

"안심하세요. 나는 적어도 좋은 스피치의 세 가지 조건을 알고 있습니다. 첫째, 진지하라. 둘째, 겸손하라. 셋째, 짧으면 짧을수록 좋다. 이 세 가지 규칙을 생각하면서 오늘 나의 이야기를 간단히 전하고자 합니다. 1년 전 런던 병원에 있었을 때 학장님께 졸업식 초대장을 받았습니다. 그는 내 상황을 몰랐기에 초대장을 보낸 것이죠. 그간 나에게는 여러 일들이 있었습니다. 폭풍에 비유할 수 있는 아픈 일들입니다."

그에게 일련의 슬픈 사건이 벌어졌다. 그는 점점 시력을 잃어갔고, 그의 형제는 자살을 했다. 해결되지 않은 문제를 남기고 아버지는 뇌종양으로 사망했다.

"이 일들은 내게 인생에서 중요한 것들에 대해 생각하게 하였습니다. 오늘 여러분이 앉아 있는 곳에 내가 앉을 수 있다면 참 좋겠네요. 하긴 머리가 늙었는데 젊은 친구들 사이에 나를 들이미는 것도 불가능한 일이지요. 자, 이제 나는 내가 알게 된 다섯 가지 교훈을 여러분에게 전해주겠습니다."

인생에서 중요하게 여기는 건 저마다 다르겠지만, 가장 힘들 때 마음속에서 우러나오는 소리에서 얻은 깨달음은 누구에게나 감동과 교훈을 줄 것이다. 그가 전하려는 다섯 가지 교훈은 무얼까? 그는 먼저 '레슨 1'이라 외치며 "여러분의 하드 드라이브를 백업하세요."라고 말한다.

"내가 뭘 말하는 건지 아나요? 여러분은 지금 순탄하게 항해를 하고 있겠지요? 그렇다면 잠시 가정을 해봅시다. 갑작스런 폭풍우를 만나 배가 난파될 위기에 처했습니다. 자, 이때 여러분이 꼭 지키고 싶은 것은 무엇인가요? 지금 머릿속에 떠오른 그것을 잘 기억하기 바랍니다."

그의 말은 상당히 의미심장하다. 우리는 살아가면서 정말 소중한 것은 알지 못한 채 순간순간의 감정에 휘둘린다. 내가 상대방보다 덜 가진 것, 내가 상대방보다 힘이 없는 것, 이념에 치우친 편향된 생각, 자기만을 생각하는 나르시시즘……. 과연 이런 것들이 나를 움직이는 삶의 동력이고 진정으로 나를 응원하는 힘이 될까?

"나는 여러분이 그런 상황에서 직장이나 사업에 대해 생각하지 않을 거라 확신합니다. 아이폰 같은 물건들을 생각하지도 않겠지요. 아마 삶의 진정한 업적에 대해 생각하지 않을까 합니다. 삶의 '업적'이란 이런 것입니다. 바위처럼 단단하고 사랑스러운 가족, 정말 자랑스러운 것에 대한 투자, 오래 지속되고 감사하는 관계…… 그런 것을 여러분은 생각할 것입니다."

그의 말에 이의를 제기할 사람은 아무도 없을 것이다. 그는 이어 '레슨 2'라며 "결코 여러분의 질병을 묘사하는 크리스마스카드를 보내지 마세요."라고 말한다. 여기서 질병이란 세속적인 욕망에 의한 병을 뜻한다.

"여러분은 이룬 게 많은 사람들입니다. 그 점에 늘 감사해야 합니다. 감사하는 마음은 여러분 미래의 생산성을 높이고 번영을 여는 중요한 열쇠가 되어줄 것입니다. 그러나 만족과 함께 행복을 뒤로 미루는 것은 다른 얘기입니다. 여러분의 삶에서 기념비적인 사건들은 각각 행복의 형태를 갖추어야 할 충분한 이유가 있습니다. 얼마나 많은 사람이 이런 말을 들었나요? '내 첫 회사가 상장이 될 때 나는 정말 행복할 것이다', '나의 아이들이 대학을 졸업할 때 나는 행복할 것이다', '노벨상을 받으면 진짜 행복할 것이다'라는 말들을요."

그는 에이브러햄 링컨 Abraham Lincoln 이 옳았다고 말한다. 링컨은 "사람은 행복하기로 마음먹은 만큼 행복하다."라고 말했다. 행복은 지금 이 순간, 눈을 피해 들어간 이름 모를 카페에서 마시는 한 잔의 커피에 있을 수 있다. 지금 이 순간이 그렇다고 느끼면 이 자리에서 행복한 것이다.

그는 세 번째로 '두 다리를 가진 포유류, 즉 인간에 대한 가치와 소중함을 늘 기억하라.'는 교훈을 전한다.

"내 이전 사업 파트너는 그가 많은 돈을 번 비법을 알고 싶어 하는 사람들에게 이렇게 말하곤 했습니다. '나는 두 다리를 가진 포유류에 투자했습니다.' 스타트업 기업가로서 나 역시 계속되는 기술에 대한 찬사 속에서도 일부러 사람의 가치에 초점을 두었습니다. 나는 위대한 아이디어와 차디찬 기술을 찾지 않습니다. 먼저 용기를 가진 사람을 찾고 그에게 위대한 생각을 개발하도록 합니다. 소통을 향상시키고 관계를 강화하기 위해서 이메일, 각종 메시지, 페이스북 같은 도구를 과다하게 사용하는 사람들을 보면 할 말을 잃습니다. 사실 이런 식의 소통은 상당히 비생산적입니다. 직접 만나서 다른 사람의 영혼과 접촉하세요."

이력서나 사업 계획서로는 충분하지 않다고 그는 생각한다. 리포트나 분석을 통해서도 사람의 열정이나 영감, 상상력, 성공에 대한 강렬한 열망을 제대로 읽을 수 없다. 그는 스타트업 혹은 다른 협력의 성공의 비결로 사람들과의 팀워크를 꼽는다. 그는 네 번째 교훈으로 '성공은 자기주장에 대한 당당함과 겸손을 똑같이 요구한다.'는 사실을 전한다.

"비밀인데요, 나는 스탠포드 학생보다 버클리 학생을 더 많이 고용합니다. 그 이유가 뭔지 아세요? 버클리 졸업생은 당당함과 겸손함, 둘 다 갖추었어요. 반면 스탠포드 졸업생은 후츠파 chutzpah(이스라엘 특유의 도전정신을 이르는 말)에 특화된 느낌이 들지요. 한편에서는 용기와 자신감을, 다른 한편에서는 겸손과 온건함을 갖추어야 합니다. 나는 오만함에 걸려들었을 때 내 인생이 최저점을 찍는 것을 확실히 볼 수 있었습니다. 욕심으로 가득한 머릿속에 선한 마음을 쩔러 넣어 버리는 것은 자살 행위라는 것을 알게 되었지요."

아리스토텔레스Aristoteles에 의하면 탁월함은 습관이다. 행복을 지속하려면 품성과 습관을 제대로 길러야 한다고 그는 강조한다. 래리 역시 황금률을 언급하며 삶의 균형을 강조한다. 그는 아리스토텔레스가 황금률에서 주목하였듯이 탁월함과 미덕은 두 극단 사이에 존재한다고 말한다. 무모함과 겁먹음 사이에 용기가 있고, 무분별한 돈 낭비와 구두쇠의 인색함 사이에 현명한 소비가 존재한다. 후츠파와 겸양은 그래서 성공으로 이끄는 비법이다.

"여러분, 겸손함을 잃게 되면 다시 자세를 땅까지 낮추세요. 여기 내가 배운 요령이 하나 있습니다. 여러분의 장인과 여러분의 아이가 여러분에 대해 말하는 것을 들어보세요. 아마도 그들은 여러분을 대단하게 말하지 않을 겁니다. 최근에 나는 나를 '나노기술의 거물'로 소개한 컨퍼런스에 초대받아 내 딸을 데려갔습니다. 그런데 내 딸이 내게 묻더군요. '아빠가 진짜 나노 거물이야?' 하고 말이에요."

물론 가족은 가족 구성원의 사회적 진가를 잘 모를 수도 있다. 그가 정말 회사나 사회에서 무척 대단한 사람인데도 말이다. 그

래도 과장되게 보이는 것보다 겸손하게 보이는 것이 삶의 지혜
란 데 모두 동의할 것이다.

그는 마지막으로 '실패는 성공을 위해 옷을 갈아입는 예행연
습'이라는 교훈에 대해 말한다.

"나는 실패라는 단어가 상태를 말하는 명사라는 것이 속상합
니다. 나는 실패가 성공의 촉매제나 많은 유용한 부산물을 동반
한, 보이지 않는 반응이라고 생각하거든요. 실패는 최종적 결과
가 아니라 성공을 향해 움직이는 과정이란 얘기입니다. 여러분
이 가는 길에 많은 시련이 뒤따를 것입니다. 불행히도 역사는 우
리의 무수한 실패를 무시한 채 성공한 최종 모습만 보여주고 있
습니다. 육상 선수의 값진 우승 뒤에는 승리를 위해 힘, 기량, 스
태미나를 키운 고된 과정이 존재하지만, 우리는 그것을 보지 못
합니다. 성공은 무수한 실패에서 비롯되었다는 것을 잊어서는
안 됩니다. 실패해서 넘어지면 먼지를 털고 일어나 계속 전진하
세요."

그는 하나의 문이 닫히면 다른 문이 열린다면서 그의 경험을
이야기한다. 그는 의과대학에 진학하려 했으나 계속 실패했다고
한다. 그때를 회상하면 참담한 심정이라고 덧붙였다. 그러나 운
명은 다르게 찾아온다. 그는 삶의 방향을 약간 바꾸었고, 운 좋
게도 제넨텍genentech이라는 제약회사에서 일하게 되었다. 그 결
과 그는 약에 대한 애정을 키울 수 있었고 가장 우수한 과학적 사
고와 재정적 후원을 연계하는 능력을 발휘하게 된다. 새로운 삶

이 더 흥미롭다고 생각하게 되었고, 기대도 하지 않은 보답이 찾아옴을 깨닫게 되었다.

"진정한 힘은 성공에 대한 반응에서 나오는 것이 아니라 실패에 대한 반응에서 나옵니다. 그러니 여러분 자신을 믿고 인내하고 적응력을 키우세요. 삶에 있어서 용수철은 여러분이 지금 쥐는 졸업장이 아니라 앞으로의 성과입니다. 이제부터 시작입니다. 여러분은 많은 것을 갖추었으니, 사람들이 여러분에게 많은 것을 기대하는 것입니다. 여러분이 지구의 많은 문제를 해결할 것을 기대합니다. 여러분, 신재생에너지를 개발하고 지구온난화에 잘 대응하고, 세계적인 기근을 막고 삶의 질을 향상시키는 데 노력해주세요. 그게 여러분의 소명입니다."

나를 응원하는 노래의 진정한 의미는 무엇일까? 그것은 우리가 무수히 실패하더라도 '아니야. 괜찮아.' 하고 용기를 불어넣는 태도이다.

래리가 말한 다섯 가지 교훈을 되새기며 나를 응원해보자.

우리 모두는 소중한 인생의
스토리텔러이다

누군가 큰 부를 이룬다면 우리는 그가 삶의 정점에 섰다고 생각한다. 하지만 그 부가 익숙한 삶의 일부가 되면 래리의 말처럼 별볼일없는 것이 될 수도 있다.

우리는 중용의 미덕을 취하는 것이 오히려 멋진 삶을 사는 방법이라는 사실을 알아야 한다. 누군가 정상에 올랐을 때 잊지 말아야 할 것은 소유의 의미가 아닌 존재의 의미이고 연결의 의미이리라.

누군가 당신에게 지금 당장 인터뷰를 요청한다고 하자. 피할 것인가? 괜찮다. 당신은 당신 나름대로 스토리텔러가 될 자격이 있다. 스스로에게 물어보라. 좀 부족하다면 자신감을 갖고 스스로를 응원하자. 그리고 정말 열심히 살아왔다고 말해보자. 래리의 말과 드라마 〈미생〉의 명대사가 오버랩되어 나를 응원하는 삶에 투영된다.

순간의 선택이 모여 인생이 된다. 매 순간 어떤 선택을 하느냐가 삶의 질을 결정한다. 그러니 우리는 기죽지 말고 다음의 말을 명심해야 한다.

'잊지 말자. 나는 어머님의 자부심이다. 모자라고 부족한 자식이 아니다.'

그리고 노력하여야 한다.

'기초 없이 이룬 성취는 결국 바닥으로 돌아가게 한다. 최선은 학교 다닐 때나 대우 받는 것이고, 직장은 결과만 본다. 인생은 끊임없는 반복. 결국 지치지 않는 자가 성공한다.'

* * *

여러 인사가 자기 자신을 응원하는 노래를 들으며 인생을 생각해 본다. 인생을 살다 보면 올라가는 듯할 때는 기분이 좋지만 내려가는 과정에서는 혼자라는 느낌이 압도한다. 하지만 어떤 경우라도 미래를 섣불리 예단할 필요는 없다. 발생하지도 않은 일에 기죽을 필요도 없다. 친구들이 다 잘되어 보여도 그들도 그들 나름대로 애환을 가지고 있다. 중요한 것은 나의 태도이다. 우리 모두는 저마다 부족한 인간이지만 삶의 여정에서 환희의 기쁨을 노래할 충분한 가치를 지닌 존재다. 오늘 스스로 괜찮은 존재임을 자각하고 웅크리지 말고 크게 자신을 응원하는 노래를 불러보자.

길 위에 새긴 나와의 약속:
삶은 축복이고 기쁨이어라

혹시 인생에 대해 멋진 조언을 한 책이나 강연, 연설을 기억하고 있나? 22명의 사람들과 마주한 시간이 스스로를 들여다보고 이해하고 동기를 부여하는 데 작은 도움이 되었으면 좋겠다. 세상을 살아가면서 듣기 좋은 말만 들을 수는 없다. 잔소리도, 쓴소리도 들어야 한다. 그것을 듣는 데 그치지 않고 자기 것으로 내면화할 때 우리는 더욱 가치 있게 사는 법을 배우게 된다. 여기 윌리엄 맥레이븐William H. McRaven 해군 대장이 젊은이들에게 일장 훈시를 한다. 고루하지 않다. 오히려 인생의 관록이 묻어난다. 앞서 언급한 소설가 조앤 롤링과 맥레이븐 대장은 공통점이 있다. 둘 다 슬프게도 과거 대학 졸업식 때 연사가 한 말을 하나도 기억하지 못한다는 점이다. 그러면서도 그들은 자신들의 이야기가 학생들의 기억에 남기를 바란다는 희망을 표한다.

22명의 이야기를 통해 진술한 삶의 이야기를 하고 싶었다. 책을 읽고 난 후 사색의 공간에서 느낄 여운이 있었다면 저자로서 행복하겠다. 맥레이븐 대장의 메시지를 이야기하며 '나와 세상을 바꾸자'는 의미에 대해 제대로 생각해 보기로 한다.

"여기 8,000명의 졸업생이 있습니다. 한 조사 기간에 의하면 미국인은 평생 동안 평균 10,000명의 사람을 만난다고 합니다. 그런데 여러분이 그중 10명의 삶을 바꾼다고 생각해 보세요. 25년을 한 세대로 보고 5세대 즉, 125년이 흐르면 8억 명의 삶이 달라질 것입니다. 한 세대가 더 흐르면 전 세계인의 삶을 완전히 바꿀 수도 있을 겁니다. 우리가 전투에서 병사의 목숨을 구한다는 것은 그 한 사람의 생명만을 구하는 것이 아닙니다. 태어나지 않은 그의 아이들의 생명을 구하는 것일 수도 있습니다. 세상을 바꾸는 것은 어디에서든 누구나 할 수 있는 일입니다. 절대 불가능하다고 생각하지 마시기 바랍니다."

나를 바꾸고, 주변 사람을 바꾸고, 그렇게 세상을 바꾸어 나가자는 이야기다. 그는 6개월간 받은 해군 특수 부대 훈련의 체험을 생동감 있게 전하며 중요한 삶의 원리를 이야기한다.

해군 특수 부대는 장시간 수영할 수 있어야 하며 야간 수영도 가능해야 한다. 그러다 보니 수영 훈련을 혹독하게 한다. 수많은 상어가 득실거리는 바다 앞에서 많은 훈련생이 겁먹지만, 교관은 아직까지 상어에게 잡아먹힌 훈련생은 없었다며 대수롭지 않게 말한다. 해군 대장은 무엇을 이야기하고자 하려는 것일까? 그는 '나를 지키는 용기'를 이야기하고 있다.

"상어가 우리 주변을 빙빙 돌고 있더라도 내 자리를 지켜야 한다는 겁니다. 도망가지 마세요. 두려워하지 마세요. 만약 굶주린 상어가 당신에게 돌진한다면, 있는 힘을 끌어모아 상어의 얼굴에 주먹을 날려야 합니다. 그러면 상어는 돌아서서 도망갈 것입니다. 이 세상엔 수많은 상어가 있습니다. 여러분이 수영을 완벽하게 하고 싶다면 상어도 다룰 줄 알아야 합니다. 그러니 세상을 바꾸고 싶다면 상어에게 등을 보이지 마세요."

그는 우리에게 몇 가지 조언을 통해 자신을 지키고 사랑하고 응원하는 동기 부여의 유인을 제공한다. 그런 그가 정말 고맙게 느껴진다.

"세상을 변화시키고 싶으세요? 침대 정돈부터 똑바로 하세요. 매일 아침 침대 정돈을 한다면, 여러분은 그날의 첫 번째 과업을 완수하게 되는 것입니다. 그것은 여러분에게 작은 뿌듯함을 줄 것입니다. 그리고 다음 과업을 수행할 용기를 줄 것입니다. 하루가 끝나면, 완수된 과업의 수는 여럿 쌓여 있을 겁니다. 침대를 정돈하는 사소한 일이 얼마나 중요한 역할을 하는지 아시겠어요? 여러분이 사소한 일을 제대로 해낼 수 없다면, 큰일 역시 절대 해내지 못할 것입니다. 물론 완수한 과업이 하나도 늘지 않은 날도 있을 겁니다. 그런 하루를 보냈더라도 여러분은 집에 돌아와 정돈된 침대를 보게 되겠죠. 여러분이 정돈한 침대를요. 이것은 여러분에게 내일은 할 수 있다는 용기를 줄 겁니다."

무기력하고 우울할 때, 작은 것에 취미를 붙이고 살다 보면 삶이 달라져 보이고 의미 있어지기도 한다. 작은 성공이 큰 성공이 되고, 세상을 바꾸는 힘의 원천이 되는 것이다. '각 잡힌' 군인 정신은 원칙과 기본에 충실하다. 우리도 그런 기본기를 충실히 익혀야 내공이 쌓여 큰일을 할 수 있다. 그는 22명의 다른 사람들과 마찬가지로 세상을 바꾸기 위한 자신만의 경험에 대한 이야기를 계속 이어간다.

"고단한 훈련이 몇 주 지나자, 처음 150명이었던 훈련생들이 고작 42명밖에 남지 않았습니다. 7명씩 한 팀이 되어 보트를 탔습니다. 우리 팀에는 키 큰 친구들이 있었죠. 그러나 최고의 팀은 키 작은 훈련생들로 구성된 팀이었습니다. 난쟁이 팀이라고 불렸는데 키가 165cm를 넘는 사람이 없었습니다. 난쟁이 팀에는 인디언 아메리칸 한 명, 아프리카계 한 명, 폴란드 그리고 그리스, 이탈리아 중서부에서 온 사람들이 있었습니다. 그들은 남들보다 더 많이 노를 저었고, 더 빠르게 뛰었고, 더 오래 헤엄쳤습니다. 다른 팀의 덩치 큰 훈련생들은 그 난쟁이 선원들을 비웃었습니다. 그들이 작은 발에 신은 작은 오리발을 보면서요. 물에 들어가기 전에는 그랬죠. 그런데 신기한 건, 이 작은 친구들이 마지막에 웃는 사람들이었다는 겁니다. 그들은 빠르게 헤엄쳐 다른 훈련생들이 허우적거릴 때 이미 해안가에 도착해 있었습니다. 해군 특수 부대 훈련은 매우 평등합니다. 피부색, 배경, 교육 수준, 사회적 지위는 중요하지 않습니다. 성공하려는 의지, 그 외에 어떤 것도 필요하지 않습니다. 당신이 세상을 바꾸고 싶다면 사람들이 갖고 있는 마음의 크기를 보세요. 그들이 가진 물갈

퀴의 크기가 판단의 기준이 돼서는 안 됩니다."

세상을 바꾸려면 우리가 앞으로 나아가는 것을 도와주는 사람을 만나야 한다. 혼자의 힘으로 세상을 바꿀 수 없으니 선한 의지를 가진 사람들이 뭉쳐야 한다. 그리고 그 선한 사람들은 따뜻한 마음의 크기로 측정되어야지 물갈퀴의 크기로 판단되어서는 안 된다. 중요한 것은 마음의 진정성이라는 그의 말에 무척 공감이 간다.

"훈련 9주차는 지옥의 주입니다. 6일 동안 잠을 자지 못해, 끊임없이 정신적·신체적 고통이 밀려옵니다. 그리고 갯벌에서 특별한 하루를 보냅니다. 갯벌은 샌디에이고와 티후아나 사이에 있는데, 그야말로 지옥입니다. 수요일이 되면 그 지옥 같은 갯벌에 들어가서 열다섯 시간 동안 노를 저어야 합니다. 칼날 같은 추위와 매서운 바람이 생존을 위협합니다.

해가 지기 시작하면 교관은 훈련생들에게 이렇게 말합니다. '다섯 명이 그만두면 진흙에서 나오게 해 주겠다. 딱 다섯 명이다. 다섯 명이면 된다. 그럼 그 얼음 속에서 나오게 해주겠다. 주위를 둘러봐라. 누가 포기할지 알겠다. 해가 뜨려면 아직 여덟 시간이 남았다. 여덟 시간 더 있어야 한다.' 그 살얼음 속에서 이빨은 계속 딱딱 부딪혔고 갯벌 전체가 훈련생들의 신음으로 뒤덮여 다른 소리는 아무것도 들을 수 없었습니다. 그런데 한 목소리가 그 사이를 뚫고 퍼져 나갔습니다. 노랫소리였습니다. 목소리는 심하게 떨렸지만 뜨거움으로 가득 차 있었지요. 한 목소리는 두 목소리가 되었고, 둘은 셋으로 또 넷으로 번지더니 얼마 후, 모두가 노래를 부르기 시작했습니다. 교관들은 우리에게 협박을 했습니다. 노래를 계속 부르면 진흙 속에 더 오래 가둘 것이라고. 그러나 노래는 계속되었습니다. 그런데 무슨 이유에서인지 진흙이 따뜻해지기 시작했습니다. 바람은 고요해졌고, 해 뜰 시간은 머지않았습니다. 내가 세상을 돌아다니면서 배운 것이 하나 있다면 그것은 바로 희망의 힘입니다. 바로 한 사람의 힘. 워싱턴, 링컨, 만델라 그리고 파키스탄의 젊은 소녀 말랄라 유사프자이Malala Yousafzai는 한 사람이 세상을 변화시킬 수 있음을 보여주었습니다. 여러분도 사람들에게 희망을 보여줌으로써 세상을 변화시키고 싶나요? 작은 일을 제대로 해내면서 하루를 시작하세요. 당신의 인생을 도와줄 사람을 찾으세요. 각자를 존경하세요. 삶은 공평하지 않다는 것을 알아두세요. 실패할 것입니다. 그러나 여러분이 위험을 감수한다면, 가장 힘든 순간, 앞으로 나아갈 것입니다. 약자를 괴롭히는 사람에게 맞서세요. 약자를 도우세요. 절대로 포기하지 마세요! 당신이 그렇게 한다면 우리의 후손들은 또 후세대는 우리가 사는 세상보다 더 나은 곳에서 살게 될 것입니다.”

인생은 그런 달콤 쌉싸름한 초콜릿이 아닐까? 고된 훈련을 겪은 후에야 진정한 삶의 의미를 깨달을 수 있다. 그에 의하면 삶은 서커스로 가득 차 있다. 매 단계마다 시험을 치른다. 하지만 어둠을 헤치고 찬란한 태양이 떠오르듯이 가장 어두운 순간 우리는 최고의 기쁨과 여유 있는 휴식을 맞이할 수 있다. 목까지 진흙에 잠겼는데 노래를 부르라는 그의 말이 희망을 잃지 말라는 응원으로 다가와 가슴이 뭉클해진다.

그의 이야기를 무색하게 만드는 기사로 도배되는 현실이다. '기저귀 떼기 전 알파벳 떼는 두 살'. 이는 선행학습 만능주의에 물든 부모들 손에 이끌려 아이들이 사교육 시장에 내몰리고 있는 대한민국의 현주소를 말해주는 기사 제목이다. 속성 과외로 좋은 대학 나오면 뭐하나! 인생의 깊이와 내공이 없는데. 졸업 후에도 부모의 손에 이끌리는 허약한 인격체로 성장한다면 세상을 바꾸기는커녕 인생의 허망함만 조기교육을 받는 게 아닐까? 우리는 개인의 발달과 성장이 정체된 세상을 만들고 있다. 해군 대장 맥레이븐의 말처럼 선한 의지로 선한 목소리를 내는 사람과 고난을 이겨내는 사람들로 이 세상을 함께해야 하는데 현실은 그러하지 못하다. 나만 도태되고 있다는 생각이 스스로 넘을 필요도 없는 만리장성을 쌓고 있다. 그런 현실 앞에서 우리는 조용히 외쳐본다.

"길이란 걷는 것이 아니라 나아가는 것이다. 나아가지 못하는 길은 길이 아니다. 길은 모두에게 열려 있지만 모두가 그 길을 가질 수 있는 것은 아니다."

세상에 우뚝 선 사람들이 있다. 화려한 이면 뒤에 그들이 겪은 고난의 길을 생각해 보자. 그들은 그 길에서 수많은 시련을 겪었으며 인생의 참 의미를 깨닫기 위해 노력했다. 먼 훗날 우리가 인생을 돌아보며 스스로에게 삶이 화려하지 않았어도 존재감이 있었다고 말한다면, 의미 있는 생이 아닐까? 세상에는 부와 권력을 가졌어도 사람의 마음을 사지 못한 사람이 많다. 그들은 결코 인생이란 길에 좋은 이름을 새길 수 없다. 명심하자. 비록 내가 제대로 안 보이는 존재일지라도 나는 내 길을 갈 것이며 내 길에 이름을 새길 것이라고.

자, 이제 아픔과 시련의 눈물을 닦고 공을 찰 시간이다. 세찬 바람 속에서도 골을 넣으려면 공을 차야 한다. '삶은 축복이고 기쁨이어라. 나는 세상의 중심이다. 역사는 다르게 적힌다.' 그렇게 나는 나를 응원하고 있다. 그리고 나는 묵직하게 인생의 뒤안길에 선 사람처럼, 하지만 자신에 찬 목소리로 프랭크 시나트라Frank Sinatra의 '나의 길My way'을 불러본다. 내 삶이 더욱 의미 있게 다가온다.

'이제 거의 다 왔군. 그래 마지막 커튼이 내 앞에 있어. 친구여, 내가 이건 분명히 말하고자 해. 내가 확고하게 지켜왔던 내 삶을 말이야. 난 충만한 삶을 살아왔어. 많고 다양한 경험을 하며 살아왔어. 하지만 이보다 더 중요한 것은 내 뜻대로 살고자 했던 거지. 후회는 조금은 있어. 아니, 다시 보니 이야기할 정도로 많지는 않아. 난 해야 하는 것을 했어. 그것을 포기하지 않고 끝까지 해냈어. 예외는 없었어. (중략) 나 자신 말고 가진 것은 아무것도 없었다네. 세상과 타협하고 무릎 꿇는 자의 말이 아닌 진정으로 느끼는 것들을 말하려 했지. 이제껏 해온 것들이 내가 그 모진 바람을 다 맞았었음을 보여 준다네. 그러면서 내 길을 갔었음을. 내 길을.'

바람 부는 가운데 나는 나에게 고맙다는 말을 하고 있다. 삶은 행복이고 축복이다.

프롤로그

https://news.harvard.edu/gazette/story/2008/06/text-of-j-k-rowling-speech/

제1장. 나를 만드는 힘

1. 후회의 최소화 · 제프 베조스

https://www.princeton.edu/news/2010/05/30/2010-baccalaureate-remarks
Brad Stone, "The Everything Store : Jeff Bezos and the Age of Amazon", Little, Brown and Company, 2013

2. 연결, 사랑과 상실 그리고 죽음 · 스티브 잡스

https://www.businessinsider.com/steve-jobs-stanford-commencement-speech-full-transcript-video-2016-10

3. 목적이 이끄는 삶의 의미 · 마크 저커버그

https://news.harvard.edu/gazette/story/2017/05/mark-zuckerbergs-speech-as-written-for-harvards-class-of-2017/

4. 더 나은 미래를 만들기 위한 소명 · 일론 머스크

https://www.youtube.com/watch?v=MxZpaJK74Y4
Ashlee Vance, "Elon Musk: Tesla, SpaceX, and the Quest for a Fantastic Future", Ecco, 2015

5. 복잡한 문제를 단순화하는 비전 · 빌 게이츠

https://genius.com/Bill-gates-bill-gates-speech-at-stanford-university-annotated

제2장. 나를 사랑하는 법

6. 회복탄력성과 옵션 B · 셰릴 샌드버그

https://www.cnbc.com/2018/06/08/facebook-coo-sheryl-sandberg-commencement-speech-full-transcript.html
https://vt.edu/commencement/2017-remarks-sandberg.html
http://fortune.com/2016/05/14/sandberg-uc-berkley-transcript/
Sheryl Sandberg, "Option B: Facing Adversity, Building Resilience, and Finding Joy", Ebury Publishing, 2017

7. 원칙이 있는 삶과 습관의 힘 · 워런 버핏

https://www.valuewalk.com/2018/04/best-warren-buffett-speech/

8. 기억의 자아와 경험의 자아 · 대니얼 카너먼

https://news.umich.edu/main-speaker-daniel-kahneman/
Daniel Kahneman, "Thinking, Fast and Slow", Farrar, Straus and Giroux, 2011

9. 모른다고 말할 수 있는 용기 · 크리스틴 라가르드

https://www.imf.org/en/News/Articles/2017/05/20/sp052017-what-comes-next-commencement-address-lagarde

10. 누구나 잘하는 게 있다: 나의 첼로를 찾아서 · 리차드 탈러

https://convocation.uchicago.edu/sites/convocation.uchicago.edu/files/The%20473rd%20Convocation2.pdf
Cass Sunstein & Richard Thaler, "Nudge: Improving Decisions about Health, Wealth, and Happiness", Yale University Press, 2008

제3장. 나를 지키는 용기

11. 실패를 대하는 우리의 자세 · 캐롤 바츠

https://www.youtube.com/watch?v=AYWHVv4vRVU

12. 소확행: 성공의 패러다임 전환 · 아리아나 허핑턴

https://thepitcher.org/greatest-speeches-history-arianna-huffington-smith-college/
Arianna Huffington, "Thrive: The Third Metric to Redefining Success and Creating a
Life of Well-Being, Wisdom, and Wonder", Harmony, 2014

13. 미래에 대한 현명한 생각 · 마윈

https://www.youtube.com/watch?v=o9mPtkVAoPQ
https://www.youtube.com/watch?v=WsQ7ysVt-0A
마윈, "내가 본 미래", 김영사, 2017

14. 닮지 않은 사람과 환상의 콤비 대기 · 팀 쿡

https://qz.com/1002570/watch-live-apple-ceo-tim-cook-delivers-mits-2017-commencement-speech/
https://www.macrumors.com/2018/05/13/tim-cook-2018-duke-commencement-address/

15. '예스'라고 말할 수 있는 자세 · 에릭 슈미트

http://www.bu.edu/today/2012/google-eric-schmidt-to-graduates-be-the-adorer-of-life/
https://news.berkeley.edu/2012/05/14/google-ceo-to-graduates-the-future-doesnt-just-happen/

16. 두려움에서 벗어나 큰 그림을 생각하기 · 지미 아이오빈

http://thesource.com/2013/05/18/jimmy-iovines-comedic-usc-commencement-speech/

제4장. 나를 응원하는 노래

17. 때로는 척할 필요가 있다 · 에이미 커디

https://www.ted.com/talks/amy_cuddy_your_body_language_shapes_who_you_are?language=en

Amy Cuddy, "Presence: Bringing Your Boldest Self to Your Biggest Challenges". Orion Publishing Group, Limited, 2016

18. 더 나은 나와 좋은 사회를 만들기 위한 분투 · 로버트 쉴러

https://www.project-syndicate.org/commentary/my-speech-to-the-finance-graduates?barrier=accesspaylog

19. 의로운 길과 고독한 자아 · 무하마드 유누스

https://www.youtube.com/watch?v=MxuvS39j2xg

20. 잘못을 과감하게 사과하는 태도 · 에반 스피겔

https://www.youtube.com/watch?v=-Ng0fXIITt0

21. 완벽하지 않지만 즐거운 삶의 비밀병기 · 드류 휴스턴

https://www.youtube.com/watch?v=6inri5ggyK4

22. 난파선에서 생존법 배우기 · 래리 보크

https://library.ucsd.edu/dc/object/bb34840569/_1_1.pdf
https://www.youtube.com/watch?v=lF5B-539v-Q
https://www.youtube.com/watch?v=P9cDLcGdILU

에필로그

https://jamesclear.com/great-speeches/make-your-bed-by-admiral-william-h-mcraven

22인의 명사와 함께 하는

나를 사랑하는 시간들

2019년 2월 13일 초판 1쇄 발행
2019년 2월 21일 초판 5쇄 발행

지은이 | 조원경
펴낸이 | 이종주

총괄 | 김정수
기획편집 | 유형일
마케팅 | 배진경, 임혜솔, 송지유
홍보 | 김은지

펴낸곳 | (주)로크미디어
출판등록 | 2003년 3월 24일
주   소 | 서울시 마포구 성암로 330 DMC 첨단산업센터 318호
전   화 | 02-3273-5135 **FAX** | 02-3273-5134
홈페이지 | http://www.rokmedia.com
전자우편 | rokmedia@empas.com

값 16,500원
ISBN 979-11-354-1673-6 (03190)